VIDA PERFORMÁTICA
A MULHER ÓTIMA E FELIZ NA MÍDIA

Editora Appris Ltda.
1.ª Edição - Copyright© 2024 da autora
Direitos de Edição Reservados à Editora Appris Ltda.

Nenhuma parte desta obra poderá ser utilizada indevidamente, sem estar de acordo com a Lei nº 9.610/98. Se incorreções forem encontradas, serão de exclusiva responsabilidade de seus organizadores. Foi realizado o Depósito Legal na Fundação Biblioteca Nacional, de acordo com as Leis nos 10.994, de 14/12/2004, e 12.192, de 14/01/2010.

Catalogação na Fonte
Elaborado por: Dayanne Leal Souza
Bibliotecária CRB 9/2162

C143v
2024
	Calazans, Fabíola
	    Vida performática: a mulher ótima e feliz na mídia / Fabíola Calazans. –
	1. ed. – Curitiba: Appris, 2024.
	    243 p. ; 23 cm. (Coleção Ciências da Comunicação).
	
	    Inclui referências.
	    ISBN 978-65-250-6180-1
	
	    1. Comunicação. 2. Televisão. 3. Discurso. 4. Gênero. 5. Subjetividade.
	I. Calazans, Fabíola. II. Título. III. Série.
	
	    CDD – 305.4

Livro de acordo com a normalização técnica da ABNT

Appris editora

Editora e Livraria Appris Ltda.
Av. Manoel Ribas, 2265 – Mercês
Curitiba/PR – CEP: 80810-002
Tel. (41) 3156 - 4731
www.editoraappris.com.br

Printed in Brazil
Impresso no Brasil

Fabíola Calazans

VIDA PERFORMÁTICA
A MULHER ÓTIMA E FELIZ NA MÍDIA

Appris editora

Curitiba, PR
2024

FICHA TÉCNICA

EDITORIAL	Augusto Coelho
	Sara C. de Andrade Coelho
COMITÊ EDITORIAL	Marli Caetano
	Andréa Barbosa Gouveia - UFPR
	Edmeire C. Pereira - UFPR
	Iraneide da Silva - UFC
	Jacques de Lima Ferreira - UP
SUPERVISOR DA PRODUÇÃO	Renata Cristina Lopes Miccelli
PRODUÇÃO EDITORIAL	Sabrina Costa
REVISÃO	Camila Dias Manoel
DIAGRAMAÇÃO	Renata Cristina Lopes Miccelli
CAPA	Daniela Baumguertner
FOTO DA CAPA	Fernanda Ottoni
	Fabíola Calazans
REVISÃO DE PROVA	Jibril Keddeh

COMITÊ CIENTÍFICO DA COLEÇÃO CIÊNCIAS DA COMUNICAÇÃO

DIREÇÃO CIENTÍFICA Francisco de Assis (Fiam-Faam-SP-Brasil)

CONSULTORES

Ana Carolina Rocha Pessôa Temer
(UFG-GO-Brasil)

Antonio Hohlfeldt
(PUCRS-RS-Brasil)

Carlos Alberto Messeder Pereira
(UFRJ-RJ-Brasil)

Cicilia M. Krohling Peruzzo
(Umesp-SP-Brasil)

Janine Marques Passini Lucht
(ESPM-RS-Brasil)

Jorge A. González
(CEIICH-Unam-México)

Jorge Kanehide Ijuim
(Ufsc-SC-Brasil)

José Marques de Melo
(In Memoriam)

Juçara Brittes
(Ufop-MG-Brasil)

Isabel Ferin Cunha
(UC-Portugal)

Márcio Fernandes
(Unicentro-PR-Brasil)

Maria Aparecida Baccega
(ESPM-SP-Brasil)

Maria Ataíde Malcher
(UFPA-PA-Brasil)

Maria Berenice Machado
(UFRGS-RS-Brasil)

Maria das Graças Targino
(UFPI-PI-Brasil)

Maria Elisabete Antonioli
(ESPM-SP-Brasil)

Marialva Carlos Barbosa
(UFRJ-RJ-Brasil)

Osvando J. de Morais
(Unesp-SP-Brasil)

Pierre Leroux
(Iscea-UCO-França)

Rosa Maria Dalla Costa
(UFPR-PR-Brasil)

Sandra Reimão
(USP-SP-Brasil)

Sérgio Mattos
(UFRB-BA-Brasil)

Thomas Tufte
(RUC-Dinamarca)

Zélia Leal Adghirni
(UnB-DF-Brasil)

Para Thereza e Calazans, pela educação carinhosa, pelo convívio amoroso e pelo estímulo intelectual que me encorajou a percorrer este caminho.

Para Hugo, Maria e João, pelo amor que construímos e vivemos.

AGRADECIMENTOS

Recebi incontáveis e valiosas contribuições teóricas, institucionais e afetivas para a realização deste livro, fruto de uma pesquisa de doutorado em Comunicação no Programa de Pós-Graduação em Comunicação da Universidade de Brasília (UnB). Agradeço a todas as pessoas que, de alguma forma, somaram suas inquietações e discussões às minhas: familiares, amigas, amigos, colegas, equipe técnica e administrativa, alunas, alunos, orientandas e orientandos da UnB.

À Coordenação de Aperfeiçoamento de Pessoal de Nível Superior (Capes), pelo financiamento desta pesquisa. Ao Programa de Pós-Graduação em Comunicação da Universidade de Brasília e à Faculdade de Comunicação, pela formação e pelo suporte.

Agradeço de modo especial à querida Márcia Flausino, revisora deste livro, pela amizade sincera, pelas observações ricas e atentas, pelos livros e por sempre me encorajar a ver o mundo mais leve.

À Selma Oliveira, pela orientação generosa, pela possibilidade de independência, confiança e por me estimular a alçar voos no mundo das ideias.

Ao João Freire Filho, pelas generosas contribuições e pela disponibilidade de interlocução.

À Maria Cristina Franco Ferraz, por ser uma inspiração teórica para mim, pelo privilégio de ter sido sua aluna no início das minhas *ruminações* sobre as subjetividades contemporâneas na Universidade Federal Fluminense.

À Paula Sibilia, pelo incentivo para detectar deslocamentos e transformações históricas, pela amizade e pelas trocas acadêmicas.

À Liv Sovik, que gentilmente me enviou suas traduções, bem como textos originais importantes para a pesquisa.

A todas as vozes de apoio e carinho às quais não podia deixar de agradecer: Thereza Calazans, Maria e João, Frederico Calazans, Tânia Montoro, Thereza Negrão, Gabriela Pereira de Freitas, Patrícia Colmenero, Liziane Guazina, Fernanda Martinelli, Dione Moura, Fernanda Ottoni e Adriel Amaral.

Ao Hugo Fusco Lobo, meu amor, pelo companheirismo, pelas reflexões e contribuições para a pesquisa, pelo seu bom humor e pela nossa história.

Como estão longe as antigas lendas, epopeias e contos de fadas, como estão diferentes as religiões que permitem a identificação com o deus imortal, mas no além, como estão ignorados ou enfraquecidos os mitos de participação no Estado, na nação, na pátria, na família... Mas como está próximo, como é atrativa e fascinante a mitologia da felicidade.

Edgar Morin

NOTA DA AUTORA

Os capítulos que compõem este trabalho decorrem de um trabalho doutoral desenvolvido de 2009 a 2013 junto ao Programa de Pós-Graduação em Comunicação da Faculdade de Comunicação da Universidade de Brasília (PPG/FAC/UnB). Algumas partes foram reescritas e reorganizadas para esta publicação. No entanto, respeitou-se a linha condutora da primeira publicação de doutoramento, abstendo-se de incluir dados posteriores a esta data. A conclusão, assim como o prefácio, estimula um pensamento sobre a temática da subjetividade e da mulher contemporânea, bem como apresenta o ponto de vista da autora e uma síntese sobre todo o trabalho.

APRESENTAÇÃO

Este livro nasce de um período de doutoramento no qual investiguei a produção de sentido do GNT de 2009 a 2013, um canal da televisão fechada brasileira direcionado para o público feminino e de domínio das Organizações Globo. O GNT é um objeto privilegiado de estudo, pois fornece projeções de modos de ser e estar no mundo com as quais as telespectadoras são convidadas a se identificar e a construir suas subjetividades. O percurso que escolhi nesta tessitura me possibilitou desvelar não só uma nova mítica que é apresentada às mulheres na contemporaneidade, a qual denominei de *performance ótima e feliz*, mas também me permitiu mergulhar nas teorias do contemporâneo e avançar analiticamente meu olhar sobre as camadas de sentido do GNT enoveladas pelos discursos de saber e poder da atualidade.

Minha inquietação guiava-se a todo o tempo pelo duplo movimento de analisar, por um lado, o canal GNT e refletir como os sentidos produzidos se relacionavam com condições e circunstâncias específicas e, de outro, examinar o mundo contemporâneo no gesto de compreender que a produção de sentido do GNT é testemunha e, sobretudo, sintoma de nosso tempo. Nesse esforço, vinculei-me a um conjunto teórico-metodológico-analítico diverso composto pelos campos de estudo da Comunicação, da Sociologia, da Antropologia, da Filosofia e da Linguística. Com rigor metodológico e conceitual, procurei contribuir para os estudos teóricos da Comunicação no intuito de pesquisar de que forma os modos de ser e estar da mulher comum contemporânea, bem como seu cotidiano e sua intimidade, eram engendrados na produção discursiva do canal GNT e como significavam.

O processo analítico discursivo do canal GNT envolveu um trabalho de descrição e de interpretação de diversos elementos, em um fluxo de confrontação constante entre o arcabouço teórico, os vestígios discursivos e o funcionamento da linguagem, de modo a compreender os limites do que podia ser e devia ser dito, bem como as filiações com outros discursos e as simbolizações das relações de poder existentes. Analisei textos mercadológicos e entrevistas de membros da equipe do GNT, além de logomarcas, assinaturas do canal e vinhetas, de março de 2011 a agosto de 2012, bem como examinei a grade de programação do canal e os programas nacionais (*story lines* dos episódios, além de sinopses e trechos de programas), produzidos ou coproduzidos pelo canal e exibidos em horário nobre, durante uma semana fechada e aleatória de agosto de 2012.

O estudo sobre o processo comunicativo televisual do GNT foi a tônica para a investigação da matriz discursiva do canal, com base na qual propus a noção de *promessa discursiva*, pensada para pesquisar marcas de formações de sentido e vestígios de constituições ideológicas de um momento histórico. As *promessas discursivas* dos produtos audiovisuais funcionam, nessa perspectiva, como suporte para as vontades de verdade serem agradavelmente apresentadas, de modo a seduzir, influenciar e convencer espectadores sobre determinadas formações de sentido.

Investiguei de que forma o GNT se apresenta como um canal que ensina, ajuda e dá dicas de vida às telespectadoras oferecendo-lhes promessas de bem-estar, beleza, saúde, equilíbrio doméstico e dos relacionamentos. Pesquisei como as estratégias discursivas operadas pelo GNT privilegiam, com foco no governo de si, os âmbitos do corpo, do lar e dos relacionamentos. Além disso, compreendi de que modo o discurso do canal está imbricado pelo ideário da felicidade compulsória, no qual o fracasso, a infelicidade e a impotência diante dos desafios da vida são fortemente rejeitados.

Acredito que na contemporaneidade já esteja em curso uma nova mitologia: o mito da *performance feminina ótima e feliz*. Uma mitologia performática, com promessas atrativas e fascinantes, e que propõe uma reordenação da feminilidade à luz do governar-se por si mesmo, como sinal de responsabilidade, autonomia e capacidade de cuidar de si. Percebi que o GNT encoraja a mulher a buscar essa mitologia a fim de se evitar o desprestígio de uma aparência associada ao insucesso. Não só o GNT, mas diversos produtos culturais também investem na pedagogização midiática de ensinar as mulheres a serem suficientemente "hábeis" para "dar conta de tudo", *otimizar* seus respectivos corpos, famílias, lares e relacionamentos, a serem produtivas e criativas, ou não serão julgadas como mulheres ótimas e felizes.

Ressalto que é preciso ler, ruminar e interpretar a produção midiática para nos colocarmos em melhores condições para agir. Aqui abro o convite para uma leitura que não tem a pretensão de se apresentar como verdade, mas como uma possibilidade de visualizar as camadas moventes e tortuosas da atualidade. Expresso neste livro algumas das minhas inflexões e reflexões sobre a realidade movente do mundo contemporâneo em face do problemático imperativo de sermos ótimas e felizes.

A autora

SUMÁRIO

1
O PERCURSO DA PESQUISA: EM BUSCA DE UM ROTEIRO............... 17

2
AS REFERÊNCIAS TEÓRICAS: O INÍCIO DE TUDO 29
2.1 ESTUDOS CULTURAIS, GÊNERO E SUBJETIVIDADE.................... 29
2.2 PRODUÇÃO DE SENTIDO:
SUBJETIVIDADE, VERDADE E DISCURSO 39
2.3 TELEVISÃO: *ETHOS* MIDIÁTICO, SOCIEDADE E VISIBILIDADE
DA VIDA COTIDIANA.. 44
2.4 SOBRE A TELEVISÃO: DA PALEO À CONTEMPORÂNEA 51

3
**CANAL GNT: LUGAR DE FALA, PROCESSO COMUNICATIVO
E PROMESSA DISCURSIVA** 59
3.1 LUGAR DE FALA E VESTÍGIOS DISCURSIVOS DO GNT................. 59
3.2 CONTRATO, JOGO OU PROMESSA? UMA PROPOSTA INVESTIGATIVA
PARA O PROCESSO COMUNICATIVO TELEVISUAL DO GNT 73
3.3 PROMESSAS DISCURSIVAS DO GNT:
ESTRATÉGIAS DE SENTIDO E DE SUBJETIVAÇÃO 87

4
**"SEJA ÓTIMA, SEJA FELIZ!": REFLEXÕES SOBRE O GNT
E O MUNDO CONTEMPORÂNEO**.. 123
4.1 "SEJA ÓTIMA, SEJA FELIZ" 123
4.2 CORPO 130
4.3 LAR 160
4.4 RELACIONAMENTOS... 185

5
**CORRENTES DE REALIDADE, REFLEXÕES E INFLEXÕES SOBRE A
PERFORMANCE FEMININA ÓTIMA E FELIZ** 199

REFERÊNCIAS..205

FILMOGRAFIA...231

APÊNDICE
CORPORA **DA PESQUISA**...233

O PERCURSO DA PESQUISA: EM BUSCA DE UM ROTEIRO

> *Tudo aquilo que sei do mundo, mesmo por ciência, eu o sei a partir de uma visão minha ou de uma experiência do mundo sem a qual os símbolos da ciência não poderiam dizer nada. Todo o universo da ciência é construído sobre o mundo vivido, e se queremos pensar a própria ciência com rigor, apreciar exatamente seu sentido e seu alcance, precisamos primeiramente despertar essa experiência do mundo da qual ela é a expressão segunda.*
>
> *(Maurice Merleau-Ponty)*

Durante quatro anos, de 2008 a 2012, acompanhei dois canais da televisão fechada brasileira, o GNT, pertencente às Organizações Globo, e o FX, de domínio da News Corporation, observando as retiradas e as inserções de diversos programas, as mudanças em suas logomarcas e vinhetas, bem como as alterações em seus posicionamentos mercadológicos. Em um primeiro momento, busquei investigar as produções de sentido do GNT e do FX, a fim de analisar e compreender os discursos de gênero desses canais apresentados respectivamente para o público feminino e masculino.

Em março de 2008, mês no qual se comemora o Dia Internacional da Mulher, meu olhar foi atraído pela então nova identidade visual e pelas vinhetas recém-lançadas do GNT, as quais reatualizaram a imagem de canal feminino por meio da exibição de corpos desnudos e sinuosos de mulheres jovens, em boa forma e, sobretudo, sensuais. De fato, de 2003 a 2007, o canal já associara as noções de feminilidade, beleza, corpo perfeito, sexualidade e sensualidade à sua imagem, entretanto sempre mostrara a nudez do corpo feminino em suas vinhetas de modo sutil, por meio de filtros de opacidade e de pouco contraste de luz. Nas vinhetas de 2008, ao contrário, parecia ser esta a marca da feminilidade que se desejara vincular à imagem do canal GNT: a sensualidade do corpo em boa forma, perfeito, cuja nudez era nitidamente exibida. Também me chamou a atenção o modo como a logomarca aparecia nas vinhetas, movimentando-se por meio de um fluxo característico do ambiente aquático, o que, para mim, era uma clara associação à noção de útero e ao simbolismo do deslocamento do feto no ventre materno.

No âmbito da programação do GNT, sempre me intrigou o fato de a maioria das produções nacionais estarem relacionadas ao universo simbólico característico da cultura carioca — cenários, produtos, paisagens, sotaques e estilos de vida. Por que o modo de vida da mulher da cidade do Rio de Janeiro era tão privilegiado pelo canal? Inquietou-me descobrir os motivos de o GNT eleger a mulher carioca como modelo feminino na sua produção discursiva. Mas essas foram apenas as primeiras curiosidades que me levaram a investigar o canal GNT, um objeto empírico que, durante o meu período de doutoramento, sofreu diversas mudanças e me proporcionou um valioso *corpus* analítico.

No início desta pesquisa, minha atenção também foi atraída pela campanha "Direitos do Homem", do FX, veiculada em 2008, cuja assinatura legitimava o canal para o público masculino por meio do manifesto "FX: televisão para grandes homens"[1]. O universo imagético dessa campanha apresentou os "grandes homens" como um modelo de homem másculo em oposição às mulheres, aos homossexuais e aos homens metrossexuais. Por que seria necessário existir um canal específico para os "grandes homens", por meio da interdição discursiva do feminino? Talvez a reinvindicação de uma televisão para os homens fosse uma resposta à extensa oferta de produções televisuais voltada às mulheres, as quais sempre foram conside-

---

[1] A campanha "Direitos do Homem" do canal FX foi divulgada em cinema, mídia impressa, internet e um *hotsite* (http://www.direitosdohomem.com.br/), local onde os homens podiam defender seus direitos, por meio de vídeos-manifestos. Algumas sugestões de direitos dos homens elencadas no *hotsite* apontaram que "Todo homem tem direito de...", a saber: "1) Não querer estar "na moda"; 2) Esfregar meleca atrás do sofá; 3) Dormir com a empregada; 4) Não cortar as unhas do pé; 5) Chegar bêbado em casa, e 6) Sair para beber durante a semana" (CAMPANHA, 2009, s/p). Intitulado *Manifesto*, o filme da campanha retratava — por meio de paródia — o questionamento de um homem cansado de viver em um mundo onde ele não pode mais ser, fazer ou comer coisas tipicamente masculinas, e tampouco pode assistir à televisão com programação feita especificamente para os homens (SANTA, 2008). O homem do filme afirmava a sua identidade de homem másculo e heterossexual ao zapear — neologismo utilizado para expressar a mudança de canais via controle remoto — e, assim, recusar os canais que ofereciam um conteúdo ligado a temas como beleza, animais, crianças e culinária. O texto do filme mostra um indivíduo másculo que, ao ser questionado pela entrevistadora de um programa de auditório sobre o seu lado mulher, se enfurecia e dizia: "O meu lado mulher? Eu sou homem! Eu tenho o direito de ser homem. O direito de ser eu mesmo. Homem! Desleixado, peludo, depilado... Eu quero um lugar para mim. Aaah! (o indivíduo, aliviado, entrava em uma sala com homens jogando sinuca) Bacana aqui, hein? Tô na próxima aí, hein bigode?". Esse investimento mercadológico pesado parece não ter resultado nos objetivos esperados. Mesmo com todo o esforço de comunicação empreendido pelo FX em constituir-se um canal masculino, os dados mostram que a proporção de audiência continua a mesma desde 2010, quer dizer, 42% mulheres e 58% homens (TV, 2009; FX, 2013). Para um estudo mais detalhado sobre o fenômeno do *marketing* viral e o uso das redes sociais na campanha "Direitos do Homem" do canal FX à luz das teorias da comunicação, ver: CALAZANS; FLAUSINO, 2010, p. 425-436.

radas "fundamentais para os cálculos corporativos, porque se presumia que elas passassem mais tempo em casa do que outros prováveis espectadores" (MILLER, 2009, p. 15). Mas, com as mudanças socioculturais contemporâneas que abrangem a igualdade de gêneros e a diversidade de modos de ser e estar no mundo, reservadas aqui as diferenças socioculturais existentes, de uma forma geral, os homens têm sido impulsionados a vivenciar novas experiências e práticas sociais. A princípio, analisei a tentativa de o canal FX constituir um espaço midiático-discursivo dos e para os homens como uma resposta às mudanças contemporâneas por eles vivenciadas. No entanto, todo esse esforço midiático durou pouco tempo, menos de um ano, quando o canal abandonou a assinatura e o discurso, segundo os quais se buscou excluir o público feminino, o qual representava quase metade (42%) da audiência do FX (TV, 2009; FX, 2013). Ao que tudo indica, o silenciamento do enunciado masculino do FX sobre os "grandes homens" foi uma forma de se garantir a audiência. Afinal, a interdição da mulher no discurso e na comunicação televisual do canal não era interessante estrategicamente.

Desde sua criação como canal independente em 1994, o FX passou por várias transformações. No início, o *FX Apartment* era o estúdio no qual eram exibidos ao vivo e, todos os dias da semana, programas sobre o cotidiano dos americanos, sendo o *Breakfast Time* aquele com maior índice de audiência[2]. Exibido durante o café da manhã e de dentro do apartamento, os apresentadores do *Breakfast Time* e seus convidados conversavam sobre curiosidades do cotidiano em uma atmosfera intimista, na qual a participação ao vivo dos telespectadores era permitida. Nessa ocasião, o telespectador participava consideravelmente da programação do canal, fosse por meio de envio de cartas, ligação telefônica ou e-mail, fosse por sua visibilidade nas filmagens, como indivíduo participante do programa ou como audiência[3]. Nos primórdios do canal FX, havia uma preocupação específica com o ambiente doméstico, com o lar, em boa parte dos programas filmada no *FX Apartment*. Até 1997, a visibilidade conferida ao cotidiano também apareceu

---

[2] O *FX Apartment* era um apartamento de grandes proporções localizado no Flatiron District, em Manhattan, Nova York. Nesse apartamento, ocorria a gravação e a radiodifusão dos programas.

[3] Aqui, refiro-me aos programas do canal FX exibidos até meados de 1997, a saber: *Personal FX – Collectibles Show*, que tinha por objetivo ajudar os indivíduos comuns a venderem seus pertences antigos ao vivo; *The Pet Department*, que mostrava como os indivíduos comuns cuidavam de seus animais de estimação; *Sound FX*, que exibia videoclipes, os quais eram avaliados por meio da participação dos telespectadores via carta ou telefone; e o *Backchat*, que foi criado exclusivamente para responder a mensagens dos telespectadores ao vivo.

em cena na programação do canal FX, cuja maioria dos programas era ao vivo e admitia a participação dos indivíduos comuns[4].

Uma alteração substancial na estrutura do canal FX ocorreu a partir de sua aquisição pela FOX Entertainment Group, da News Corporation, cujas diretrizes mercadológicas para diminuição de custos de produção excluíram quase todos os programas ao vivo, de modo que, com uma programação bem enxuta, prevaleceu a retransmissão de seriados enlatados. Na análise, percebi, já em 2005, o início da tentativa de constituição de um canal masculino, por meio da oferta de conteúdo cujas narrativas versavam sobre os homens, não raro, postos como personagens principais dos enredos. Essa intenção foi reforçada com o investimento pesado e inequívoco na afirmação de uma marca dita "genuinamente" masculina em 2008, mas posteriormente abandonada em 2010. Então, durante um determinado período, o qual localizo entre 2005 e 2010[5], o canal direcionou sua oferta de conteúdo audiovisual para o público masculino, privilegiando, a partir de 2008, a exibição de programas cujas temáticas eram inspiradas no que se pode chamar de elementos simbólicos do gosto do "homem másculo", do homem dito "de verdade". Com temáticas sobre esporte, jogo, ficção, luta, ação e erotismo, não raro, por meio de paródias e comédias sexistas, o canal FX fixou certas demarcações de gosto que, se pensadas à luz de Pierre Bourdieu (2008) sobre o consumo de bens culturais como inscrito em uma vontade de distinção, funcionaram como marcas de diferenciação para unir ou separar pessoas e grupos. Durante esses cinco anos, a grade de programação do canal foi paulatinamente modificada, até que, em 2011, predominaram dramas e comédias em filmes e séries enlatados, uma vez que foram excluídos os programas de esportes, jogos e erotismo, o que nitidamente representou a inclusão discursiva dos vínculos simbólicos relacionados ao público feminino.

Desconfiei que a reelaboração do canal FX pudesse impedir a investigação da minha inquietação inicial. Minha pressuposição confirmou-se quando cotejei a programação e a comunicação televisiva do FX com canais como AXN, Universal Channel, Warner Channel, Sony, Space, os quais

---

[4] Até 1997, o canal FX utilizava dois slogans, a saber: "TV Made Fresh Daily" e "The World's First Living Network", que significam respectivamente "A TV fresquinha feita diariamente" e "A primeira televisão habitável do mundo", uma clara referência à sua produção ao vivo filmada dentro do *FX Apartment*.

[5] Delimito aqui esses cinco anos com base na programação e nas assinaturas do canal FX no Brasil em dois marcos, 2005 e 2010. O primeiro corresponde ao início do uso da assinatura "O que o homem vê" e o segundo à aparente desistência de se distinguir como um canal assumidamente masculino, abandonando o manifesto "FX, televisão para grandes homens".

também exibem séries e filmes enlatados sobre drama e comédia, além de outros gêneros. Como resultado dessa comparação, verifiquei não haver uma diferenciação tão expressiva no que diz respeito à constituição do conteúdo audiovisual, o que de certa forma provavelmente também pode ser compreendido em termos de audiência. Com efeito, o canal FX não me propiciou material empírico para perscrutar o porquê da necessidade de existir um canal televisivo cuja produção de sentido estaria direcionada especificamente para o público masculino másculo.

Diferentemente do FX, a produção de sentido do canal GNT permaneceu voltada para o mesmo público, o feminino, de modo que me assegurou um material empírico rico a ser analisado, sendo boa parte de sua programação concebida e produzida no Brasil. Optei, pois, por delinear meu *corpus* somente com base nos *textos* do canal da televisão fechada brasileira GNT, o qual me proporcionou elementos diversos — textos de divulgação, logomarca, vinhetas, sinopses, *story lines*[6] e grade de programação — para analisar a rede de sentidos de sua materialidade discursiva. Por texto, entendo a materialidade simbólica própria e significativa do canal GNT, cujos vestígios das redes de sentido podem ser analisados. Uma primeira pergunta sobressaiu-se: como os textos do canal GNT significam? Ressalto que meu objetivo não era compreender "o que" os textos do GNT significam, mas sim "como", isto é, o funcionamento de seu discurso.

Durante a investigação sobre a produção e a configuração de sentido do GNT, vivenciei sua mudança estrutural e discursiva, que significou um ponto de referência para minha pesquisa. Em março de 2011, o canal GNT apresentou a seus telespectadores uma nova promessa de comunicação, fundamentada na exibição da realidade[7] e na incidência de visibilidade

---

[6] "*Story line* é um termo de língua inglesa também utilizado em outras línguas para designar a linha da história, em uma tradução livre para o português. Escrito de forma clara, sintética e geralmente em cinco linhas, o *story line* corresponde ao resumo da história cujo conflito matriz é descrito brevemente, de modo a indicar sua apresentação, bem como seu desenvolvimento e sua solução" (COMPARATO, 1995, p. 99, s/p).

[7] A noção de realidade adotada neste trabalho ultrapassa a dicotomia filosófica entre o realismo e o idealismo, visto que a realidade é entendida aqui como objeto de conhecimento e de saber, bem como "um objeto de nossa apreensão do mundo" (JOST, 2009, 16). Mesmo que a realidade exista fora da linguagem, ela é "constantemente mediada pela linguagem ou através dela" (HALL, 2003, p. 392), e, dessa forma, é o resultado de uma prática discursiva e representativa, um produto do simbólico que figura o real (e que cria uma impressão de realismo) e que é por ele investido. A realidade configurada e veiculada pela televisão pode ser entendida, segundo Jost (2009, p. 15), como "uma realidade reduzida ao visível", e, nesse sentido, a televisão engendra, descreve, resgata, reforça, modifica, naturaliza e mostra as experiências de realidade na cultura contemporânea.

sobre a mulher comum, sua intimidade[8] e seu cotidiano. O canal passou a falar para uma "mulher real", segundo a diretora do GNT, pois "o ideal de mulher linda, perfeita e inatingível ficou no passado" (SULINA, 2011).

Com a reestruturação do canal, houve mudanças em sua identidade visual, bem como em suas vinhetas. Além disso, foram inseridos novos programas sobre moda, beleza, bem-estar, comportamento, relacionamento, casa e cozinha, de forma a aproximar esses temas da vida corriqueira e cotidiana do público feminino. De certa forma, essas temáticas já faziam parte da programação, no entanto eram direcionadas para outra mulher. Segundo a diretora do GNT, em uma pesquisa realizada com mulheres entre 25 e 49 anos, no Rio de Janeiro, em São Paulo, em Salvador e em Porto Alegre, verificou-se que o público feminino do GNT não se identificava com as mulheres exibidas pelo canal, pois queria ver mulheres comuns na televisão, e não somente modelos e celebridades, as "mulheres ideais" (SULINA 2011). Neste trabalho, entendo por mulheres comuns e anônimas — bem como por sujeitos e indivíduos comuns e anônimos — aquelas "que tratam de suas vidas cotidianas" (GIDDENS, 1993, p. 10) e não são "pertencentes às elites dirigente, econômica e intelectual, nem ao panteão das personalidades do esporte, da moda e do entretenimento", conforme definiu João Freire Filho (2009, p. 70).

Decidi considerar temporalmente minha investigação de 1991, ocasião da criação do canal GNT, até final de agosto 2012, com o término do registro empírico desta pesquisa. Como a produção discursiva do GNT foi selecionada por mim, bem como registrada, catalogada e analisada de 2009 a 2012, em alguns momentos deste trabalho, faço menção aos períodos anteriores à mudança discursiva do canal, ocorrida em 2011, no sentido de conferir uma sequência cronológica e histórica aos dados. Para a seleção do *corpus* da pesquisa, elegi dois critérios: um segue uma linha mais abrangente e funciona como indicador dos vestígios discursivos do GNT; o outro, de caráter mais específico, está associado aos programas do canal. Neste trabalho os *corpora* de pesquisa dizem respeito a um *corpus* abrangente e um *corpus* específico, assim instituídos de modo a favorecer uma investigação pelo método analítico dedutivo.

---

[8] Neste trabalho, entende-se intimidade como o caráter daquilo que é íntimo, associado à vida particular e privada dos indivíduos. Segundo o *Dicionário Houaiss*, a palavra "intimidade" refere-se à "vida doméstica, cotidiana; a vida íntima", cujo sentido também designa relações de familiaridade e proximidade associadas ao âmbito no qual se tem privacidade (HOUAISS; VILLAR; FRANCO, 2004, s/p).

O primeiro critério refere-se à produção de sentido do GNT, com base em um *corpus* compreendido por textos de divulgação do site desse canal, da Globosat e de demais veículos de divulgação, entrevistas com profissionais da equipe diretiva e gerencial, textos sobre o posicionamento mercadológico e os argumentos de comercialização de espaços publicitários, bem como logomarcas, assinaturas do canal e vinhetas. A delimitação temporal para a análise dessa produção de sentido mais ampla abrange o período de março de 2011 até o fim de agosto de 2012.

O segundo critério refere-se à produção de sentido da grade de programação do GNT, cujo *corpus* compreende sinopses dos programas, *story lines* dos episódios, além de trechos de programas, segundo os quais são analisados não mais os vestígios discursivos, mas o próprio funcionamento e o significado do discurso. Pelo caráter específico dessa produção de sentido, a delimitação temporal desse *corpus* refere-se ao período de 12 a 18 de agosto de 2012, uma semana de domingo a segunda, a qual foi selecionada aleatoriamente. Para a análise discursiva desse *corpus* específico, escolhi os programas nacionais produzidos ou coproduzidos pelo canal GNT e exibidos em horário nobre, isto é, entre o horário de 19h e 23h30[9].

A fim de organizar os dados para empreender a análise de conteúdo dessa semana, foram tabuladas as sinopses dos programas encontradas no site do GNT, bem como todas as *story lines*, os títulos e os horários de exibição dos episódios, cujos conteúdos foram dispostos por meio de serviço de dados da emissora televisiva NET e visualizados ao acionar a opção "informação", no controle remoto. Assim, pude analisar os dados específicos enviados pelo canal GNT à emissora NET, cujo objetivo era divulgar seus produtos culturais para os telespectadores. Ademais, todos os programas exibidos em horário nobre na semana analisada foram gravados por meio do sintonizador *VISUS TV Xtreme*, adquirido especificamente para esta pesquisa. Esse sintonizador permitiu-me agendar gravações de programas do canal GNT, bem como salvar dados diretamente em meu computador, o que garantiu o armazenamento de uma quantidade extensa de dados dos *corpora*.

---

[9] Neste trabalho, a faixa do horário nobre é compreendida entre 19h e 23h30, pois é aquela destinada aos programas do GNT com mais rentabilidade comercial. Sabe-se, no entanto, que o horário nobre era compreendido de 19h a 22h, contudo, a partir de 4 de junho de 2012, a Agência Nacional do Cinema (Ancine) e a Agência Nacional de Telecomunicações (Anatel) publicaram instruções normativas que regulamentam a Lei 12.485, sendo uma delas relacionada ao estabelecimento do horário nos canais voltados para adultos, com seis horas diárias, das 18h às 24h, e nos canais voltados para crianças e adolescentes, com sete horas diárias, das 11h às 14h e das 17h às 21h (ANCINE, 2012).

A organização das planilhas dos *corpora* foi feita no programa *Microsoft Excel*, o qual permitiu a sistematização, a classificação e a comparação dos dados de uma forma mais eficiente, facilitando a pesquisa quantitativa. Foram construídas dez planilhas: uma sobre o canal GNT, com informações como argumentos de venda, descrição e posicionamento do canal; uma planilha sobre todos os programas exibidos em agosto de 2012, com dados como logomarca, título do programa, *story line*, apresentador, profissão do apresentador e se havia ou não a participação de especialistas; sete planilhas separadas por dia da semana, contendo horário, título do programa, gênero do programa divulgado pela emissora NET — quando havia — e *story line* do episódio; e uma planilha sobre as produtoras dos programas exibidos em horário nobre, com informações como título dos programas, nome das produtoras e cidade nas quais elas possuem escritório. Com base nessas planilhas, pude observar e analisar predominâncias, frequências e também ausências acerca de temáticas e dados diversos. Associada à análise da produção de sentido do *corpus* abrangente do GNT, a análise de conteúdo do *corpus* específico proporcionou-me os fundamentos indispensáveis para a construção de um mapa de investigação do discurso do GNT. Do desenho desse mapa, sobressaiu a matriz discursiva da performance feminina ótima e feliz nos âmbitos corpo, lar e relacionamentos, cujo sentido foi engendrado dentro dos processos discursivos da contemporaneidade e disposto na comunicação televisual do canal GNT.

Nesta pesquisa, minha preocupação não foi econômica nem mercadológica, e sim uma preocupação analítica da comunicação e do discurso televisual do canal GNT. Contudo, pontuo brevemente aqui uma possível correlação existente entre a mudança estrutural ocorrida no canal GNT e o momento vivido pelo setor da televisão fechada brasileira, durante o mesmo período de 2011. O barateamento dos pacotes de serviço da televisão fechada, coadunado ao aumento do poder aquisitivo da população brasileira em geral, garantiu a expansão do serviço nos domicílios brasileiros e a ampliação da penetração desse serviço na camada média urbana[10], que passou de 9%, em 2009, e de 12%, em 2010, para 18%, em 2011 (MÍDIA

---

[10] Conforme Gilberto Velho (1999, p. 106), compreendo camada média urbana como o grupo de indivíduos que, segundo critérios socioeconômicos, como renda, ocupação, educação etc., pertenceriam à mesma categoria, diferenciando-se de outros grupos por apresentarem *ethos* e visão de mundo distintos. Essa perspectiva pode ser encontrada em diversos trabalhos no campo das ciências sociais e humanas e é comumente empregada para definir a sociedade média urbano-industrial dos grandes centros urbanos, regida por uma lógica simbólica, bem como por determinados padrões éticos, valores e visões de mundo conduzidos e sustentados pela ideologia de modernização e de desenvolvimento individual, social e econômico (SALEM, 1986).

FATOS, 2012, p. 2-10). Outro aspecto interessante é que as mulheres da camada média urbana correspondiam a quase metade (47,1%) do total das mulheres brasileiras, com um crescimento de renda de 68,2%, de 2002 a 2011, enquanto a dos homens aumentou somente 43,1% (SÁ, 2011).

Isso tudo apontou a mulher da camada média urbana como uma promissora consumidora dos serviços de televisão fechada, bem como de discursos, imaginários, ideias, produtos e demais entretenimentos e informações na tela midiatizados[11]. Minha breve inferência tendeu a considerar a aglutinação do cotidiano da mulher comum na programação do canal GNT, uma estratégia, a princípio, bem eficaz do ponto de vista mercadológico. No entanto, o desmembramento dessa suposição daria início a outra pesquisa acadêmica. Fica aqui assinalada uma brecha possível para futuros pesquisadores.

Na contramão do FX, cuja programação do *FX Apartment* sobre o cotidiano e a intimidade foi substituída por filmes e séries enlatados, encontra-se o GNT, que, de canal de notícias, tornou-se um canal feminino, a falar do cotidiano e da intimidade da mulher comum. Originário em 1991 como canal de notícias em sua era Globosat News Television (GNT), o GNT é, pelo menos até a ocasião da publicação deste livro, considerado um canal feminino, que exibe variedades e entretenimento, conteúdos que dão visibilidade notória à mulher comum contemporânea, ao seu cotidiano, à sua casa e à sua intimidade. Não que os dramas da vida cotidiana tivessem sido ocultados da tela, mas é ao menos sintomática essa tomada discursiva da intimidade e do cotidiano pelo canal feminino, em um momento em que os indivíduos comuns são convocados a mostrar-se e confessar sua vida privada nas telas[12]. Percebi que a então nova proposta do canal GNT ocorrida em 2011 estava de acordo com a "televisão da intimidade" ou ainda a "televisão compassiva", cuja exibição da expressão íntima dos indivíduos

---

[11] Por imaginário, entende-se um conjunto de elementos simbólicos que produz um sentido específico e ideológico para um grupo de pessoas (povo, comunidade, sociedade etc.), de modo a expressar estilos de vida, valores, costumes e condutas. De acordo com Bronislaw Baczko (1985), por meio dos imaginários sociais, é possível representar e designar uma determinada coletividade, assim como estabelecer seus papéis, suas crenças e seus objetivos. Nas palavras do autor, "o imaginário social informa acerca da realidade, ao mesmo tempo em que constitui um apelo a ação, um apelo a comportar-se de determinada maneira" (BACZKO, 1985, p. 311). Assim, o imaginário é lugar estratégico por meio do qual se constroem e se conectam redes de sentidos e representações sociais (BACZKO, 1985).

[12] Emprego "telas" no plural, e não no singular, como uma forma de me referir à época da sociedade da "tela global" — da "tela-mundo", do "tudo-tela" e das "telas múltiplas" (telas de informação e comunicação, telas lúdicas, telas de vigilância e telas de ambiente) —, cujas experiências e relações dos sujeitos são cada vez mais midiatizadas pelas telas. Há uma vasta mudança cultural em curso (LIPOVETSKY; SERROY, 2009, p. 12).

comuns revela mudanças sociais significativas; funcionando como um sintoma da vida social contemporânea (MEHL, 1996, p. 10).

Este foi um fenômeno não restrito ao canal GNT: a publicização e a exteriorização do privado e, ainda, a hiperespetacularização do cotidiano e da intimidade, se alastraram pelas telas. As intensas visibilidade e exibição da vida ordinária do eu nas telas impulsionaram e ainda impulsionam a emergência de diversas experiências da subjetividade contemporânea, ou seja, de modos de ser e estar no mundo[13]. Aquilo que, por tempos, foi interiorizado na esfera privada burguesa, bem como revelado e narrado em diários íntimos do século XIX, emerge, aqui e agora, do interior para o exterior, em um movimento de visibilidade do eu, que projeta sua intimidade nas telas da cultura do espetáculo, seguindo a premissa de "aparecer para ser", pois "só é o que se vê", como bem delimitou Paula Sibilia (2008, p. 25). Estamos vivendo a "era da alta-visibilidade", e todo o "processo de produção de uma visibilização intensa e constante parece nos fascinar irresistivelmente" (PEREIRA, 2005, p. 64).

Com altos índices de audiência e de rentabilidade, as narrativas em ato dos *reality shows* consolidaram a incidência de visibilidade sobre a fala do indivíduo comum, bem como sobre suas narrativas íntimas e cotidianas. A televisão contemporânea é caracterizada, por Vera França (2009), entre outros traços e tendências, pela eclosão dos indivíduos comuns, pela exibição da intimidade e pela projeção da realidade cotidiana. As narrativas sobre (e dos) indivíduos comuns tornam-se quase compulsórias no discurso da comunicação televisual, dos *reality shows* aos programas informativos, poucos escapam a essa regra. Com promessas de mudança de vida, de estilo, de crescimento pessoal e de relacionamento, os discursos da comunicação televisual estão coerentes com os modos de ser e estar no mundo preponderantes na contemporaneidade.

Diante desse quadro, alguns questionamentos e proposições emergiram em relação a minha orientação teórica e conceitual inicial. Afinal, quais discursos sobre os modos de ser e estar da mulher comum, supostamente

---

[13] Subjetividade é entendida aqui como os modos de ser e estar no mundo do nosso eu, os quais envolvem pensamentos e emoções mais pessoais sobre "quem nós somos" (WOODWARD, 2000, p. 55). Longe de um "sentimento de si", com dimensões fixas e estáveis, deu-se lugar a um sujeito histórico, que se observa ao se observar o mundo ao sabor de um tempo histórico cuja função é ser agente absoluto de mudança (GUMBRECHT, 1998). A subjetividade é, pois, construída sob os contornos de dúvidas, incertezas e pluralidades das diversas experiências socioculturais contemporâneas. De acordo com Sibilia (2008, p. 16), "a subjetividade não é algo vagamente imaterial que reside 'dentro' de você" é, pois, sobretudo, "embebida em uma cultura intersubjetiva", visto que aquilo que somos também é modulado por nossas experiências, interações com os outros e com o mundo.

novas, foram propostos pela comunicação televisual do canal GNT? Quais significações e conceitos foram naturalizados na produção de sentido do canal GNT? Com base nos enunciados do canal GNT, quais sintomas da vida social, cotidiana e íntima da mulher comum contemporânea puderam ser distinguidos e interpretados? A formulação desses problemas abrangentes indicou a possibilidade de envolver a análise da produção de sentido do canal GNT acerca da mulher comum contemporânea por um arcabouço teórico e conceitual de diversos campos de estudo, especialmente da comunicação, da sociologia, da antropologia, da psicologia, da linguística, da história e da filosofia.

Contudo, ainda faltava especificar qual seria a pergunta-chave para esta pesquisa. Percebi que, se eu pesquisasse a subjetividade da mulher comum contemporânea — seu cotidiano e sua intimidade — inserida na visibilidade da comunicação televisual do GNT, isso evocaria, também, os discursos sobre os modos de ser e estar dessa mulher, ancorados nos textos desse canal, e, por conseguinte, seria o ponto de partida para perscrutar as naturalizações, as paráfrases, as significações introduzidas nessa produção discursiva. Em decorrência dessa operação metodológica, imprimiu-se um problema central a que busquei responder e discutir nesta pesquisa, a saber: de que forma os modos de ser e estar da "mulher real" — seu cotidiano, sua intimidade e sua subjetividade no mundo contemporâneo — são engendrados na comunicação televisual do canal GNT e como significam?

Esta pesquisa, de caráter interdisciplinar, buscou refletir, discutir e analisar os discursos sobre os modos de ser, de aparecer e de estar no mundo da "mulher real" que mais se sobressaíam na visibilidade da produção discursiva do canal GNT durante o período analisado, como uma forma de compreender a subjetividade contemporânea e a realidade social, quer dizer, os quadros organizacionais socioculturais, as práticas sociais, os fatores afetivos e os sistemas de valores. Meu objetivo não foi descobrir se as telespectadoras do canal GNT se sentiam representadas nos discursos do canal GNT. De fato, isso implicaria outro estudo, talvez etnográfico e de recepção, também interessante, mas que me afastaria do meu intento principal, que era analisar a subjetividade da mulher contemporânea — seu cotidiano e sua intimidade — inserida no discurso midiático do canal GNT.

Na trama desse conjunto teórico-metodológico-analítico diverso, interdisciplinar e, sobretudo, complementar, o problema da pesquisa demandou um quadro referencial apto a investigar a subjetividade da mulher contemporânea, foco de espetacularização e visibilidade intensa no discurso do canal GNT. O quadro referencial teórico desta pesquisa foi composto pelos estudos sobre mídia, televisão, discurso, gênero e subjetividade. O texto recortado para esta investigação, o problema de pesquisa, o quadro referencial teórico, a análise de conteúdo, bem como a análise do discurso, pelo viés da escola francesa, constituíram o dispositivo de análise que possibilitou a compreensão e a interpretação dos sentidos produzidos acerca dos modos de ser e estar da mulher contemporânea, midiatizados pelo canal GNT.

Este trabalho é uma leitura minha sobre o fenômeno estudado — a produção de sentido do canal GNT acerca da mulher comum contemporânea, seu cotidiano e sua intimidade —, o qual interpretei de acordo com diferentes instrumentos teóricos de campos disciplinares, bem como me valendo das experiências vivenciadas por mim no mundo, indissociáveis de minha subjetividade. Isso foi algo que quis deixar evidente desde o início. Não por acaso, escolhi para epígrafe um fragmento de Merleau-Ponty que designa a ciência ser expressão segunda da experiência do mundo; portanto, o que a ciência anuncia é sempre uma direção possível dos sentidos dos acontecimentos e da experiência do mundo. Com efeito, o que apresento aqui é a interpretação e a percepção de alguns sentidos, não todos, mas os que foram apreendidos por mim em um determinado momento histórico, os quais transpareceram com base na intersecção produtiva entre os elementos incorporados no dispositivo analítico. Ao fazer essa leitura, busquei ir além do que fica nas "superfícies" (ORLANDI, 2009, p. 29) ou, ainda, nas "bordas" e nos "contornos" (MERLEAU-PONTY, 2011, p. 35) do fenômeno percebido e, no esforço de compreendê-lo, procurei filiar sentidos, os quais conferiram respostas às minhas indagações e inquietações.

AS REFERÊNCIAS TEÓRICAS: O INÍCIO DE TUDO

2.1 ESTUDOS CULTURAIS, GÊNERO E SUBJETIVIDADE

Desde o século XX, a cultura midiática e as tecnologias — telefone, rádio, cinema, televisão, computador — têm sido tão essenciais para a vida cotidiana que o lazer passou a ser influenciado profundamente pela produção e pelo consumo dos meios de comunicação de massa. Essa cultura incorporou — e ainda incorpora — os modos anteriores de cultura, como o livro ou a palavra falada, que detinham influência sobre um grande número de pessoas. Em meio à profusão das mídias, "o mundo externo adentrou violentamente no lar", de modo que só um visitante de um país bem pobre se espantaria com a supersaturação de imagens e sons complementares à "vivência fundamental" (GITLIN, 2003, p. 25-28).

Participar da cultura midiática contemporânea, de seu consumo, produção ou circulação, estabelece-se como uma espécie de precondição para se viver na contemporaneidade, cuja experiência diária, cuja formação de opinião e cujo compartilhamento de valores, atitudes e gostos perpassam pelos meios de comunicação. Crescer nessa cultura é viver "na expectativa de que imagens e sons estarão à nossa disposição e que as histórias que compõem serão sucedidas por mais histórias, todas pedindo nossa atenção, todas se esforçando para fazer sentido, todas, em certo sentido, nossas" (GITLIN, 2003, p. 25). A cultura contemporânea é, pois, dominada pela mídia, a qual se oferece como um entretenimento audiovisual agradável por meio de espetáculos com imagens, sons, discursos e mitos, com os quais os indivíduos constroem significados em sua vida cotidiana, ao mesmo tempo que são seduzidos por eles.

Eis a cultura veiculada pela mídia, que ajuda a tecer a vida cotidiana e a modelar opiniões públicas, visões de mundo, valores e comportamentos sociais e que, sobretudo, "fornece o material com que muitas pessoas constroem o seu senso de classe, de etnia e raça, de nacionalidade, de sexualidade, de 'nós' e 'eles'" (KELLNER, 2001, p. 9). Teórico crítico da cultura, Douglas Kellner observa a mídia como a forma dominante de cultura, no que diz respeito à produção e à mudança da sociedade, pois, para ele, existe uma cultura específica hegemônica que fornece a base material e simbólica para os indivíduos configurarem aquilo que eles são, de modo a se inserirem na vida social contemporânea[14].

Colonizada pela mídia, a qual distribui e dissemina, bem como domina o lazer e a vida sociocultural, a cultura atual é por Kellner (2001, p. 9) denominada "cultura da mídia". Por essa perspectiva, entende-se a cultura da mídia como industrial e comercial, intrínseca ao modelo de produção de massa, cujos sentidos são engendrados com base em tipos, fórmulas, códigos e normas convencionais. Diante dessa moldura, estudar a televisão — e, em particular, a produção de sentido do canal GNT — significa examiná-la como um produto situado na essência da cultura veiculada pela indústria da mídia ou, conforme disse Kellner (2001), como aquilo que está no cerne da cultura audiovisual, uma cultura fundamentada na imagem.

A concepção de cultura da mídia é legatária de toda uma formação discursiva, no sentido foucaultiano, iniciada no século XIX, que, paulatinamente, durante o século XX, conferiu à cultura importância central para a compreensão do movimento do mundo, da vida social e da subjetividade, de modo que isso teve repercussão em diversas produções do conhecimento e levou à criação dos estudos culturais[15] (HALL, 2003; MATTELART;

---

[14] A noção de hegemonia é fundamentada no conceito de Gramsci (1999) e refere-se à liderança cultural-ideológica de um grupo em relação a outro. Conquistada por meio de um longo processo histórico, a liderança é constituída de acordo com as relações de força e de poder sociais, na medida em que abarca a construção e reprodução de um consenso, ou seja, da legitimação dos interesses de uma classe ou grupo em relação às demais (GRAMSCI, 1999), por meio dos "aparelhos privados de hegemonia" — termo denominado por Gramsci para definir as associações e as organizações até certo ponto autônomas em relação à esfera estatal, com participação e adesão voluntária, por exemplo, sindicatos, partidos políticos, igrejas, organizações profissionais e sociais, grupos de afinidade, meios de comunicação e escolas — a hegemonia ganha um espaço independente e específico de manifestação na sociedade civil (COUTINHO, 1999). Por isso, de acordo com Moraes (2002, s/p), a conquista do poder, para Gramsci, "deve ser precedida por uma longa batalha pela hegemonia e pelo consenso dentro da sociedade civil, ou seja, no interior do Estado em sentido amplo".

[15] Neste trabalho, conserva-se a escrita do termo "estudos culturais" com minúsculas devido ao fato de a maioria dos próprios textos anglo-americanos desse campo empregarem "cultural studies" com minúsculas, sem haver nenhum grifo especial, conforme propôs Escosteguy (2010, p. 24).

NEVEU, 2004)[16]. Dessa preocupação central com o cultural, procurou-se questionar o estabelecimento de binaridades como cultura baixa e alta, superior e inferior, a fim de criticar a noção de cultura como algo sem importância e secundário no mundo. De modo específico, Stuart Hall (1997) discorre que, com essa "virada cultural", iniciou-se uma preocupação com a linguagem, visto que esta tem caráter privilegiado tanto na construção como na circulação de significado.

Um dos principais legados dos estudos culturais diz respeito a sua recusa de se constituir em campo fechado, pois, em favor de determinados posicionamentos críticos, caracteriza-se como um "projeto aberto ao desconhecido, ao que não se consegue ainda nomear" (HALL, 2003, p. 201), e, sobretudo, que acolhe em suas investigações as questões mundanas e ordinárias da cultura e da sociedade contemporâneas. Com aporte nesses estudos, considerou-se o canal GNT um produto da cultura da mídia, com base na qual se analisam os modos de ser e estar da mulher comum, seu cotidiano e sua intimidade, por meio do estudo da sua produção de sentido. Assim, em razão de os estudos culturais relativizarem as binaridades e ultrapassarem uma visão crítica radical e pessimista com julgamentos negativos concebidos a priori, apresentam-se brevemente algumas considerações sobre sua epistemologia, bem como acerca de suas contribuições para este trabalho.

Em face das alterações dos valores tradicionais da classe operária inglesa no segundo pós-guerra, esforços teóricos e políticos foram empreendidos para constituir um campo apto a abarcar discursos múltiplos sobre a dimensão cultural contemporânea, bem como uma pluralidade de objetos de investigação. Os estudos culturais surgem como campo de investigação organizado por meio do trabalho teórico do Centre of Contemporary Cultural Studies (CCCS), um centro de pesquisa de pós-graduação do English Department da Universidade de Birmingham, fundado por Richard Hoggart (ESCOSTEGUY, 2010).

---

[16] De acordo com Mattelart e Neveu (2004, p. 19), "durante o século XIX, uma tradição de pensamento conhecida pelo nome de 'Culture and Society' emerge na Grã-Bretanha, impulsionada pelas figuras intelectuais do humanismo romântico" que buscavam criticar a cultura da sociedade burguesa, principalmente, por meio do seu símbolo e vetor, a saber, a literatura. Com efeito, estabeleceu-se um campo de estudos sobre a literatura inglesa, os *English Studies*, diante de um pensamento, então, insurgente, cuja filosofia política e moral teve a cultura como pedra de toque. Isso pode ser notado a partir das principais críticas feitas pelos ingleses no século XIX, as quais diziam respeito ao impacto da revolução industrial na cultura nacional, à responsabilidade dos intelectuais e produtores na difusão e na educação de uma cultura nacional e, por fim, à referência dos jogos de poder na cultura.

A criação do CCCS foi inspirada na pesquisa *The Uses of Literacy* (1957) — título que pode ser traduzido livremente como "Os usos da alfabetização", obra publicada em Portugal com o título *As Utilizações da Cultura* (1973) —, na qual Hoggart descreve com acuidade a paisagem do cotidiano da cultura da classe operária dos centros urbanos do Norte da Inglaterra, entre 1930 e 1950. Nesse período, o universo escolar passou a ser inserido na vida da classe operária, possibilitando uma compreensão melhor do conteúdo de livros, revistas, jornais, bem como de programas do rádio e da televisão, meio que começara a participar da vida cotidiana dos indivíduos comuns[17]. Com o objetivo de investigar a influência da cultura difundida pelos meios de comunicação sobre as classes populares, a pesquisa de Hoggart também examina o tom pessoal da indústria cultural como uma estratégia para conquistar a audiência.

A pesquisa de Hoggart e os livros *Cultura e Sociedade* (1958), de Raymond Williams, e *A Formação da Classe Operária Inglesa* (1963), de Edward Palmer Thompson, são "textos seminais e de formação" que sinalizam o que Hall (2003, p. 131-133) denominou "rupturas significativas", pois erguem um pensamento capaz de romper com as "velhas correntes de pensamento" antecedentes. Por conseguinte, esses três autores representam um marco teórico para os estudos culturais, cujos pilares foram edificados no fim dos anos 1950 e início dos anos 1960.

A natureza e as relações do modo de vida da organização social foram por Williams compreendidas com base em seu conceito de cultura "comum" ou "ordinária", por meio de uma análise crítica que inseriu a cultura em condição de igualdade com as artes, a literatura e a música. Tal concepção é especialmente relevante para esta pesquisa, pois diz respeito ao cotidiano, ao ordinário da vida social e à mulher comum. Alguns anos depois de Williams, surgiu o trabalho de Thompson, o qual se voltou para a reconstrução de uma história circunscrita "na vida e nas práticas de resistência das classes populares" (MATTELART; NEVEU, 2004, p.

---

[17] A paisagem do cotidiano na cultura também foi investigada por Michel de Certeau, que, cerca de 20 anos depois da publicação *The Uses of Literacy*, de Hoggart, em 1957, observou, nos volumes 1 e 2 da obra *A Invenção do Cotidiano*, publicada pela primeira vez em 1980, o modo como a cultura midiática e de consumo é individualizada pelos sujeitos, reconfigurando as esferas privadas (cozinha, alimentação, objetos utilitários, hábitos, linguagens, rituais etc.) e públicas (bairro, moradia, planejamentos urbanos, leis etc.). Esta obra é um dos textos elementares do estudo sobre o cotidiano, pois apresenta uma espécie de teoria das práticas cotidianas com base na observação dos processos de mudança acerca dos hábitos de um modo de vida. Nas palavras de Certeau (1998, p. 35), esse estudo corresponde a relatos que "pretendem narrar práticas comuns" de uma cultura ordinária, cujas "experiências particulares, as frequentações, as solidariedades e as lutas que organizam o espaço no qual essas narrações vão abrindo um caminho" constituem um campo de análise.

46). Ambos, Williams e Thompson, eram engajados à *New Left* britânica, um movimento de esquerda que surgiu em meados dos anos 1950 com o objetivo de debater o marxismo. Buscou-se ressoar elementos então ignorados e silenciados por essa teoria com base em uma reflexão crítica que privilegiasse o estudo sobre a cultura e a sociedade, suas formações, práticas, instituições, mudanças culturais, e que, por conseguinte, considerasse "cultura, ideologia, linguagem, o simbólico" objeto privilegiado de estudo (HALL, 2003, p. 203).

Não se pode definir os estudos culturais por terem se tornado uma prática marxista; deve-se, contudo, compreender o seu envolvimento com um problema, e não com uma teoria. Sua crítica visava extrapolar o que Hall (2003, p. 203-204) destacou ser "um certo reducionismo e economicismo [...] intrínseco ao marxismo", cujo modelo ortodoxo superestrutural — base e estrutura — era limitador e condicionante para se pensar a vida social[18]. Os trabalhos realizados pelo CCCS eram, em grande parte, produções acadêmicas engajadas politicamente. Segundo Escosteguy (2010, p. 203), esse caráter político foi, aos poucos, perdendo força — não apenas no terreno britânico — e permanecendo restrito a alguns círculos, o que hoje é "motivo de inúmeras críticas no debate dentro e sobre os estudos culturais".

A perspectiva teórica do grupo de intelectuais dos estudos culturais foi seminal, não só por ter influenciado o estudo da literatura, da antropologia, da sociologia e da comunicação, mas também pelo esforço em entender a cultura como uma forma de atuar na sociedade contemporânea, o que foi, de modo particular, um dos intentos de Williams. Ao coadunar o conceito de cultura a um modo de vida que envolve processos, determinados histórica, social e economicamente e ao questionar o mecanicismo do modelo base/superestrutura, esse teórico da cultura abandonou, ou mesmo deixou de lado, a tradição marxista em prol do desenvolvimento de uma teoria da cultura inserida na totalidade social.

---

[18] Destaca-se aqui a mudança no uso das terminologias marxistas nos trabalhos dos teóricos dos estudos culturais. Enquanto Williams emprega "ser social" e "consciência social" em vez de "base" e "superestrutura", Thompson prefere distinguir de modo dialético o que é cultura e o que não é cultura. Tanto Williams quanto Thompson têm posições que envolvem certas oscilações teóricas em torno dos termos "cultura", "não cultura", "experiência", "determinação", "consciência" e "estruturas". De acordo com Hall (2003, p. 140), Thompson teceu críticas duras a Williams "por seu modo evolucionista de conceber cultura como 'uma forma inteira de vida' [...] pelo alcance imperializante de seu conceito de 'cultura'". Ao incorporar algumas considerações, Williams aproxima-se de uma noção de cultura que entrelaça práticas sociais à tração das experiências, conferindo-lhe, assim, um processo aberto à criação e ao agenciamento histórico.

Com o intuito de propor essa teoria geral, Williams esquadrinhou significados diversos da palavra "cultura" — desde cultivo em uma colheita até o sentido do modo de vida de um povo —, os quais carregam sempre o peso das disputas pela fixação de um sentido dominante, em épocas históricas e formações sociais diferentes. O autor observou, então, o termo "cultura" como representante do espaço social e histórico das práticas sociais, materiais e simbólicas, isso porque é *locus* e instância de dominação, mas também esfera de realizações. É, pois, ao mesmo tempo, produto e produção de um modo de vida em um determinado momento histórico, cuja atividade humana visa à produção de significados e valores, bem como à estruturação de formas, instituições, relações, artes etc.

Dessas reflexões emerge a chave do pensamento de Williams: conceber a cultura como uma forma produtiva, visto que ela produz, e não somente reproduz, a realidade. Essa acepção é particularmente necessária para a noção de uma cultura processual, fundada na ideia de indivíduos sempre ativos, e de formas culturais sempre reexaminadas pela experiência (RIBEIRO, 2004). O abandono da lógica causal e determinista do pensamento marxista abriu caminhos para se pensar a experiência como o terreno, o solo do vivido, sobre o qual os elementos de um modo de vida global são organizados e relacionados.

O conceito fundante da teoria de Williams está assentado na noção de cultura comum, ordinária. Encravada no modo de vida da experiência cotidiana, essa teoria é uma maneira de abranger aquilo que congrega a sociedade, pois a cultura é de todos, e todos estão unidos pelas experiências comuns vividas. Na cultura, há significados e valores vividos, os quais podem ser sentidos e experimentados, bem como analisados por meio do que ele denominou "estruturas de sentimento", uma categoria a que o próprio autor não deu prosseguimento teórico-metodológico.

> Estamos definindo esses elementos como uma "estrutura": como uma série, com relações internas específicas, ao mesmo tempo engrenadas e em tensão. Não obstante, estamos também definindo uma experiência social que está ainda em processo, com frequência ainda não reconhecida como social, mas como privada, idiossincrática, e mesmo isolada, mas que na análise (e raramente de outro modo) tem suas características emergentes, relacionadoras e dominantes e na verdade suas hierarquias específicas (WILLIAMS, 1979, p. 134).

Uma vez registradas, as estruturas de sentimento vividas podem ser analisadas, compartilhadas, examinadas, identificadas e generalizadas. Pode-se dizer que as estruturas de sentimento são uma forma de incorporar as experiências e os processos sociais ao estudo da cultura, para analisar as condições das práticas sociais em um determinado momento histórico[19]. Mesmo que o autor tenha empregado essa noção para pensar as artes e a literatura — visto que as estruturas de sentimento manifestadas nas obras não são geradas internamente nelas, e sim externamente, por meio das estruturações das experiências históricas —, acredita-se que os produtos culturais de entretenimento e de consumo também incorporem e formalizem as experiências da vida social, isso porque eles também são engendrados externamente por sua imbricação com a vida social. Por isso, não se vê objeção em considerar os produtos da cultura da mídia objetos empíricos de análise do materialismo cultural, cujos sentidos armazenam estruturas de sentimento de um determinado momento histórico, uma espécie de retrato e, ao mesmo tempo, prenúncio sintomático de uma cultura, das experiências comuns referentes a um dado período[20].

Os alicerces teóricos dos estudos culturais conferem validade epistemológica para se pensar a produção de sentido do canal GNT como objeto empírico de estudo desta pesquisa acadêmica do campo da comunicação, o qual carrega consigo expressões sobre os modos de ser e estar da mulher comum, bem como algumas estruturas de sentimento da contemporaneidade. O olhar sobre o feminino é, então, uma tentativa de compreender não só os modos de construção dos discursos sobre a mulher e sua subjetividade,

---

[19] No trabalho "Estruturas de sentimento na modernidade: um estudo sobre as experiências nas obras de Walter Benjamin, a propósito de Charles Baudelaire" (CALAZANS, 2007), valendo-se da noção de estruturas de sentimento, buscou-se estudar as experiências tecnológicas perceptivas na cultura moderna, do século XIX, imanentes às obras de Walter Benjamin, particularmente, nos textos referentes a Charles Baudelaire. A partir da publicação desse texto, pode-se debater essa categoria com pesquisadores de comunicação, letras, história e antropologia, de modo que essas discussões alentaram a retomada da noção de estruturas de sentimento, no sentido de empreendê-la produtivamente nesta pesquisa, para estudar a subjetividade da mulher comum na contemporaneidade.

[20] Sabe-se que, no início da década de 1980, ocorreu um marco nos estudos culturais que radicou em sua episteme o estudo da recepção da mídia nos moldes da codificação-decodificação de Hall (2003). De fato, foi a partir dos anos 1980 que as investigações a propósito dos meios de comunicação, seus programas e suas audiências passaram a atrair os olhares dos trabalhos etnográficos. Uma das principais influências para os estudos de audiência foi o livro *Television Culture*, de John Fiske (1987), o qual foi criticado por vários pesquisadores pela sua perspectiva de "democracia semiótica" (MORLEY, 1992; CURRAN, 2007; CAMPANELLA, 2012), que cogitou existir uma audiência ativa, capaz de rejeitar a ideologia presente nas mídias de massa, ao mesmo tempo que consome seus produtos. Devido ao fato de esta pesquisa não corresponder nem a um estudo etnográfico nem a um estudo de recepção, não são aqui aprofundadas essas contribuições e as discussões no âmbito do estudo da recepção das audiências.

mas um dado momento histórico, de modo que se busca uma aproximação das questões de gênero em torno de um eixo situado na vida cotidiana e íntima da mulher.

Desse primeiro momento teórico, acerca do entendimento do canal GNT como produto da cultura da mídia, aos moldes de uma teoria da cultura que compreende a experiência comum como um modo de vida, parte-se para a incidência do feminismo nos estudos culturais, a qual representou — junto às questões de raça — uma mudança decisiva em sua epistemologia, transformando vertiginosamente sua agenda (HALL, 2003; ESCOSTEGUY, 2007). Em 1978, em meio à efervescência do feminismo, foi publicado o 11º volume de *Working Paper in Cultural Studies*, a primeira manifestação do *Women's Studies Group* ao realizar um trabalho intelectual feminista no CCCS[21]. Com o olhar sobre o consumo das imagens das mulheres na televisão e nos bens culturais, as primeiras publicações do *Women's Studies Group* do CCCS suscitaram significativamente a valorização da categoria gênero, a qual foi originalmente pensada, segundo Ana Carolina Escosteguy (2007), como algo que estrutura e é também estruturado nas formações sociais. A propósito da inserção do feminismo nos estudos culturais, Hall (2003, p. 209) afirma que:

> [...] muitos de nós no Centro – na maioria homens, é claro, – pensamos que fosse o momento de introduzir trabalho feminista de qualidade nos estudos culturais. E tentamos realmente atraí-lo, importá-lo, fazendo boas propostas a intelectuais feministas de peso. Como seria de se esperar, muitas mulheres nos estudos culturais não estavam interessadas neste projeto "magnânimo". Abríamos a porta aos estudos feministas, como bons homens transformados. E, mesmo assim, quando o feminismo arrombou a janela, todas as resistências, por mais insuspeitas que fossem, vieram à tona – o poder patriarcal plenamente instalado, que acreditara ter-se desautorizado a si próprio. Aqui não há líderes, dizíamos naqueles tempos; estamos todos, estudantes e corpo docente, unidos na aprendizagem da prática dos estudos culturais.

Essa fala de Hall ressalta a abertura epistemológica dos estudos culturais aos estudos feministas — e posteriormente aos estudos de gênero — diante das reconfigurações teórico-metodológicas, bem como a resistência

---

[21] Para um estudo detalhado sobre a história do feminismo, ver: PINTO, 2003, 2010.

patriarcal ocasionada por essas mudanças. Como as questões em torno do gênero e da sexualidade estão associadas intimamente aos processos de constituição de poder, muitas controvérsias e querelas acabaram por ser travadas entre os estudiosos feministas e os intelectuais dos estudos culturais. Mas nada disso impediu a entrada do feminismo nos estudos de mídia e cultura britânicos, a qual foi, de fato, decisiva para a trajetória dos estudos culturais. James Curran — professor do Departamento de Comunicação e Mídia do Goldsmiths College da Universidade de Londres —, em entrevista para Escosteguy, afirmou ser o feminismo "a força mais dinâmica nos estudos culturais contemporâneos e até mesmo nos estudos de mídia", de modo que há, atualmente, maioria feminina entre os estudantes, bem como um amplo crescimento de publicações, observando "as mudanças nas representações das mulheres no drama televisivo norte-americano" (ESCOSTEGUY, 2010, p. 281).

As fissuras entreabertas pela incursão do feminismo nos estudos culturais contribuíram para a investigação acerca da mulher na mídia, a compreensão de gênero e sexualidade imbricados à noção de poder e para as questões em torno das subjetividades das mulheres, que significaram a abertura para se refletir, de forma relacional, as questões de gênero, a subjetividade e os estudos culturais. No entanto, foi somente na década de 1980 que os estudos feministas sobre a mídia adquiriram "direito de cidadania" no universo acadêmico e, assim, legitimaram "objetos de estudo até então desprezados", perfazendo pesquisas sobre sexualidade, beleza, corpo, prazer, mídia e gêneros[22] (MATTELART; NEVEU, 2004, p. 105).

Isso se relaciona ao que Teresa de Lauretis (1994, p. 208) denominou "potencial epistemológico radical", nos escritos feministas dos anos 1980, que abriu as portas para se pensar as relações da subjetividade com a sociabilidade, com base em uma concepção de gênero não restrita à diferença sexual e à condição feminina, como propuseram estudos feministas dos anos 1960 e 1970. Essa perspectiva defende uma noção de gênero segundo a qual a subjetividade é concebida como um processo constitutivo do indivíduo, o qual se dá por meio da pluralidade de códigos linguísticos e discursos, com os quais ele é convocado e interpelado a se posicionar como sujeito. É

---

[22] Na década 1980, começa a haver uma descentralização da produção dos estudos culturais, não mais concentrados hegemonicamente no CCCS, tendo, pois, se expandido para outros países (Austrália, Canadá, Estados Unidos e alguns países da América Latina) por meio de pesquisas que passaram a observar, também, a dimensão sobre temas como identidade, diferença, subjetividade, mídia e relações de gênero, em meio ao contexto de dúvidas e incertezas ocasionadas pelo processo desestabilizante da globalização neoliberal (ESCOSTEGUY, 2010).

justamente da compreensão de linguagem e de cultura como aquilo que dá sentido à experiência vivida, aos sentimentos e pensamentos mais pessoais dos sujeitos, que se deseja perscrutar os enunciados do GNT sobre os modos de ser e estar da mulher contemporânea.

Na década de 1980, as pesquisas feministas e os estudos de gênero foram influenciados por referências marxistas, psicanalíticas, lacanianas, foucaultianas e pós-estruturalistas, as quais também se intersectam no campo dos estudos culturais. Retomam-se aqui três desses trabalhos das pesquisadoras Joan Scott (1995), Judith Butler (1987) e Teresa de Lauretis (1994), que foram elementares para a ressignificação da categoria gênero, atribuindo ao sujeito a possibilidade de engendrar o seu projeto reflexivo de eu e de gênero. Conforme Guacira Lopes Louro (2002, p. 5), o surgimento da categoria gênero representou "uma virada epistemológica", pois, a partir disso, passou-se a estudar a construção sociocultural do feminino e do masculino, de modo a compreender como "os sujeitos se constituíam e eram constituídos, em meio a relações de poder".

Crítica da dualidade homem/mulher, Scott (1995, p. 88) aproxima-se dos estudos de Foucault sobre a sexualidade engendrada no discurso do saber e do poder, de modo que se filiou à compreensão de gênero como "um campo primário no interior do qual, ou por meio do qual, o poder é articulado". Coetânea a Scott, Butler (1987) parte de uma das frases mais conhecidas do livro *O Segundo Sexo*, de Simone de Beauvoir (1980), qual seja, "não se nasce, mas torna-se mulher", a fim de traçar um eixo epistemológico em torno da noção de gênero como projeto cultural, no qual os indivíduos se constroem e são construídos culturalmente. Ambas, Scott e Butler, cogitam uma categoria de gênero como algo em curso, a qual pode ser construída, modificada e reconstruída pelos indivíduos, em meio às relações de poder.

À luz do dispositivo de sexualidade de Foucault (2009a) — que define sexualidade como um dispositivo histórico de poder ligado ao controle dos indivíduos, de seus respectivos corpos, de suas penetrações e de suas reproduções —, Lauretis (1994) propõe uma noção de gênero apta a inseri-lo como produto e processo de sua representação nas diferentes tecnologias sociais — discursos, cinema, epistemologias, práticas cotidianas — e de aparatos biomédicos. A ideia de Lauretis, de gênero como tecnologia, amplia o pensamento de Foucault sobre a categoria dispositivo, na medida em que a autora considera a existência da influência dos indivíduos no agenciamento e na construção dos discursos e práticas de gênero.

De acordo com Lauretis, o gênero designa uma relação de pertencimento do sujeito a uma determinada categoria classificatória, a qual lhe atribui uma certa classificação representativa previamente constituída pelas relações sociais. Essa relação representativa é pela pesquisadora utilizada também no jogo de palavras entre "gendrado" e "en-gendrado", de modo que o sujeito é "en-gendrado" e posto no gênero, sendo, assim, marcado por suas especificidades de gênero. Nesta pesquisa, toma-se o conceito de tecnologia de gênero como forma de estudar os sentidos sociais predominantes acerca dos modos de ser e estar da mulher comum, ancoradas na matriz discursiva do canal GNT, uma tecnologia social e de gênero da cultura midiática contemporânea.

2.2 PRODUÇÃO DE SENTIDO: SUBJETIVIDADE, VERDADE E DISCURSO

Investigar os modos de ser e estar da mulher no canal GNT implica considerar que as produções de sentido têm a potência de propor e reforçar discursos considerados verdadeiros sobre as subjetividades contemporâneas. Na lógica da cultura da mídia, e especialmente da comunicação televisual, as produções de sentido carregadas pelo caráter de verdade são apresentadas aos telespectadores e, por meio de um processo de identificação, podem se posicionar e se subjetivar. Dessa maneira, ao conferir sentido às subjetividades femininas por meio da produção de sentido da comunicação televisual, o canal GNT engendra projeções com as quais suas telespectadoras poderão ou não se identificar, mas que certamente são cuidadosamente convocadas a aderir.

Em suas aulas proferidas em 1981 no Collège de France, Michel Foucault (2016) formula a relação entre subjetividade e verdade para pensar o seu projeto de refletir sobre a história da sexualidade. De modo a compreender como discursos sobre os modos de vida dos sujeitos se constituíram como verdadeiros em determinados tempos históricos, Foucault (2016, p. 11) apresenta um tensionamento na medida em que "não pode haver verdade sem um sujeito para o qual essa verdade é verdadeira, mas, por outro lado: se o sujeito é um sujeito, como pode ele efetivamente ter acesso à verdade?" O assujeitamento do sujeito na lógica do poder aparece como um possível impedimento para o acesso à verdade, no entanto o autor avança e inverte a formulação filosófica e subverte a pergunta que, no limite, suspende o caráter da verdade: "é possível ter um conhecimento verdadeiro [do sujeito], em que condições se pode ter esse conhecimento verdadeiro do sujeito?" (FOUCAULT, 2016, p. 11). Todas essas questões evidenciam a existência de discursos sobre os sujeitos que são perfilhados como verdadeiros pelos sujeitos partícipes na produção discursiva. Por meio dessas reflexões, o autor enfatiza como estamos imbricados pelos discursos e suas moralidades, na medida em que os discursos são formados, adotados, aceitos, difundidos, valorizados, impostos e circulam com o caráter de verdade com base em nós, sujeitos.

É exatamente da relação entre sujeito e verdade em Foucault que é potente compreender uma definição de subjetividade não como universal e imutável ou, ainda, associada a algo fundante ou originário das sociedades. A riqueza da acepção foucaultiana está em ver o fluxo de movimento e transformação de mudanças possíveis nos tensionamentos entre subjetividade e verdade. E mais, em conceber a subjetividade como "o que se constitui e se transforma na relação que ela tem com sua verdade" (FOUCAULT, 2016, p. 13). Os discursos aparecem aqui como um lugar privilegiado de mediação e de configuração dos regimes de verdade que prescrevem determinados modos de ser e estar no mundo. Em uma sociedade imagética, na qual a mídia faz parte da experiência ordinária dos indivíduos, urdindo o tecido da vida cotidiana, a comunicação televisual é uma das principais produtoras de sentido. A produção de sentido televisiva é, dessa maneira, um *corpus* privilegiado de estudo, uma vez que, por meio de imagens, discursos, narrativas e espetáculos, fornece os sentidos com os quais o telespectador é convidado a se identificar e a assumir suas posições de sujeito.

Por meio do discurso e das práticas significativas, os sentidos podem ser reconfigurados, compreendidos, aceitos e, não raro, naturalizados em consonância com determinadas formas e forças históricas. Entendida aqui como produto e produção simbólica, a comunicação televisual do GNT intervém, de alguma forma, na construção real do sentido, a fim de engendrar e oferecer um discurso coerente às formas e às forças com as quais compartilha sua estratégia enunciativa. De acordo com Foucault (2008, 2009a, 2009b), a enunciação é um lugar de articulação do poder e do saber, duas dimensões delineadas de modo relacional e exploradas densamente em toda a sua filosofia por meio de questões que inquirem, por exemplo, o que é dito, como é dito, por que é dito, qual é o perigo de dizer o que é dito e se o que é dito pode ser dito de outra forma. Com forte influência de Friedrich Nietzsche, Foucault incita um pensamento apto a enxergar, nas relações de força e de poder, uma "vontade de verdade", a qual se torna visível e enunciada, posta, pois, ao conhecimento, por meio de estratégias e aparelhos discursivos sobre as coisas ditas e não ditas[23].

Na acepção foucaultiana, poder diz respeito ao nome dado a uma certa situação estratégica na qual se exerce o domínio e se constitui uma determinada formulação e cristalização hegemônica em uma sociedade determinada. Contudo, esse domínio envolve uma multiplicidade de relações complexas de força, lutas e afrontamentos e é justamente o discurso, o lugar no qual o poder pode ser honrado e, ao mesmo tempo, desarmado, pois, onde há poder há "resistências", no plural, como enfatiza Foucault (2009a, p. 106). Nesse sentido:

> [...] deve-se conceber o discurso como uma série de segmentos descontínuos, cuja função tática não é uniforme nem estável. Mas precisamente, não se deve imaginar um mundo do discurso dividido entre o discurso admitido e o discurso excluído, ou entre o discurso dominante e o dominado; mas, ao contrário, como uma multiplicidade de elementos discursivos que podem entrar em estratégias diferentes. [...] É preciso admitir um jogo complexo e instável em que o discurso pode ser, ao mesmo tempo, instrumento e efeito de poder, e também obstáculo, escora, ponto de resistência e ponto de partida de uma estratégia oposta. O discurso veicula e produz poder; reforça-o mas também o mina, expõe, debilita e permite barrá-lo (FOUCAULT, 2009a, p. 111-112).

---

[23] No século XIX, a filosofia de Friedrich Nietzsche questionou os princípios erigidos pela metafísica, de um *cogito* avalizado pela veracidade divina e obstinado pelo desejo da constituição de um conhecimento do mundo das *ideias*, firmado em certezas e verdades. O paradigma da verdade de uma vontade cartesiana causava ao filósofo estranhamento e inquietação, uma vez que, para a observação crítica de Nietzsche, as certezas ditas imparciais dissimulam-se em forma de poder e moral. Isso pode ser observado em um trecho de *A Gaia Ciência* no qual a categoria "vontade de verdade" surge em meio aos questionamentos: "Percebe-se que a ciência, também ela, repousa sobre uma fé e que não poderia existir uma ciência 'incondicionada'. A questão de saber se a 'verdade' é necessária deve, não somente ter recebido uma resposta antecipada e afirmativa, mas a afirmativa deve ser feita de forma a exprimir esse princípio, a fé, a convicção, 'nada mais tem valor de segunda ordem'. E que é essa vontade absoluta de verdade? Essa vontade de 'não se deixar enganar'? Essa vontade de 'não enganar a si mesmo'? Pois a vontade de verdade poderia ser interpretada deste último modo: 'eu não quero enganar' admitida como generalização, compreendendo também o caso particular: 'eu não quero me enganar'. Mas por que não enganar'. Por que não se deixar enganar?" (NIETZSCHE, 1981, p. 227). Nesse sentido, pode-se dizer que, apesar de Nietzsche reconhecer a vontade de verdade como um instrumento de organização do mundo com fundamentos práticos e utilitários, empenha-se em problematizá-la; pois, no limite, engendra uma crítica à metafísica no sentido de combater a moralização da ciência e o perigo residido na "verdade a qualquer preço" (NIETZSCHE, 1981, p. 228). Para uma leitura de estudos que delineiam a vontade de verdade em Nietzsche, ver: ONATE, 1996, p. 7-32; HAFEZ, 1995/1996.

O discurso pode ser entendido como o suporte sobre o qual a vontade de verdade é apoiada; sua disseminação, ademais, depende de uma distribuição que tende a exercer sobre outros discursos e sobre a sociedade uma espécie de pressão, a qual Foucault comparou a um poder de coerção. Na proposição de seu método genealógico, o filósofo põe o holofote sobre a necessidade de uma análise do discurso que vá além de seu revestimento e que seja capaz de detectar e destacar sua formação efetiva em meio às proposições e às afirmações do domínio do poder. É justamente inspirado nesse sentido proposto por Foucault que se analisa o discurso do canal GNT, cujas representações dos modos de ser e estar das mulheres são pedagogicamente apresentadas aos telespectadores. No intento de desvelar a formação de sentido do canal GNT e sua vontade de verdade, de cujo exercício os sujeitos sociais podem sofrer influência, é que se investiga a experiência subjetiva da mulher nos domínios do corpo, da alma, dos pensamentos e das condutas de si presentes em sua produção discursiva.

Nessa conjuntura, filia-se ao instrumental teórico-analítico da Análise do Discurso (AD) da linha francesa, a qual foi iniciada por Michel Pêcheux (1997) e, de modo específico, no Brasil, teve seu prosseguimento epistemológico por Eni Orlandi (2007, 2009). De acordo com Orlandi (2009, p. 26), o estudo do discurso coloca a interpretação em questão, pois busca saber "como um objeto simbólico produz sentidos, como ele está investido de significância para e por sujeitos". Com forte influência de Louis Althusser, Pêcheux (1988) pensa a ideologia como uma condição constitutiva dos sujeitos e dos sentidos, uma vez que não há discurso sem sujeito e não há sujeito sem ideologia; no discurso, língua conecta sujeito e ideologia. Por essa perspectiva, linguagem e ideologia articulam-se e afetam-se reciprocamente, pois tudo o que se diz tem "um traço ideológico em relação a outros traços ideológicos", uma vez que "os sentidos sempre são determinados ideologicamente" (ORLANDI, 2009, p. 43).

A acuidade do trabalho interpretativo está, primeiramente, em problematizar as maneiras de ler o texto, observando as superfícies linguísticas de seu processo discursivo, o modo de circulação do texto, bem como os limites do que pode ser e deve ser dito. Mas esse esforço deve ser complementado pela identificação de como são constituídos os sentidos do texto, as filiações com outros discursos e as simbolizações das relações de poder existentes. É, então, um trabalho que demanda uma investigação capaz de considerar as condições de produção do texto e, da mesma forma, o contexto sócio-histórico e ideológico no qual está inserido.

Em busca das filiações de sentido, o processo de análise envolve um trabalho de descrição e de interpretação do *corpus* da pesquisa, confrontando sempre o arcabouço teórico selecionado, os vestígios discursivos e o funcionamento da linguagem, o qual é estabelecido pela tensão entre os processos parafrásticos e polissêmicos. De acordo com Orlandi, os processos parafrásticos têm por objetivo manter o que já foi dito, aquilo que já está na memória, de modo a conservar um determinado sentido. Esse processo pode ser produzido por meio de proposições que, de modo aparentemente diferente, dizem algo que já foi dito, que já está sedimentado; há, pois, um retorno ao mesmo lugar do dizer, evocando sua estabilização. Contudo, da tensão entre polissemia — a possibilidade de sentidos diversos para um mesmo enunciado — e paráfrase podem surgir deslocamentos e rupturas nos processos de produção de sentido, e, assim, o discurso — que antes de tudo é curso, é movimento — pode ser transformado pelos sujeitos, visto que "os sentidos e os sujeitos sempre podem ser outros" (ORLANDI, 2009, p. 37). Com efeito, a brecha para "rachar as coisas, rachar as palavras", no sentido deleuziano (DELEUZE, 2010, p. 113), reside no jogo entre paráfrase e polissemia.

As relações de sentido podem ser examinadas por meio da análise das formações discursivas, definidas como aquilo que, em uma certa formação ideológica — "[...] ou seja, a partir de uma posição dada em uma conjuntura sócio-histórica dada – determina o que pode e deve ser dito." (ORLANDI, 2009, p. 43). Nesse sentido, deve-se observar o lugar de fala do sujeito, uma vez que é constitutivo do que ele diz; sendo assim, o sentido do que ele diz repousa sobre uma determinada formação imaginária, relativa à sua posição no discurso, ao contexto no qual está inserido e ao saber sobre o já dito. A análise do discurso envolve, então, um estudo das redes de sentido, no intuito de cotejar saber discursivo e formação discursiva, uma vez que linguagem e ideologia se atingem reciprocamente.

Diante desse dispositivo teórico-analítico, analisei o funcionamento da produção de sentido do canal GNT, de modo a investigar as formações discursiva e ideológica presentes nas produções de sentido sobre os modos de ser e estar das mulheres contemporâneas, em meio às suas atividades comuns e cotidianas, de modo a explorar possíveis naturalizações, paráfrases e novas significações. Neste trabalho, estudei o canal GNT como um produto da cultura da mídia, cujas produções de sentido presentes deixam vestígios de vontades de verdade acerca de certas formações sociais e experiências subjetivas, as quais, não raro, podem e devem ser problematizadas.

2.3 TELEVISÃO: *ETHOS* MIDIÁTICO, SOCIEDADE E VISIBILIDADE DA VIDA COTIDIANA

Os entretenimentos veiculados pela televisão são produtos da cultura contemporânea fundamentada na imagem e, ao mesmo tempo, mercadorias lucrativas dos poucos conglomerados midiáticos, os quais concentram a liderança dos mercados mundiais do setor das comunicações e do entretenimento, de modo a, não raro, conformar os produtos da cultura da mídia aos seus interesses econômicos e políticos, como apontaram pesquisadores da economia política da comunicação (MORAES, 2003, 2005; BRITTOS, 2000, 2002; BOLAÑO, 2002, 2005). Do ponto de vista do materialismo histórico de Fredric Jameson (2001), que busca estudar de forma crítica a sociedade de consumo e o capital financeiro, essa cultura veiculada pela mídia fundiu-se de tal modo à economia que, entre elas, há um processo simbiótico. Isso porque a conjuntura histórica do mundo contemporâneo:

> [...] é marcada por uma desdiferenciação de campos, de modo que a economia acabou por coincidir com a cultura, fazendo com que tudo, inclusive a produção de mercadorias e a alta especulação financeira, se tornasse cultural, enquanto que a cultura tornou-se profundamente econômica, igualmente orientada para a produção de mercadorias (JAMESON, 2001, p. 73).

Engendrada pelos agentes corporativos, produtores e emissores de informação e entretenimento, a cultura da mídia é talhada pela mercantilização dos bens simbólicos e pela massificação do consumo de modo a se conformar à lógica da "coisificação", que tudo pretende comercializar. Seus produtos não são isentos de malícias, não são inocentes; vinculam-se, pois, aos espólios dos interesses comerciais, ideológicos e políticos dos grandes grupos e corporações de entretenimento e informação, os quais, por meio de narrativas e textos cativantes, visam sempre abocanhar o maior público possível.

Na "sociedade de imagens voltada para o consumo" (JAMESON, 2001, p. 9), a televisão é um dos principais dispositivos midiático-culturais suscetíveis à mercantilização da cultura, pois sua torrente imagética já se encontra inseparável das interações sociais cotidianas. Dessa concepção aproxima-se Muniz Sodré (2002), que pensa a mídia como uma "prótese" dos sujeitos, a qual participa de suas respectivas vidas diárias, ao mesmo tempo que transforma a socialização e a percepção mental da sociedade e dos indivíduos, pois, por meio da dimensão espectral e espetacular midiáticas, há uma nova existência, com códigos e condutas próprios. De acordo com essa disposição teórica, Sodré afirma que a sociedade contemporânea é regida pela midiatização,

> [...] uma ordem de mediações socialmente realizadas no sentido da comunicação entendida como processo informacional, a reboque de organizações empresariais e com ênfase num tipo particular de interação – a que poderíamos chamar de "tecnointeração" –, caracterizada por uma espécie de prótese tecnológica e mercadológica da realidade sensível, denominada *medium*. Trata-se de dispositivo cultural historicamente emergente no momento em que o processo da comunicação é técnica e industrialmente redefinido pela informação, isto é, por um regime posto quase que exclusivamente a serviço da lei estrutural do valor, o *capital*, e que constitui propriamente uma nova tecnologia societal (e não uma neutra "tecnologia da inteligência") empenhada num outro tipo de hegemonia ético-política (SODRÉ, 2002, p. 21-22).

Caracterizada pelas tecnointerações e virtualizações das relações humanas, a midiatização implica, para Sodré, uma nova ordem da vida, um novo *ethos*, um novo *bios*, o quarto *bios* da existência humana, qual seja, o *ethos* midiático, cujos costumes, hábitos, regras, espaços de realização da ação humana se entrelaçam à tecnocultura, a qual é constituída pelo mercado e pelos meios de comunicação[24]. Partindo-se dessa perspectiva, o autor delimita que, desde o fim do século XIX, esse *bios* existencial vem sendo edificado pelo estilo de vida e pela dinâmica negocial norte-americana hegemônicos no Ocidente, os quais midiatizam o ordenamento cultural da sociedade e um novo modo de presença do sujeito no mundo.

Sob esses aspectos, pode-se dizer que a cultura da mídia constitui o novo *ethos* cuja midiatização se firma na televisão, a qual é ferramenta vital para a produção ideológica, para a influência do poder dos conglomerados midiáticos, bem como para a experiência da vida contemporânea, devido ao seu potencial elevado de penetração social, local e global. Ao incorporar e ao conformar a vida diária à produção de sentido midiática, a televisão é também um meio privilegiado de acesso à realidade e um meio pelo qual emergem diferentes experiências estéticas, de vida e de subjetividade.

---

[24] De acordo com Sodré (2002, p. 24-25), os outros três *bios* estão localizados na obra Ética a Nicômaco, de Aristóteles, Livro I, Parte 5, onde há três gêneros de existência na polis: vida contemplativa, vida política e vida prazerosa (ou vida do corpo) (ARISTÓTELES, 1979).

Pode-se dizer, nesse sentido, que a televisão é um dispositivo possível de contato com o mundo o qual estrutura a percepção de toda a realidade social (BRITTOS, 2010). Por isso, a importância de se estudar a produção de sentido sobre a subjetividade da mulher contemporânea no canal GNT como uma maneira de apreender a realidade social, a fim de investigar as experiências de vida que se apresentam na televisão como uma correspondência à vida cotidiana.

Diversos autores do campo da comunicação (SILVERSTONE, 1999, 2002; KELLNER, 2001; FREIRE FILHO, 2009; FRANÇA, 2009) destacam, de maneiras diferentes, o caráter simbiótico entre televisão e vida social, entendendo-o como um ponto de partida para a investigação e para a compreensão das experiências cotidianas. Teórico dos estudos de mídia, Roger Silverstone (2002, p. 20) afirma que a mídia opera de maneira mais expressiva no mundo mundano, visto que "ela filtra e molda realidades cotidianas, por meio de suas representações singulares e múltiplas, fornecendo critérios, referências para a condução da vida diária, para a produção e manutenção do senso comum". De acordo com o autor, estuda-se a mídia, seu conteúdo e forma, a fim de se compreenderem as experiências da vida e do mundo, pois a mídia é componente da "textura geral da experiência", noção do filósofo Isaiah Berlin (2004, p. 54-55) retomada por Silverstone para expressar que a mídia agora é parte da experiência corriqueira e mais comum da vida, uma perspectiva claramente coesa à concepção de *ethos* midiatizado proposta por Sodré (2002).

Diante desse quadro, a análise da produção de sentido do canal GNT acerca dos modos de ser e estar da mulher comum contemporânea é uma forma de investigar e buscar explicações para as experiências da vida cotidiana. Da imbricação entre mídia e vida social, o caráter simbiótico entre televisão e sociedade foi eleito como fio condutor e princípio ordenador do dispositivo de análise deste estudo, pois, ao fazer parte do tecido social:

> [...] a TV acompanha seus movimentos e tendências, é instrumento de veiculação de suas normas e valores, mecanismo de reprodução e manutenção da ordem dominante. Instância ativa, lugar de expressão e circulação de vozes, do cruzamento de representações e constituição de novas imagens, a televisão é também um vetor de dinamismo e modificação do seu entorno (FRANÇA, 2009, p. 30).

Ao reconfigurar a vida social e ser configurada por ela, a televisão é um *locus* singular para a veiculação de sentidos, sobretudo para a sociedade brasileira, na qual a cultura audiovisual se fixou com vigor. Exemplo disso é o sucesso das telenovelas brasileiras como produto cultural nacional. Por essa razão, escolheu-se como ordenador epistemológico desta pesquisa o caráter simbiótico entre televisão e sociedade — ou, como diria França (2009), a perspectiva homeostática —, na medida em que favorece uma investigação apta a articular a produção de sentido do canal GNT com movimentos, mudanças e características da vida e da realidade social.

Essa perspectiva simbiótica e homeostática foi fundamental para compreender a visibilidade conferida à subjetividade da mulher comum contemporânea, de seu cotidiano e de sua intimidade, no discursivo do canal GNT. Isso porque uma das inquietações fundantes desta pesquisa diz respeito ao predomínio das temáticas do cotidiano e da intimidade da mulher comum na produção de sentido do GNT, um fenômeno observado desde 2011. Seria a visibilidade conferida ao cotidiano e à intimidade dos sujeitos comuns, no discurso da comunicação televisual, um fenômeno novo? Presumiu-se que não, pois corresponde a uma readaptação dos meios de comunicação e, sobretudo, a uma atualização dos discursos e dos conteúdos da cultura impressa do século XIX, bem como da cultura audiovisual do século XX. Essa proposição aproxima-se do que Jay David Bolter e Richard Grusin (1999) denominaram "remediação", em inglês, *remediation*, que significa reparo ou conserto, um termo empregado pelos autores para explicar ser o conteúdo de um meio sempre outro meio, uma das máximas da teoria dos meios de Marshall McLuhan (2006). De acordo com Bolter e Grusin (1999), as mídias precedentes são importadas e aprimoradas de modo a constituírem outra mídia com novas linguagens e formas, visto que o meio é aquilo que ele remedia.

A proposição de a mídia audiovisual e digital dos séculos XX e XXI ter remediado a mídia impressa do século XIX, e sua temática sobre o cotidiano, foi sustentada também pelo pensamento de Edgar Morin (1967), que, mesmo não sendo um teórico de mídia, perscrutou *A Cultura de Massa no Século XX*, título de seu livro sobre o espírito do tempo, segundo a lógica de uma cultura produzida em larga escala por meio das técnicas de comunicação e divulgação, aquela que passou a ser sumo de todo o desenvolvimento humano. De acordo com Morin, a cultura de massa é herdeira e continuadora do movimento cultural, bem como dos meios de comunicação das sociedades anteriores, na medida em que:

> [...] os conteúdos da cultura impressa do século XIX concorrem para a cultura de massa do século XX, alimentam-na, e

> nela se metamorfoseiam progressivamente. [...] Essa metamorfose se dá a partir do caráter novo trazido pelo poder de intensificação e de extensão ilimitada das *mass media* e, mais largamente, pela nova civilização que criou essa extensão e essa intensificação (a Civilização técnica) e que, ao mesmo tempo, é criado por essa extensão e essa intensificação. Ela se dá igualmente a partir do caráter novo das técnicas que trazem o movimento real, a presença viva (MORIN, 1967, p. 65-66).

Considerando essa perspectiva de Morin, nota-se, nos dias de hoje, que a cultura midiática se inspira constantemente nas culturas anteriores de modo a remediar o conteúdo de seus meios, o que pode ser observado a propósito da intensificação da visibilidade concedida à vida cotidiana e aos indivíduos comuns na televisão, um fenômeno notado também na programação do canal GNT. A fim de compreender esse movimento transformador, faz-se necessária uma breve retomada acerca da visibilidade conferida ao cotidiano e ao indivíduo comum no conteúdo da cultura impressa, de massa e da midiática, a partir do século XIX.

Episodicamente narrada nos folhetins de imprensa, a vida cotidiana ganhou visibilidade nos romances burgueses do século XIX, cujo realismo assegurou uma identificação cada vez mais intensa entre leitor e seus heróis, entre imaginário e real[25]. Não se restringindo ao romance, a vida cotidiana e seu indivíduo comum flanaram por entre os poemas e as poesias de Baudelaire, tendo suas pegadas apagadas por Edgar Allan Poe e, posteriormente no século XX, por Bertolt Brecht. No fim do século XIX, com a imagem em movimento e com o cinematógrafo dos irmãos Lumière, o indivíduo comum pôde ter sua feição imagética e movente projetada e, já no início do século XX, teve definitivamente seu cotidiano projetado com o cinema-verdade de Dziga Vertov.

Na televisão, no rádio e no cinema, sobretudo nas vertentes documentarista e neorrealista, o cotidiano dos sujeitos comuns foi reproduzido em temáticas que se espelhavam na vida em seu movimento real. De modo que, a partir da crise econômica americana de 1929, o realismo, a propósito

---

[25] De acordo com Morin, a cultura literária burguesa encontrou no romance *Madame Bovary*, de Gustave Flaubert, seu ápice. A corrente bovarizante pode ser entendida no sentido de identificação entre o romanesco e o real ou, ainda, aquela que integra o real no imaginário e o imaginário no real, no sentido de gerar uma identificação mais estreita entre o leitor e o herói. O autor caracteriza a cultura literária burguesa como "cultura romanesca, cultura da pessoa particular, cultura das necessidades da alma e das necessidades do amor, cultura da projeção dos problemas humanos no universo imaginário, mas, cada vez mais fortemente, de identificação entre o leitor e seus heróis" (MORIN, 1967, p. 62).

do cotidiano, foi sobrelevado no cinema com enredos que abordavam, por exemplo, a paixão triangular (esposo, amante e mulher adúltera), o conflito de sentimentos, a busca pelo sucesso e pela afirmação na vida privada, bem como a crise econômica e a dificuldade financeira da sociedade americana[26].

De fato, foi somente com a cultura de massa e com a sociedade do espetáculo que "a mercadoria ocupou totalmente a vida social" (DEBORD, 1997, p. 30), com poucos indivíduos sendo transformados em mercadoria--símbolo do capitalismo. Espetacularizados pelo cinema e eternizados como estrelas, em papéis de heróis e semideuses no Olimpo cinematográfico, os olimpianos do *star system*[27] foram magnetizados no imaginário e no real, tornando-se os modelos ideais de cultura e de vida, fossem de vida ordinária ou olimpiana, fossem de natureza humana ou divina. As estrelas olimpianas eram, pois, os insumos do mecanismo de identificação e projeção, cultivado com afinco pela cultura de massa no século XX, como bem mostrara Morin (1967, 1989). Não obstante, o sistema ao redor do filme-modelo começou a desmoronar, e o cinema hollywoodiano, exaltado pelo *happy end*, viveu, nos anos 1950, um momento de desinteresse do público em relação à tela gigante, ao uso da cor e ao surgimento de novas estrelas. Com o "crepúsculo

---

[26] Durante a primeira recessão americana — de 1929 até 1945, com o fim da Segunda Guerra Mundial —, o realismo e as temáticas do cotidiano também foram apresentados nas narrativas cinematográficas hollywoodianas, contudo em um tom pedagógico de cuidado e de aconselhamento econômico-financeiro ao povo estadunidense. Os estúdios cinematográficos de Hollywood abriram as portas para produções de filmes mais baratos e também mais realistas, a fim de introduzirem os dramas socioeconômicos e, assim, aproximarem a projeção do cotidiano vivenciado pelos estadunidenses, em filmes como *A Derrocada* (William Dieterle, 1932), *Orgia Dourada* (Mervyn LeRoy, 1933), *Os Grandes Aldrabões* (Leo McCarey, 1933) e *Irene, a Teimosa* (Gregory La Cava, 1936), cujas temáticas abordavam as consequências da depressão econômica, por exemplo, contas não pagas, descontrole financeiro e amor entre pessoas de camadas sociais bem diferentes.

[27] A expressão *star system* é empregada por Morin (1989, p. 77) a fim de designar o sistema institucionalizado que manufatura, mantém e promove as estrelas sobre as quais se fixaram e se "divinizaram as virtualidades mágicas da imagem da tela". Sendo um produto característico da civilização capitalista do século XX, em especial dos anos 1930-1960, a estrela "responde ao mesmo tempo a necessidades antropológicas profundas que se exprimem no mito e na religião", pois ela é a deusa como mercadoria em sua dupla face de "estrela-deusa" e "deusa-mercadoria" (MORIN, 1989, p. 77).

dos deuses olimpianos"[28] e o declínio do *star system*, outras ondas do cinema se instalaram, e a estrela cedeu lugar ao indivíduo comum, que, transformado em celebridade efêmera facilmente mercantilizável, altamente rentável e rapidamente substituível, tornou-se uma das fórmulas seguidas pela televisão contemporânea e, por conseguinte, pelo canal GNT. Em meio aos enredos sobre assuntos da vida cotidiana e privada, personagens comuns, interpretados por atores desconhecidos, passaram a ser inseridos na tela do cinema, por meio de filmes independentes, produzidos sem estrelas de cinema. Destaca-se aqui, como exemplo, a atuação de Ernest Borgnine no filme *Marty*, de 1955, com o papel do açougueiro ítalo-americano, uma das primeiras películas a focar um personagem ordinário e sua vida corriqueira.

Esse breve panorama a propósito da temática do cotidiano remediada pela televisão revela "a mídia como um processo" (SILVERSTONE, 2002, p. 16) e manifesta o fenômeno da visibilidade dos sujeitos comuns na tela não ser novo, pois já faz parte de seu *ethos* midiático. Nesse sentido, por não ser algo inédito, pode-se dizer que há uma diferença de grau, e não de natureza, no que diz respeito à visibilidade conferida à mulher comum, seu cotidiano e sua intimidade, no canal GNT. O estudo dos enunciados do GNT sobre a hipervisibilidade dos modos de ser e estar da mulher comum, sua vida cotidiana e íntima, manifesta-se como um caminho para a compreensão sintomática do mundo contemporâneo. Então, se a mídia — e, por conseguinte, a televisão — é um processo e se, para compreender o mundo contemporâneo, ela deve ser analisada, um percurso teórico manifesta-se essencial para esta investigação, a saber, o estudo acerca das fases vividas pela televisão até a contemporaneidade, de modo a delinear as atualizações e permanências de suas características e compreender como estão imbricadas com a história do canal GNT, de sua programação e de seu processo comunicacional.

---

[28] Emprego aspas em "crepúsculo dos deuses olimpianos" em referência ao filme *Crepúsculo dos Deuses* (Billy Wilder, 1950), com o título original em inglês *Sunset Boulevard*, cuja trama problematiza a decadência das estrelas do *star system*, fazendo, pois, parte da própria história de Hollywood. Interpretada por Gloria Swanson, uma atriz que estrelou no apogeu do *star system*, Norma Desmond é uma estrela do cinema mudo esquecida pelo público e, com seus devaneios, refugia-se em sua mansão decadente. O retorno da atenção sobre a estrela (de)cadente ocorre na ocasião de sua prisão na cena memorável, cujo trágico desfecho se refere à sua descida dramática pelas escadarias de sua mansão. Na credulidade de ser essa a gravação do filme *Salomé*, Norma fala com tom dramático ao suposto diretor: "Sr. DeMille. Posso dizer algumas palavras? Obrigada. Estou muito feliz de voltar ao estúdio e fazer um filme novamente. Não sabem o quanto senti falta de vocês. Nunca mais os deixarei, pois depois de Salomé, haverá muitos e muitos filmes. Essa é a minha vida, sempre será. Nada mais importa, só nós e as câmeras e as pessoas maravilhosas, lá atrás no escuro. Sr. DeMille estou pronta para o meu *close up*".

2.4 SOBRE A TELEVISÃO: DA PALEO À CONTEMPORÂNEA

Da passagem da tela gigante à tela doméstica, diz-se que paulatinamente a chamada "era do cinema" de Hollywood foi ofuscada pelo advento da televisão (BURKE; BRIGGS, 2004), cujo período de consolidação como um meio de comunicação fundamental da indústria cultural se deu entre os anos 1950 e 1970, com a fase da paleotelevisão[29] (ECO, 1985; CASETTI; ODIN, 1990, 2012). Com rígidas fronteiras entre informação, entretenimento e ficção, a paleotelevisão era um lugar restrito para poucos, um novo Olimpo sagrado e protegido, cujo público era distanciado pela lógica emissor-professor versus telespectador-aluno (MISSIKA, 2006). De 1991 a 1996, em sua era Globo News Television, com a predominância de programas de notícias jornalísticas e filmes documentários, o GNT vivenciou a paleotelevisão com uma forte delimitação entre produtor de conteúdo e audiência, entre informação e entretenimento. Na ocasião, havia pouquíssimos programas focados no público feminino, e, de uma forma geral, o discurso do canal indicava, então, o aforisma "eu sei a verdade e vou te contar como ela é". Esse discurso sobre a verdade explicita a autoridade jornalística de um canal de notícias da emissora Globo, cuja credibilidade do lugar de fala foi uma das heranças mais importantes do GNT acerca do período Globo News Television.

Em 1996, com o lançamento do canal de notícias Globo News da Globosat, o GNT foi reconfigurado de modo que foram introduzidos programas de variedades, sendo a maioria deles apresentada por celebridades nacionais, da própria emissora, e por internacionais, dos programas cujos direitos foram comprados para a retransmissão. Programas como *Alternativa Saúde*, *GNT Fashion*, *Marília Gabriela Entrevista* e *Saia Justa* — na ocasião de suas respectivas estreias, apresentados por Patrycya Travassos, Betty Lago, Marília Gabriela e Mônica Waldvogel, tendo como primeiras convidadas a cantora Rita Lee, a atriz global Marisa Orth e a roteirista da Globo Fernanda Young — são exemplos de que o canal já se aproximava do público feminino e, sobretudo, de que se preocupava em construir uma relação de confiança com o telespectador por meio de suas apresentadoras-celebridades, um claro exemplo da autorreferencialidade da emissora

---

[29] Umberto Eco (1984, 1985) empregou os termos "paleo" e "neotevê" para se referir às fases distintas da televisão no século XX, os quais foram resgatados posteriormente por Casetti e Odin (1990, 2012), bem como por Missika (2006). Os diferentes contextos históricos e socioculturais elencados por esses autores em suas delimitações não importam tanto, visto que esses termos já são referidos e utilizados vastamente nos estudos sobre televisão.

Globo. Essas mudanças do canal GNT marcaram a passagem de sua era paleotelevisão para aquilo que se intitula "neotelevisão" (ECO, 1984), cuja autorreferencialidade discursiva expõe uma televisão preocupada em falar sobre si mesma, de modo a engendrar uma relação de confiança e cumplicidade entre emissores e receptores.

> A característica principal da neo-tevê é que ela fala (conforme a paleotevê fazia ou fingia fazer) sempre menos do mundo exterior. Ela fala de si mesma e do contato que estabelece com o próprio público. Não interessa o que diga ou sobre o que ela fala. [...] Ela, para sobreviver a esse poder de comutação, procura entreter o espectador dizendo-lhe "eu estou aqui, eu sou eu, e eu sou você" (ECO, 1984. p. 182-183).

No século XXI, em continuação dessa televisão que se aproxima dos telespectadores, identifica-se sua terceira fase, designada por Jean-Louis Missika (2006) como pós-televisão[30], uma televisão contemporânea da visibilidade, em que todos podem aparecer na tela, basta serem escolhidos. As visibilidades do cotidiano e da intimidade dos indivíduos comuns são a espinha dorsal dessa pós-televisão, a qual se perfaz flexível a fim de participar cada vez mais da vida social e cultural contemporânea.

Em decorrência desse movimento de aproximação da vida cotidiana, a experiência televisiva tem se tornado ainda mais envolvente no que diz res-

---

[30] No intento de explicar o momento contemporâneo vivido pela televisão, convencionou-se chamar essa fase de pós-televisão, a qual é caracterizada pela oferta variada e personalizada de produtos, em meio às novas formas de criação, transmissão e recepção de conteúdo. O termo "pós" é costumeiramente empregado no sentido de mostrar as transformações ocorridas na produção, na distribuição e na recepção da televisão tradicional em meio à chegada das tecnologias digitais, de modo especial, da internet. Essa ideia foi primeiramente introduzida por Gilder em sua obra *Life after Television*, publicada em 1990; e no Brasil, em 1994, com o título *A Vida após a Televisão*, na qual o autor prenuncia a morte da televisão e dos telefones tradicionais, em meio a uma nova forma de comunicação e de transmissão de informações, a qual se estabeleceria por meio de microchips em "telecomputadores". Sem tanto radicalismo, D'Agostino, no texto que escreveu para o livro *Transmission: toward a post-television culture*, publicado em 1995, pensa uma "cultura pós-televisão" na qual a televisão não é mais um ícone da casa, cuja família se reunia na frente de sua tela. Ao se afastar dos prognósticos de que as novas tecnologias vão eliminar a televisão, esse autor conjectura hibridismos entre televisão e computador, pois acredita ser o modelo da televisão ainda predominante o qual será perpetuado e apropriado pela indústria do computador (D'AGOSTINO, 1995). O termo "pós-televisão" surge, de fato, com Piscitelli em seu livro *Pos-t-Televisión. Ecología de los medios en la era de internet*, publicado em 1998, no qual o autor apresenta a mudança de paradigma social e tecnológico com o advindo da internet. Com forte influência mcluhaniana, esse autor sustenta a ideia de que um meio não substitui outro meio, apenas se hibridiza com ele, a fim de conservar e amplificar suas potencialidades. Essa ideia também é retomada por Missika em seu livro *La Fin de la Television*, publicado em 2006, no qual predisse a incorporação e a integração das outras mídias pela internet, de modo que a produção e o consumo audiovisual passariam necessariamente por ela. Por meio de plataformas de vídeo na internet, como o *YouTube*, ou de dispositivos acoplados à televisão, como *Apple TV, Google TV, Microsoft TV* e *Warner TV*. Como sociólogo da mídia, Missika pensa além do âmbito tecnológico, de modo a refletir sobre as experiências dos indivíduos cotejando as mudanças no espaço público e privado.

peito aos sentimentos, às emoções e aos pensamentos que estão submergidos no processo de produção de subjetividade. Essa televisão mais personalista, íntima e próxima da vida diária dos indivíduos instigou a investigação sobre o canal GNT, que, desde 2011, vem introduzindo diversos programas do tipo "filantrópico" (FREIRE FILHO, 2009), coerentes à "cultura terapêutica" contemporânea (BIRESI; NUNN, 2005), cujos indivíduos confessam suas experiências e buscam aconselhamento e ajuda no *bios* midiático para a constituição da subjetividade, isto é, para a construção sobre "quem são". Como exemplo, destaca-se a série de ficção do GNT intitulada *Sessão de Terapia*, que é ambientada em um consultório de psicanálise, no qual o terapeuta Theo avalia seus pacientes e, posteriormente, também é avaliado por sua supervisora, uma versão da série israelense *Be Tipul*, destacada por seu sucesso de audiência nas adaptações para cerca 30 países. Mesmo sendo ficcionais, as histórias dos pacientes e os aconselhamentos do psicanalista estão muito próximos das experiências diárias dos indivíduos comuns, de modo que essa série se refere a um determinado universo imaginário sob o qual se exige respeitar uma regra, qual seja, "a da coerência do universo criado com os postulados e as propriedades que o fundam", a fim de que seus signos — cenário, imagem e som — sejam interpretados e aceitos pelos telespectadores (JOST, 2004, p. 37).

A noção de que a televisão tem se tornado mais íntima e próxima da vida dos indivíduos está coadunada à perspectiva de França (2009, p. 29) sobre a tendência de a televisão se constituir o espaço para se firmar o individualismo, "o lugar de realização e consagração do valor maior da nova sociedade, que é o desenvolvimento pessoal e a autonomia individual". A televisão contemporânea retoma, com vigor, o interesse pelas narrativas do indivíduo comum, de sua vida diária e de sua intimidade, cujas experiências são narradas na primeira pessoa do singular, uma nítida correspondência ao momento marcado "pelo espetáculo cada vez mais estridente do show do eu", como bem analisou Sibilia (2008, p. 27)[31]. Por isso, a preocupação em se investigar a produção de sentido acerca dos modos de ser e estar da mulher comum no canal GNT, seu cotidiano e sua intimidade, por meio

---

[31] No livro *O Show do Eu: a intimidade como espetáculo*, Sibilia (2008) discorre sobre a sociedade que legitima a cultura de observação do outro e de exposição de si, valendo-se de um paralelo traçado entre os diários íntimos do século XIX, os blogs e os demais espaços para os diários íntimos do século XXI. Segundo a autora, em meio ao eclipse do eu visível e de sua interioridade, o eu é narrador de sua vida íntima e privada e, não raro, oferece seu relato aos olhares do mundo inteiro na internet.

da análise de sua matriz discursiva, a fim de estudar os sentidos que mais se sobressaem a propósito da subjetividade da mulher contemporânea.

Diante desse quadro de exposição do eu nas telas, impera o regime da escopofilia do ver e do ser visto, cujo ímpeto é tornar tudo visível, tudo aparente[32]. De modo peculiar e inaudito, na era da pós-televisão, com seus programas reveladores do cotidiano e da intimidade do sujeito comum, notam-se muitos (telespectadores) assistindo a poucos (os sujeitos que aparecem na tela), configurando um regime de sinoptismo (MATHIESEN, 1997; LYON, 2010). Ao revisitar a noção de panóptico de Jeremy Benthan, empreendida por Foucault (2002), para analisar a sociedade disciplinar e de controle com seus dispositivos de vigilância, Thomas Mathiesen (1997) sugere uma perspectiva complementar à visão do panoptismo foucaultiano, pois estende-a à mídia de massa e às tecnologias da informação e da comunicação, não se restringindo ao âmbito da prisão, do manicômio, da sociedade disciplinar etc. Sabe-se que a noção de panoptismo se refere à vigilância em um espaço, no qual é possível ver sem ser visto, uma alusão ao modelo no qual o carcereiro podia ver todos os prisioneiros sem que fosse observado, por exemplo, o centro presidiário pensado por Benthan. Já o sinoptismo diz respeito à ideia de que muitos assistem a poucos, como era o caso das capelas prisionais, nas quais os prisioneiros só podiam ver os sacerdotes.

As duas metáforas operam juntas no panóptico-sinóptico (MATHIESEN, 1997; LYON, 2010) por uma lógica na qual muitos espectadores, sem que sejam vistos, assistem à exibição da vida privada de poucos indivíduos. A fase da pós-televisão é, pois, coerente à sociedade contemporânea, na qual impera o regime do panóptico-sinóptico, da espetacularização do eu, do ver e do ser visto, da escopofilia que agencia o olhar da sociedade espectadora, sua visibilidade, sua vigilância coletiva, a fim de, não obstante, promover a classificação, a segregação, a discriminação e a modelagem de padrões[33].

---

[32] Com base no regime escópico estudado por Christian Metz (1982) e, posteriormente, retomado por Martin Jay (1988), compreende-se como regime de escopofilia aquele cuja visualidade sobre a observação é alimentada pelo *voyerismo*, pelo desejo de ver, pelo amor por olhar.

[33] Ao pensar as reconfigurações do estatuto do olhar do outro em face das práticas de exposição de intimidade nas tecnologias de comunicação, Fernanda Bruno (2005) propõe a categoria "olho público" de modo a caracterizar uma ordem de exposição e de aparência da performance vivida no mundo contemporâneo. A autora analisa as reconfigurações do espaço público e privado no sentido de mostrar como, aos poucos, a vida privada dos homens comuns tornou-se objeto privilegiado de visibilidade desse "olho público", que é "ao mesmo tempo de todos e de ninguém" (BRUNO, 2005, p. 56). No terceiro capítulo deste trabalho, essa categoria é retomada em reflexões sobre a cultura do espetáculo e da performance. Para um estudo detalhado sobre a concepção de "olho público", ver: BRUNO, 2005.

Com o crescimento acelerado da comercialização dos *reality shows* e sua vasta aceitação pela audiência nos anos 2000, a produção televisiva contemporânea, da pós-televisão, firmou-se em uma era cuja pedra de toque é a visibilidade da intimidade do mundo cotidiano do indivíduo comum. Sucesso genuíno dos *reality shows* na televisão mundial, o *Big Brother* convoca os olhares a ver e avaliar a exibição da intimidade dos anônimos nas telas (MEHL, 1996; FECHINE, 2009; CAMPANELLA, 2009). Como consequência de seu modelo fortunado, o *reality show* tornou-se formato de referência para outros programas, de modo que a exibição da vida privada tem se acentuado cada vez mais na televisão contemporânea, com seus produtos de amplo sucesso de audiência, como *game shows* (competição entre pessoas desconhecidas dentro de um ambiente controlado), programas sobre transformações pessoais e de estilo de vida (aparência, práticas rotineiras etc.) ou materiais (casa, jardim, restaurante etc.), programas de troca de vida (troca de esposas, troca de chefe etc.) e programas de concurso de talentos; todos subgêneros da "TV-realidade", conforme asseverou Heather Nunn (2009).

A palavra "realidade" na expressão "TV-realidade" refere-se, antes de tudo, à apreensão do mundo vivido, ou seja, do mundo real, um mundo que "parece intrometer-se na ficção de várias maneiras" (JOST, 2009, p. 18). Para Nunn (2009), pesquisadora de estudos midiáticos e culturais, a expressão "TV-realidade" refere-se a programas como séries e outros formatos, os quais exibem pessoas comuns ou celebridades em meio a suas vivências cotidianas ou suas tentativas de lidar com uma experiência ou algum desafio momentâneo. No caso do GNT, as narrativas íntimas e pessoais permeiam não só os subgêneros da TV-realidade, mas fluem de modo furtivo por toda a comunicação e programação do canal, para mostrar os assuntos da vida privada dos sujeitos, na maioria das vezes, com tom de cuidado, acolhimento e aconselhamento em suas narrativas.

Essas produções de sentido televisivas que superexibem a intimidade do indivíduo comum, muitas vezes, vestem-se de uma aura de unicidade, a qual é convertida em um valor mercadológico, dando a sensação falaciosa de uma diferença de natureza em relação a épocas anteriores, como se fosse algo original e inédito. No entanto, elas seguem uma tendência já instaurada pelos modos de ver o comum e o cotidiano nos folhetins, nas fotografias, no jornal, no rádio, no cinema, na televisão, nos computadores, nos telefones móveis etc. Como se pôde observar, a visibilidade conferida ao cotidiano e ao sujeito comum inscreve-se há muito tempo no discurso e no imaginário, de diversas formas e em diversos formatos, pelo menos, desde a cultura impressa do século XIX.

Parece haver uma diferença de grau, e não de natureza, no que diz respeito à "publicização" do privado e à exposição dos indivíduos na televisão contemporânea[34]. Uma televisão que corrói as fronteiras entre o público e o privado (BIRESI; NUNN, 2005) e que se apresenta de uma forma mais popular e participativa.

> A TV-Realidade alterou [...] o terreno da televisão factual de maneiras relevantes e irrestritas, que coincidem com as vastas mudanças no cenário da produção televisiva dentro e além das fronteiras nacionais. Estes fatores incluíram a ampla terceirização da produção televisiva desregulamentada e subsequentes modificações nas práticas profissionais; a importação de uma gramática recém-adaptada do entretenimento democratizado e sua intersecção com a vida "normal", as opiniões e a performance das pessoas comuns na tela; e, por último, mas não menos importante, a convergência dos formatos televisivos com as novas plataformas midiáticas (NUNN, 2009, p. 92).

Diante dessas alterações no cenário da produção televisiva, as projeções dos sujeitos comuns, bem como de suas construções de si orientadas para o olhar do outro, são estrategicamente postas na tela da TV-realidade de modo a aproximá-la da vida cotidiana ao mesmo tempo que diminuem

---

[34] Ao longo deste trabalho, a noção de "publicização" e de espaço público estão vinculadas ao sentido proposto pelo sociólogo francês Louis Quéré, em seu estudo conceitual baseado na análise comparativa entre Jürgen Habermas e Hannah Arendt, à qual o sociólogo se filia. De acordo com Quéré (1992, p. 77, tradução nossa), a definição de espaço público abrange a existência de duas ideias essenciais, quais sejam, "uma relativa à esfera pública de livre expressão, de comunicação e de discussão, essa esfera constitui uma instância de mediação entre a sociedade civil e o Estado, entre os cidadãos e o poder político-administrativo", cuja concepção está associada a Habermas e a sua ideia de opinião fundada pelo cotejo de argumentos confrontados segundo a razão; e outra que diz respeito "a uma cena pública, quer dizer, a um cenário de aparição, onde têm acesso à visibilidade pública tanto os atores e as ações, quanto os acontecimentos e os problemas sociais", uma perspectiva coerente ao modelo estético de espaço público analisado pelo ponto de vista fenomenológico de Hannah Arendt, a qual privilegia a "cenarização" da vida social, quer dizer, a cena pública de aparição e o julgamento público. Ao refletir sobre esse estudo conceitual, Breton e Proulx (2006) mostram que a perspectiva de Arendt deriva de uma filosofia política desconfiada de que as noções de verdade e saber não são necessariamente manifestadas com base no encontro e cotejo dos argumentos racionais apresentados pelos protagonistas, ou seja, que a validade da opinião não corresponde à validade do saber. Esse viés evidencia no modelo estético de espaço público de Arendt a herança do pensamento de Kant e de sua compreensão do juízo de gosto como algo que não corresponde ao julgamento do conhecimento e do saber. Essa perspectiva foi fundamental para Arendt formular sua principal contribuição para o conceito de espaço público: considerar o aparecer não como algo secundário e facultativo aos elementos formadores da cena pública, mas como determinante de suas existências e, então, elemento fundante da própria cena pública e intrínseco ao espaço público. Por isso, é possível entender que na cena pública os dispositivos de "publicização" sustentam o cenário de poder e submetem o aparecer aos olhares e ao controle de todos, e, de acordo com Quéré (1992, p. 77, tradução nossa), "isso implica a presença de um público dotado de um interesse pela coisa pública, de uma capacidade de percepção e julgamento e de uma capacidade de iniciativa ou de reação".

os custos de produção. Legatária do formato documentário, a TV-realidade modificou a cultura televisiva e estabeleceu novos parâmetros para a exposição pública da vida pessoal e privada. Esse traço de personalismo e intimidade é analisado por França (2009) como um dos aspectos marcantes da televisão brasileira contemporânea, a qual reverencia as experiências de vida e as realizações afetivas dos sujeitos comuns.

Eis a "televisão da intimidade", uma televisão que "vem reforçar o duplo processo de privatização do espaço público e de publicização do espaço privado", conforme bem definiu Dominique Mehl (1996, p. 12, tradução nossa) já no fim do século XX, quando estudou o exibicionismo e o voyeurismo na televisão[35]. Para Mehl, a "televisão da intimidade" é caracterizada como relacional; o cerne do seu modelo é a comunhão entre emissores e receptores; seus valores são a compreensão, a conivência e a cumplicidade. Com base na expressão das emoções e dos testemunhos de indivíduos comuns e anônimos, a televisão da intimidade mostra a experiência e valoriza a exibição em um mundo cuja sociedade do espetáculo se preocupa, cada vez mais, em revelar a intimidade do eu. De acordo com Mehl (1996), a televisão da intimidade ou, ainda, a televisão compassiva e confessional exibe a expressão íntima dos indivíduos comuns e revela mudanças sociais significativas, de modo que pode ser analisada como um sintoma da vida social contemporânea. Em função disso, procurou-se analisar a comunicação televisual do canal GNT de modo a estudar os modos de ser e estar da mulher comum, sua intimidade e seu cotidiano, como uma forma de desvelar as expressões da subjetividade contemporânea.

Com base nesse panorama, pode-se dizer que os princípios ordenadores da televisão contemporânea são a proximidade da televisão à vida diária, o interesse pelo ver e pelo ser visto em um regime sinóptico, a exposição da intimidade e do cotidiano e a exibição de narrativas — revelações, confissões e testemunhos — de indivíduos comuns em primeira pessoa. A TV-realidade (NUNN, 2009; BIRESI; NUNN, 2005) e a televisão da intimidade (MEHL, 1996) complementam-se e constituem, então, o que se entende por televisão contemporânea, cuja matriz genética é altamente adaptável e amalgamável às experiências subjetivas diárias. As produções de sentido acerca da visibilidade do cotidiano e da intimidade do sujeito comum são, ao mesmo tempo, suporte e instrumento para a construção dos produtos

---

[35] Citação original na sua integralidade: "*La télevision, aujourd'hui, vient renforcer le double processus de privatisation de l'espace public et de publicisation de l'espace privé à l'œuvres depuis plusieurs décennies*" (MEHL, 1996, p. 12).

midiático-televisivos e para a constituição da subjetividade contemporânea, isto é, dos modos de ser e estar no mundo no primeiro quartel do século XXI. Considera-se essa configuração da televisão contemporânea — cuja essência reside nos conceitos de pós-televisão, TV-realidade e televisão da intimidade — tal qual um sintoma do mundo. Desse modo, a análise da produção de sentido do canal GNT sobre a mulher comum emerge como um caminho possível para se investigarem os processos de constituição de sujeitos na cultura contemporânea.

3

CANAL GNT: LUGAR DE FALA, PROCESSO COMUNICATIVO E PROMESSA DISCURSIVA

3.1 LUGAR DE FALA E VESTÍGIOS DISCURSIVOS DO GNT

A fim de compreender de que forma os enunciados do canal GNT operam dentro de uma formação discursiva, investiga-se o lugar do sujeito dito de enunciação, o qual é estabelecido pelo emissor da mensagem no processo de comunicação televisual. Sabe-se que, em um mesmo enunciado, pode haver diversos lugares de sujeito, por exemplo, o autor, o narrador, o narrado etc.; contudo, Foucault ressalta que essas posições são derivativas do próprio enunciado e, assim, não correspondem aos aspectos de um sujeito primordial.

Ao afastar-se da perspectiva de posições do sujeito da linguística, o autor propõe outra forma de se pensar o sujeito do enunciado de modo a situar seus lugares "na espessura de um murmúrio anônimo" que, sem começo e sem fim, estabelece-se nos lugares reservados pelo enunciado, como bem interpretou Gilles Deleuze (2005, p. 19). O papel do sujeito na ordem discursiva é diferente do desempenhado na literatura, na filosofia ou na ciência, pois no enunciado há modos de dizer que se referem a uma "não pessoa que diz", a um "ele diz" e a um "diz-se", os quais são especificados por uma formação discursiva. De um mesmo enunciado derivam outros sentidos e outros lugares de sujeito, que se entrecruzam de modo a constituir uma regularidade discursiva.

O sujeito dito autor do enunciado não é entendido, por Foucault (2009b, p. 26), como um "indivíduo falante" que pronuncia ou escreve um texto, mas "como princípio de agrupamento do discurso, como unidade e origem de suas significações, como foco de sua coerência", isso porque ele é aquele que confere coesão à linguagem de modo a inseri-la no real. A posição do sujeito integra o enunciado de forma anônima, pois, mesmo que não faça parte da frase, é "uma *função derivada* da primitiva, uma função derivada do enunciado [...] uma variável intrínseca do enunciado" (DELEUZE, 2005, p. 18, grifo do autor). Se existem sentidos derivados do enunciado do GNT que o complementam, é porque há proposições, as quais são reatualizadas e apresentadas em seu processo de comunicação televisual. A investigação acerca de como foi engendrado e reservado um enunciado sobre e para a mulher contemporânea torna-se, então, fundamental para este trabalho, na medida em que o conhecimento de sua constituição discursiva se entrecruza com outros esquemas discursivos complementares.

No GNT, os enunciados dos programas fazem parte do mesmo grupo discursivo cujas proposições constituem uma unidade de sentido e, da mesma forma, remetem sempre a um mesmo enunciador. Por conseguinte, o sujeito unificador das enunciações é localizado na figura do canal GNT, que em seu processo de comunicação estabelece uma regularidade discursiva, cujas proposições são acumuladas, cambiadas, reconstituídas e conservadas. Assim, resgatam-se a origem e o desenvolvimento do canal GNT de modo que suas formulações discursivas sejam analisadas e interpretadas como inseparáveis de seu espaço constituinte, uma vez que seu lugar de sujeito também faz parte do enunciado. Retomam-se, também, entrevistas fornecidas pelos representantes do canal, informações para a imprensa e matérias jornalísticas produzidas sobre o GNT. Isso porque, para identificar a emissora e sua imagem perante o público, é fundamental que se investigue um conjunto de fontes, por exemplo, "revistas editadas pelas emissoras para informar os profissionais, dossiês de imprensa, entrevistas com os idealizadores ou autores, título da emissão, anúncios publicitários, etc." (JOST, 2004, p. 30).

Caracterizado como um canal de variedades, pela programadora Globosat e pela operadora NET, e de cultura, pela operadora SKY, o GNT é um canal da televisão fechada brasileira que pode ser acessado por meio da assinatura das operadoras NET, SKY, Telefônica, TVA, Embratel e outras redes independentes. Criado em 1991 e pertencente à Globosat — empresa das Organizações Globo, na ocasião da escrita deste livro era a maior programadora de televisão por assinatura da América Latina e líder no mercado brasileiro (CANAIS, 2010) —, o GNT era denominado Globosat News Television, pois em sua programação predominavam notícias, com interesse jornalístico e documental[36]. A ideia inicial era consolidá-lo como um canal de notícias em tempo integral, de modo que incialmente foi intitulado de Globo News, em 1995, "um canal de notícias 24h por dia" (MUHANA, 2004, s/p), o que de fato não aconteceu.

Com o lançamento do canal de notícias Globo News, modificou-se seu nome de Globosat News Television para somente GNT. Em 1996, a identidade visual do canal sofreu sua primeira alteração para estabelecer a associação com a sigla de uma marca já bem conhecida entre os telespectadores. Originalmente, a sigla GNT referiu-se ao que o canal prometia fornecer, isto é, notícias. A "Globosat News Television", no entanto, acabou se transformando de modo que se trabalha com a aproximação da "[...] marca GNT à palavra gente, estilo de vida, comportamento" (MUHANA, 2004, s/p).

A partir disso, a programação do canal GNT foi readequada, de modo que foram inseridos documentários da Globosat, bem como programas de variedades. No entanto, não havia uma definição sobre a audiência à qual sua comunicação televisual se destinaria. Mesmo sem uma delimitação clara de público-alvo, é possível notar uma aproximação da marca e da programação do GNT aos interesses ditos mais femininos visto que temáticas como saúde, beleza, moda, culinária e comportamento passaram a ser predominantes nos primeiros programas do canal, tais quais *Alternativa Saúde*, *GNT Fashion*, *Diário do Olivier*, *Marília Gabriela Entrevista*, *Programa Martha Stewart*, *Saia Justa* etc., sendo a maioria deles apresentada por celebridades nacionais e internacionais do âmbito da moda e do entretenimento. Como herança importante da época na qual era um canal de notícias, tem-se a credibilidade jornalística associada ao GNT, e isso conferiu uma legitimidade ao seu lugar de fala acerca das verdades e dos saberes sobre as mulheres.

---

[36] A Globosat surgiu em 1991 como programadora e operadora de televisão por assinatura das Organizações Globo, o maior conglomerado midiático brasileiro. Contudo, com a reestruturação dos negócios das Organizações Globo, em 1993, a NET passou a exercer as funções de operadora — vender, distribuir e prestar serviços de televisão por assinatura —, ficando a Globosat responsável pelas programações. Nos quatro primeiros anos, a Globosat praticamente não produzia conteúdo nacional, dependendo da compra de programas internacionais. Em 1995, a Globosat começou a criar programas específicos para canais como SporTV, antigo Top Sports, Globo News, USA, atual Universal Channel, e Shoptime. Posteriormente, foram criados os cinco canais Telecine, os canais *pay-per-view*, bem como o Canal Brasil, que exibe somente produção cinematográfica nacional. Com base na modificação de sua marca em 1997, a programadora passou a ser denominada Canais Globosat. Na ocasião da publicação deste livro, a programadora já havia sido descontinuada em um cenário de *streaming* que se constituiu e impulsionou reconfigurações nos negócios da TV a cabo dessa empresa. Para um estudo detalhado sobre a história da Rede Globo, ver: Brittos e Bolaño (2005).

Por meio de pesquisas realizadas em 2002 pelo Departamento de *Marketing* da Globosat, verificou-se certa dificuldade por parte do público do GNT em definir a imagem que o canal lhe transmitia (SEBRAE/RS, 2010). A televisão fechada, diferentemente da aberta, emergiu justamente da possibilidade de oferta de canais para audiências segmentadas com interesses distintos; por conseguinte, os canais cujos conteúdos se constituíram de modo similar ao da televisão aberta, isto é, com uma programação variada, abarcando públicos bem variados, não raro, enfrentaram dificuldades para engendrar e organizar sua programação. Nas pesquisas da Globosat, indicou-se que 80% da receita publicitária do canal advinha dos 30% da programação, parcela cujas temáticas eram voltadas predominantemente para as mulheres. Assim, em 2003 iniciou-se um reposicionamento do GNT a fim de privilegiar uma programação cuja superfície discursiva passou a ser impregnada pelo "universo feminino", com programas como "Super Bonita", "GNT Fashion" e "Saia Justa". Nas pesquisas realizadas pela Globosat, verificou-se que o tipo de conteúdo mais desejado pelo público do canal estava associado a uma *"programação de alma feminina*, não feita para o público feminino, mas com alma feminina, que agrada aos dois gêneros, como o "Saia Justa" (MUHANA, 2004, s/p, grifo nosso). A estreia do programa "Saia Justa", inclusive, estava relacionada à ideia de inserir na programação um tom mais leve e bem humorado, o que foi possível também devido ao reposicionamento do canal focando temas sobre beleza, moda, atualidade, comportamento, sexo, entre outros assuntos.

Mesmo que o GNT não se autodeclarasse naquela época como um canal feminino, desde 2003 se notam diversos esforços empreendidos no sentido de engendrar e consolidar uma "programação de alma feminina"; exemplos desse intento foram as mudanças ocorridas em sua programação e em sua marca. Alguns anos depois, em 2011, o canal já apresentava de forma clara uma declaração quanto ao seu público, quando se afirmou que "desde 2003, nosso *target* são mulheres dos 25 aos 49 anos, classe AB", isso porque "passamos a trabalhar com essa mulher contemporânea" (MUHANA *apud* GUIMARÃES, 2011, s/p)[37]. Ora, um canal que tem como público-alvo a mulher contemporânea é, pois, um canal feminino. Sendo assim, talvez o reposicionamento ocorrido em 2003 tenha significado uma experimentação de sua futura audiência. Afora essa especulação, delimita-se que, desde então, o enunciado para a mulher e sobre a mulher foi aos poucos se tornando predominante na grade de programação do canal.

O redesenho da identidade visual do GNT, em 2003, foi engendrado no sentido de aproximar o canal das características femininas sem que, no entanto, fosse assinalado como exclusivo do público feminino, uma decisão nitidamente mercadológica cujo objetivo era aumentar a audiência do público dito contemporâneo, a receita publicitária e, consequentemente, o lucro da Globosat. Nesse sentido, a identidade visual foi modificada por completo pelo Núcleo de Criação Digital da Globosat, o qual abandonou a estética tridimensional com elementos metálicos utilizados pelo canal de 1991 a 2003, estabelecida por Hans Donner e adotada durante anos pela Rede Globo[38].

Fundos eletrônicos, vinhetas e identidades sonoras também foram criados a fim de serem utilizados nas chamadas da programação e na inserção do logotipo na tela. Com um tipo de uma família tipográfica não serifada, percebe-se a intenção de desassociar o lugar de fala do GNT daquilo que é tradicional e antiquado, em oposição, portanto, ao que acontecia em suas fases anteriores. A escolha da cor laranja empregada na sigla GNT da identidade visual adotada em 2003 também foi proposital, visto que remete

---

[37] A nomenclatura de "classe AB" é coerente com o Critério de Classificação Econômica Brasil (CCEB), elaborado pela Associação Brasileira de Empresas de Pesquisa (Abep), como um instrumento de segmentação econômica que emprega o levantamento de características domiciliares, como itens de consumo, de conforto e grau de escolaridade do chefe de família, os quais são postos como características diferenciadoras das camadas da população. Esse critério foi desenvolvido com o objetivo de fornecer aos profissionais do mercado uma estimativa da capacidade de consumo dos domicílios brasileiros. A principal crítica que se faz a esse critério refere-se à estratificação socioeconômica com base em quesitos que podem ser relativizados com muita facilidade, ainda mais diante das mudanças dos hábitos de consumo vividas pela população brasileira. Por exemplo, com a expansão de faculdades privadas, houve um crescimento na quantidade de indivíduos com nível superior; contudo, isso não significa o aumento do poder aquisitivo e da capacidade do consumo, muito menos que eles passaram a pertencer a uma classe econômica mais alta, conforme o Critério Brasil propõe. Dessa forma, os critérios estabelecidos deixam de abrir caminhos para uma análise acerca dos estilos de vida e de consumo dos indivíduos, como se realmente isso fosse passível de padronização na contemporaneidade, ainda mais em um país como o Brasil, cuja extensão territorial é coerente à sua diversidade sociocultural.

[38] Hans Donner é um designer europeu que foi contratado em 1975 pela Rede Globo, a fim de coordenar a equipe de Programação Visual da emissora, responsável pela produção de vinhetas de abertura dos programas e de identidade. Seus trabalhos de videografismo possibilitaram que a emissora fosse pioneira na produção de vinhetas animadas de identidade visual, cujos efeitos tridimensionais eram gerados pela computação gráfica (FREITAS, 2005, p. 106).

ao contemporâneo, ao inovador e ao calor, sem ser, contudo, exclusiva do feminino ou do masculino. A propósito da identidade criada em 2003, André Luiz Sens, professor, pesquisador e designer audiovisual, analisa que ela foi fundamentada:

> [...] na simplicidade, na elaboração e na ordenação dos elementos cromáticos e formais. Sua paleta de cores, agora reduzida, apresentava uma certa neutralidade que não define nenhum gênero em específico. Por outro lado, houve um vibrante contraste entre a seriedade do cinza e a vivacidade do laranja. O uso de espaços completamente brancos sem qualquer informação proporcionou certas áreas de "respiro" (o respiro, aliás, é um dos recursos sonoros utilizados nas vinhetas), conferindo limpeza, clareza e serenidade. Juntamente com [sic] as cores, as formas predominantemente verticais e as curvas, acentuam também a leveza, a delicadeza, a modernidade e a sofisticação. A marca formada por um logotipo moderno e delicado envolto por uma circunferência suave, segue o mesmo padrão estético-conceitual. Além da marca, imagens de mulheres nuas e elementos florais movem-se suavemente durante a construção da marca gráfica ou no decorrer das vinhetas e chamadas comerciais. A utilização desses recursos gráficos evidencia a relevância do papel da mulher e das questões a ela relacionadas, como beleza, saúde e sexualidade (SENS, 2008, s/p).

Ademais, há uma ligação do elemento gráfico curvilíneo e delicado, empregado na cor cinza, com um vasto grupo de simbolismos associados à mulher, à fecundidade e à maternidade, quais sejam: a pérola, a lua, a ostra, a concha marinha, o caracol. De acordo com Mircea Eliade (1979), esse conjunto iconográfico reúne simbolismos de sociedades primitivas tanto no âmbito ginecológico quanto embriológico, de modo que, por meio da associação da concha marinha com os órgãos genitais, especificamente a vulva, e da pérola com o embrião, associam-se às forças sagradas das águas, da lua e da mulher. O símbolo do feminino participa do complexo mágico-religioso das sociedades ditas primitivas, cuja Deusa, a Grande Deusa e a Mãe Terra são figuradas pela concha marinha, pela pérola e pelo caracol, as quais eram emblemas de amor e de casamento. Representada no mito pré-helênico de Afrodite, a Grande Deusa, nascida, por exemplo, de uma concha marinha, simbolizando, pois, o nascimento.

A esse respeito também se encontra em Bourdieu (2011, p. 41) a mesma noção de razão mítica sobre a mulher como aquela situada "do lado do úmido, do baixo, do curvo e do contínuo". De modo específico, essa então nova identidade visual do canal GNT pode ser associada à forma e à coloração da pérola, da concha, mas, sobretudo, da lua, cujo simbolismo foi sacralizado na China antiga como sendo "a raiz de tudo o que é *yin*", pois "representa, entre outras coisas, a energia cósmica feminina, lunar, úmida" (ELIADE, 1979, p. 124). Os vínculos à beleza, ao corpo perfeito, à sensualidade, à sexualidade e à feminilidade são contíguos às proposições do apelo visual das vinhetas do canal. Nessas peças, a nudez é sutilmente apresentada por meio de filtros de opacidade e de pouco contraste de luz

Todos esses esforços empreendidos para a mudança da imagem do GNT mostram sua posição de enunciador e sua formação discursiva, que, desde então, assentou seus alicerces no feminino e na mulher contemporânea. Após cinco anos, como continuidade desse posicionamento, foram introduzidas, no dia 8 de março de 2008, Dia Internacional da Mulher, outras vinhetas e outra identidade visual do GNT, chamada de *on air look*, cujo conceito e cuja marca foram reatualizados para reafirmar-se um canal voltado para a mulher contemporânea[39]. Nas vinhetas do GNT lançadas em 2008, foram incluídas imagens de mulheres jovens, em boa forma, sensuais e com corpos desnudos, as quais eram sobrepostas pela logomarca do canal nas cores vermelha, laranja, amarela e azul. Interessante perceber que havia um movimento fluido e circular da logomarca que lembrava o fluxo de uma luminária do tipo lava luz. Com a logomarca adotada em 2008, ficou clara a intenção de filiação da imagem do canal GNT à ideia de feminilidade e sensualidade do corpo em boa forma, perfeito, cuja nudez passou, então, a ser nitidamente exibida. A identidade visual manteve-se curvilínea, mas introduziu-se outro componente em sua apresentação na vinheta, qual seja, a noção de fluidez, próxima ao simbolismo da água, emblema das cosmologias aquáticas associadas à mulher, à feminilidade e à fertilidade. Com círculos que fluem e se distendem de um lugar para o outro, um dos sentidos da imagem apresentada na vinheta pode ser associado à figuração do movimento de um feto no ventre materno. Percebeu-se, portanto, que o simbolismo da maternidade e da mulher foi preservado na construção do sentido do canal.

---

[39] *On air* é uma expressão empregada para designar as vinhetas ditas de identidade, as quais apresentam a identidade visual da emissora em peças audiovisuais, as quais são exibidas interprogramas, durante os intervalos comerciais. A função das vinhetas *on air* é identificar um determinado canal, de modo a diferenciá-lo de seus concorrentes, ao mesmo tempo que organiza sua programação e transmite os conceitos de marca da emissora (PONTE; NIEMEYER, 2010).

De acordo com a gerência de *marketing* do GNT, o *on air look* foi inspirado na mulher contemporânea, que "faz mil coisas ao mesmo tempo e tem habilidade para ser, de forma plena, mãe, namorada, profissional, filha... os papéis são vários e desempenhá-los com desenvoltura já faz parte da natureza desta mulher" (GNT, 2008, p. 1). Com base nesse trecho, é adequado pontuar a existência de vestígios discursivos na superfície da produção de sentido do canal GNT que apontam para discursos sobre o feminino ancorados em naturalizações de modos de ser e estar da mulher contemporânea. Esse esquema discursivo parece estabelecer-se por meio do poder que se vincula a expressões do tipo: "[...] diz-se que a mulher contemporânea faz tudo, dá conta de tudo e enfrenta tudo, pois faz parte de sua natureza." Segundo Deleuze (2005, p. 28-29, grifo do autor), um dos leitores mais cuidadosos de Foucault, "é o 'diz-se', como murmúrio anônimo, que assume tal ou qual dimensão diante do *corpus* considerado".

Tal murmúrio anônimo parece radicar-se em uma formação discursiva contemporânea sobre a mulher, de modo especial sobre a jovem trabalhadora do Ocidente, a "working girl", a qual é incentivada a aproveitar as oportunidades de trabalho. Ela investe sua renda em qualificações profissionais, em melhoramentos corporais, segundo o sistema de moda e beleza, bem como no controle de fertilidade, de modo a participar da cultura de consumo tal como os homens. Conforme apontado por Angela McRobbie (2006, 2013), isso tudo são adequações da feminilidade aos arranjos sociais e econômicos emergentes, ditos neoliberais. A matriz discursiva acerca da mulher trabalhadora, apta a "dar conta de tudo" e ser valorizada por suas tarefas, tem aparecido de forma preeminente na cultura midiática contemporânea, pois, de acordo com McRobbie, há uma tendência de se deslocarem as representações do patriarcado no sentido de dar visibilidade a mulher jovem trabalhadora e sua tarefa extremamente difícil, e diga-se heroica, de fazer tudo.

Será que as proposições naturalizadas acerca da subjetividade dessa mulher jovem trabalhadora, na tarefa de fazer tudo em sua vida cotidiana, pertencem à mesma família de enunciados do canal GNT? Acredita-se que sim, pois, na medida em que o canal GNT busca aproximar-se aos valores e aos conceitos contemporâneos acerca da mulher, sua programação entremeia-se ao mesmo saber e à mesma enunciação por eles naturalizados. A filiação do enunciado do canal GNT a essa rede de sentidos manifesta-se quando se cotejam as proposições naturalizadas nas práticas sociais e culturais contemporâneas, as quais McRobbie denuncia, com sentidos do canal que reforçam sua constituição propositalmente correlata às práticas socioculturais cristalizadas na atualidade. Na ocasião do lançamento da identidade visual *on air look*, em 2008, declarou-se que, mais do que "falar sobre e para as mulheres", o canal GNT fala de *"conceitos e valores femininos cada vez mais presentes na sociedade atual"* (GNT..., 2008, s/p, grifo nosso).

E, para compreender como o enunciado do GNT produz significados, tende-se a inferir, por conseguinte, que há programas exibidos no GNT cujos enunciados apresentam uma mulher contemporânea dinâmica, em sua vida cotidiana repleta de atribuições e peculiaridades, da qual se exige a capacidade de prosperar nos espaços sociais e culturais em que atua, uma iniquidade por McRobbie manifestada. Os valores e os conceitos acerca de uma subjetividade da mulher contemporânea são potencialmente postos à visibilidade no processo de comunicação televisual do GNT, na medida em que são inscritos em sua programação, em sua marca e em suas vinhetas. Assim, por meio da investigação de sua história e de seu desenvolvimento, é importante dar continuidade à delimitação da localização do GNT como enunciador, buscando vestígios de regularidades discursivas sobre a mulher contemporânea pelos elementos que participam de sua comunicação.

Desde 2003, a grade do GNT foi sustentada por uma programação "com alma feminina", composta por programas e séries nacionais e internacionais sobre atualidade, saúde, beleza, estilo, gastronomia, moda etc., cujas temáticas contíguas ao universo feminino obtiveram êxito e boa aceitação do público. Em 2008, decidiu-se manter esse tipo de programação, bem como o foco mercadológico definido em 2003, qual seja, o público-alvo de mulheres entre 25 a 49 anos, das classes A e B. Logo, adotou-se a assinatura "GNT é pra você" a fim de aproximar a comunicação do canal de sua audiência e, sobretudo, explicitar um canal que foi feito e é destinado a "você", o que denota um personalismo e uma intimidade do canal com a mulher.

Por meio de uma pesquisa quantitativa a propósito da grade de programação disponível no site do canal GNT, realizada no dia 4 de fevereiro de 2010, foram encontrados 31 programas localizados nas categorias temáticas moda, sexo, gastronomia, saúde e beleza, crítica social, comportamento, entrevista, opinião, filme e documentário[40]. Ao analisar a matriz temática do GNT, verificou-se a predominância das categorias comportamento (17%), gastronomia (17%), entrevista (16%), saúde e beleza (13%) e moda (13%), cujo somatório expressa 76% da grade do canal. Com exceção da temática entrevista, as demais categorias constituem o que se pode dizer de DNA do canal GNT, cuja remodelagem engendrada em 2003 definitivamente demarcou seu discurso.

Após oito anos de investimento de comunicação para consolidá-lo um canal voltado para a mulher, em março de 2011, decidiu-se reconfigurar a identidade e a grade de programação do GNT, visto que essa reestruturação foi importante para adequar melhor o canal ao "gosto dessa mulher moderna, urbana, essa mulher real" (MUHANA *apud* JARDIM, 2011, s/p)[41]. A incidência de visibilidade sobre a mulher comum referida como "real" foi, portanto, o ponto central dessa reformulação, a qual consistiu na organização da grade por temáticas, na inserção de 13 novos programas, na retirada de

---

[40] As categorias temáticas foram estipuladas a fim de organizar a leitura da grade do canal GNT. Alguns dos programas podiam ser encaixados em mais de uma categoria, por isso se considerou para essa quantificação a temática de mais relevância e frequência. Encontrou-se dificuldade na classificação de alguns programas cuja temática não era explícita; sendo assim, nesses casos, o gênero televisivo foi empregado como forma de ordenação e distribuição categórica. A categoria temática "moda" refere-se aos programas que abordam questões sobre vestimenta, abrangendo indicações de tendências, análise do uso da indumentária e sua história. A temática "sexo" compreende assuntos relacionados às questões sobre sexo, sexualidade e sensualidade, suas práticas e seus objetos de consumo, bem como as curiosidades desses universos. Por "gastronomia", têm-se os programas geralmente apresentados por chefes de cozinha, os quais abordam assuntos sobre a culinária, o funcionamento de cozinhas profissionais, a degustação e a demonstração de receitas. "Saúde e beleza" é a temática que trata de assuntos sobre o bem-estar físico e mental, no que diz respeito às informações e às dicas sobre os cuidados com o corpo, o rosto, os cabelos e os hábitos de vida. Por "crítica social", entendem-se os programas que apresentam situações que criticam condutas sociais, geralmente relacionadas à família e à sociedade. A temática "comportamento" abrange programas que apresentam questões ligadas ao cotidiano e ao comportamento humano, sem haver uma proposta explícita de crítica social. A temática "entrevista" engloba os programas de entrevistas cujos temas são definidos de acordo com a escolha dos entrevistados, podendo ser personalidades famosas ou não. Os programas classificados pela temática "opinião" são aqueles que apresentam debates entre diversos apresentadores sobre assuntos da atualidade, com participações do telespectador ou não. A temática "filme e documentário" corresponde aos espaços destinados à exibição de longas e curtas-metragens, geralmente dramas que abordam assuntos sobre a mulher.

[41] Nesse trecho, o uso da palavra "moderna" não se refere à modernidade como momento histórico e epistemológico. O termo "moderno" é aqui empregado como um adjetivo da mulher no sentido de delimitar que essa mulher não é antiquada e retrógrada, pois busca se adequar ao novo e está preocupada com o gosto dominante e as tendências da época contemporânea. Isso porque, conforme o *Dicionário Aurélio*, o termo "moderno" também é empregado para significar as características daquilo que é "atual, presente, hodierno", bem como para representar o "que está na moda", designando um gosto dominante de uma época (FERREIRA, 2004, p. 1.345). De fato, esses sentidos advêm de uma noção de modernidade entendida como um momento marcado pelo individualismo, pela solidão e pelo fetiche da inovação. Ou ainda como uma "época da superação, da novidade que envelhece e é logo substituída por uma novidade mais nova" (VATTIMO, 1996, p. 171). Afora o uso localizado nos textos do canal GNT, não será empregada a palavra "moderno" ou "moderna" como adjetivo para a mulher, a fim de não mascarar os discursos que a atravessam.

alguns programas, na contração de apresentadores, bem como na criação de uma identidade visual e de vinhetas interprogramas.

Com o holofote apontado para a mulher considerada contemporânea, comum e "real", o canal GNT inaugurou uma programação direcionada às mulheres na faixa de 25 a 34 anos, pois, "[...] essa mulher é mais fiel do ponto de vista de hábito de mídia, mas também é objeto de desejo de quem trabalha com *briefing* feminino, porque é nessa fase que ela está desenvolvendo suas preferências [...]" (MUHANA *apud* GUIMARÃES, 2011, s/p). Convém pontuar que essa mulher dita "real" não é velha, nem aposentada, e sua feminilidade é, sobretudo, a da mulher jovem, aquela que também é público-alvo para o consumo de boa parte da oferta de bens e serviços culturais e mercadológicos. Ela está localizada em um faixa etária segundo a qual o modo de ser e estar no mundo não é caracterizado pela garota adolescente, nem pela mulher da meia-idade entre 40 e 55 anos, a qual vivencia a menopausa e as terapias hormonais, nem pela idosa já em estado avançado de envelhecimento, cujo corpo, não raro, apresenta estados de enfermidades. Se a mulher jovem na faixa entre 25 a 34 anos está em fase de constituição e de aumento das suas preferências de consumo midiático-televisivo, o canal GNT certamente tira proveito disso por meio da oferta de programas que auxiliam e aconselham a mulher em seus modos de ser e estar na sociedade contemporânea. Iniciada em 2011, essa etapa do GNT corresponde à sua fase filantrópica e conselheira, a qual se vincula à noção de TV-realidade e de televisão da intimidade coesas ao modelo midiático contemporâneo.

Com base em uma pesquisa da Globosat realizada em 2009 com 400 mulheres de Rio de Janeiro, São Paulo, Belo Horizonte, Salvador e Porto Alegre, as temáticas já convencionais do canal GNT — comportamento, gastronomia, saúde e beleza e moda — foram de certa forma rearranjadas, o que não modificou seu conteúdo editorial. Isso representou uma readequação da grade de programação com fins de ampliar a inserção de assuntos da vida cotidiana da mulher "real", por meio de programas sobre saúde, maternidade, casamento, relacionamento, comportamento, nutrição, maquiagem, moda, gastronomia, casa e decoração. Nota-se que esse reajuste de conteúdo audiovisual considerou como áreas de interesse da pesquisa três metrópoles da região Sudeste do Brasil, uma da região Nordeste e uma da região Sul, de modo que foram excluídos o Norte e o Centro-Oeste do país. Ora, se essas exclusões são normativas e também discursivas, torna-se evidente a preocupação de midiatizar as falas femininas da jovem considerada "real", segundo os modos de ser e estar das mulheres das regiões apreciadas na pesquisa, sobretudo àquelas do Sudeste do país, região com maior quantidade de metrópoles investigadas, a qual se sobressai como área privilegiada do interesse mercadológico do GNT.

Os quase 20 programas da nova grade lançados durante 2011 foram centrados na mulher comum em sua vida cotidiana, sem que, no entanto, o homem fosse apartado do canal GNT. O homem foi inserido na produção de sentido do GNT acerca dos modos de ser e estar da mulher, fosse como pai, fosse como marido, noivo, namorado, ou seja, no papel de homem solteiro, experiente ou conselheiro. O canal permaneceu voltado para o público feminino, de modo que produções de sentido acerca dos modos de ser e estar masculino apareceram em segundo ou terceiro plano na programação. A então nova programação apresentada em 2011 não foi uma mudança de posicionamento, visto que o canal continuou "com o foco na *mulher contemporânea*, que desejava novos temas", sem no entanto ser "um canal rosa-choque" (MUHANA *apud* GUIMARÃES, 2011, s/p, grifo nosso). O que se desejou naquele momento foi abocanhar paulatinamente um público constituído por maridos e namorados que, não raro, assistiam junto, ou como se diz "por tabela", ao lado da sua companheira, pois, como a equipe de marketing afirmou sobre o canal GNT, "queremos o marido, o namorado do nosso público também assistindo aos programas (MUHANA *apud* GUIMARÃES, 2011, s/p, grifo nosso).

Ao privilegiar a produção de sentido dessa mulher referida como contemporânea e ao inserir o homem em sua comunicação televisual, o GNT aproximou-se dos modos de ser e estar de uma mulher apta a "fazer tudo", cuidar da sua relação com o marido ou o namorado, ser mãe, preocupar-se com sua carreira, seu corpo, sua saúde, sua estética e sua vestimenta.

Na reestruturação do canal, os assuntos foram organizados por dia de semana, de modo que o horário nobre, compreendido entre 19h e 23h30, foi ocupado por editorias diárias, às segundas-feiras, pelas temáticas moda e beleza; às terças-feiras, por saúde, bem estar e maternidade; às quartas-feiras, por comportamento e relacionamento; às quintas-feiras, por casa e cozinha; e, às sextas-feiras, por temas livres ou por algum documentário ou série. Essa forma pedagógica de apresentar a grade à telespectadora com temas diários associa-se à proposta do canal de se aproximar da vida cotidiana e íntima de suas telespectadoras por meio da assinatura "GNT com você", nas cores rosa choque e azul claro[42].

Da mesma forma, com essa identidade visual, buscou-se aproximar o canal GNT da mulher "contemporânea brasileira", descrita pela equipe de criação de arte da Globosat como "mulherAB-de-30-anos-profissional--contemporânera-e-mãe", a qual não se via representada pelas "mulheres perfeitas e idealizadas" exibidas nas vinhetas do *on air look* de 2008 a 2011 (SENS, 2011). É inevitável não refletir sobre essas mulheres perfeitas e idealizadas como algo que não gerou a identificação desejada pela equipe diretiva do GNT. A noção de perfeição exclui falhas e tribulações, de modo que velhice, doença e fracasso não são por ela compreendidos. Em face dessa associação de sentido, por um lado, fica fácil compreender o motivo do público não ter se identificado com essas imagens da mulher perfeita e ideal no discurso do canal GNT, ainda mais no mundo contemporâneo, no qual a longevidade associada a uma aparência sempre jovem e saudável é tão prezada. Por outro lado, reflete-se sobre a continuação do silêncio discursivo acerca da mulher mais velha, da mulher aposentada ou, ainda, da mulher doente, na comunicação televisual do GNT, sobretudo na apresentação daquilo que se entende por mulher "real": uma jovem na faixa de 25 a 34 anos e cujo estilo de vida é associado prioritariamente às mulheres das grandes metrópoles da região Sudeste do Brasil.

Retomando a identidade visual lançada em 2011, o elemento gráfico na cor cinza, que formara um aro como uma lua ao redor do logotipo GNT, foi eliminado, de modo a constituir uma marca mais cromática e dinâmica, pois, nas palavras da equipe de criação de arte, ela foi redesenhada "para ganhar mais força e se integrar mais às cenas de maneira a ter mais personalidade, solucionando também um problema de legibilidade que a logo tinha em aplicações reduzidas" (SENS, 2011). Nas vinhetas, foram inseridas imagens de situações reais gravadas com pessoas comuns em situações cotidianas, o que lhe conferiu uma estética mais realista, natural e lúdica, por meio de animações com as letras do GNT e com outros elementos gráficos.

Da ocasião do desenvolvimento desta pesquisa, especificamente da época da coleta de dados de 2009 a 2013, verificou-se que o GNT se apresentava como um canal que veiculava variedades e informação, com uma programação diversificada para a mulher que se interessava por moda, beleza,

---

[42] Para um estudo detalhado sobre o processo semiótico da construção da identidade da marca do canal GNT, ver: PONTE; NIEMEYER, 2007.

receitas, casa, maternidade, saúde e comportamento, com a maior parte dos programas apresentada por celebridades da Rede Globo do âmbito da moda e do audiovisual. Uma parcela de sua programação era adquirida de produtoras estrangeiras, em sua maioria estadunidenses e inglesas, e outra parte era produzida ou coproduzida nacionalmente pelas Organizações Globo, e as coproduções efetuadas eram de produtoras independentes do Rio de Janeiro e de São Paulo. Muitas dessas produções nacionais seguiam modelos e formatos de programas já veiculados e testados em outros países; veja-se, a título de exemplo, o programa *Chegadas e partidas*, apresentado por Astrid Fontenelle, que buscava exibir situações e experiências ditas "reais", as quais eram vividas por indivíduos anônimos em aeroportos. O formato e o direito de exibição desse programa foram comprados pela Globosat, tendo em vista o sucesso de dez temporadas da série holandesa *Hello goodbye*, também vendida para países como Austrália, Estados Unidos, França, Espanha, Rússia, Alemanha, entre outros. O que se percebe aqui é um veio lucrativo que se vale da exposição da intimidade dos sujeitos anônimos, não só no Brasil, mas em todo o mundo, bem como uma efetiva intenção de midiatização de modelos de séries previamente testadas em outros países e cujo resultado foi de sucesso. Nota-se que, após dez temporadas, o direito de exibição desse programa foi comprado pela programadora Globosat, ou seja, depois de ter se consolidado e confirmado o seu sucesso hegemônico de audiência na Holanda.

Além de programas de auditório, entrevistas, debates, séries, *reality shows*, *game shows*, programas sobre transformações pessoais e de estilo de vida, na análise realizada de 2009 a 2013, verificou-se que no GNT também eram transmitidos documentários e filmes de drama cujo núcleo narrativo se enovelava às temáticas próximas das questões femininas. Ademais, de modo a dar suporte à comunicação televisual do canal GNT, também eram empregados outros meios e ferramentas de comunicação, como site, Facebook, Twitter, blogs dos programas, rádio on-line, aplicativos para plataformas móveis, loja on-line, livros e DVDs da marca do canal, por meio dos quais eram oferecidas informações adicionais sobre a grade de programação, seus programas e seus apresentadores, bem como curiosidades e dicas sobre assuntos do cotidiano.

Diante desse panorama sobre o GNT, alguns vestígios de sua matriz discursiva foram desvelados, em especial aqueles referentes ao público feminino abrangido pelo canal. Contudo, há que se empreender ainda todo um esforço epistemológico e metodológico, a fim de estabelecer uma maneira produtiva de se examinar o processo comunicativo televisual do canal GNT, cuja matriz discursiva possa ser de fato examinada. O entendimento acerca de sua dinâmica comunicacional é a chave para a análise de sua matriz discursiva, porque habilita uma investigação dos modos de ser e estar da mulher em sua vida íntima e cotidiana, com base nos discursos sobre o feminino midiatizados em seu processo de comunicação televisual.

3.2 CONTRATO, JOGO OU PROMESSA? UMA PROPOSTA INVESTIGATIVA PARA O PROCESSO COMUNICATIVO TELEVISUAL DO GNT

Da imbricação existente entre televisão e vida social, a análise sobre a produção de sentido da mídia televisiva indica uma possibilidade de investigação sintomática sobre assuntos e questões da contemporaneidade (KELLNER, 2006; MEHL, 1996). É da relação íntima entre os processos de comunicação televisivos e a sociedade que se pode, no caso específico deste estudo, analisar a matriz discursiva do canal GNT, a fim de investigar modelos de subjetividade da mulher comum na cultura contemporânea.

Adota-se, como referência, o entendimento de processo comunicacional como uma "*práxis* objetiva" social, a qual corresponde tanto a uma habilidade humana aprendida por meio da linguagem (HOHLFELDT, 2007, p. 61, grifo do autor) quanto a uma "estratégia racional de inserção do indivíduo na coletividade" (MARTINO, 2007, p. 34). Com isso, compreende-se que a experiência midiática do canal GNT se realiza por meio de um processo comunicacional que envolve uma materialidade referida como textual, a qual compreende imagens, textos, sons e demais unidades constituidoras das narrativas de seus produtos de comunicação. Mas como se dá o seu processo da comunicação televisual? É possível pensá-lo como um jogo no qual emissor e receptor estabelecem uma relação? É possível compreendê-lo como um contrato ou um acordo entre emissor e receptor, de modo a constituírem uma comunicação cooperada e compartilhada? Com o objetivo de descobrir como se configura o processo de comunicação televisivo do GNT, primeiramente, são discutidas as noções de jogo e contrato ancoradas em autores das ciências humanas e sociais.

Estudos relacionados à linguística (GREIMAS, 1983), à semiótica (ECO, 1985b, 2009; VERÓN, 1985, 2004), bem como aqueles do âmbito da análise do discurso (PÊCHEUX, 1997, 1981; MAINGUENEAU, 2004; CHARAUDEAU, 2006), apropriam-se das noções de contrato e de jogo, a fim de compreenderem a relação entre os interlocutores, destinador e destinatário, autor do texto e leitor interpretativo do texto, enunciador e enunciatário, narrador e narratário. Apoiando-se nessas perspectivas, alguns pesquisadores do campo da comunicação (TRAQUINA, 1993; FAUSTO NETO, 2007; FAUSTO NETO et al., 2010; LOPES, 2002; MENDONÇA, 2008; ROCHA; GHISLENI, 2010) empregam as noções de contrato ou de jogo para pensar o processo comunicacional entre emissor e receptor, entendido muitas vezes como contrato midiático e jogo enunciativo.

Para compreender as noções de processo de comunicação relacionadas ao contrato e ao jogo, revisitam-se algumas teorias da linguística de modo a, posteriormente, poder empregá-las no intuito de explicar o processo comunicacional televisual, sem haver perda de coerência para seu modelo de produção de sentidos. As reflexões apresentadas sobre esses conceitos buscam contribuir para uma proposição epistemológica acerca da dinâmica do processo de comunicação televisual, a qual deve estabelecer uma via analítica aberta à investigação do discurso do canal GNT, cuja visibilidade midiática tem incidido de forma preeminente sobre o cotidiano da mulher comum, "real" e contemporânea. Iniciam-se, assim, os passeios pelos bosques das noções de contrato e jogo.

Com influência do direito e da noção de contrato social rousseauriana, a semiótica de Algirdas Julien Greimas (1984, p. 184) introduz o conceito de "contrato fiduciário" para compreender "um fazer interpretativo de parte do destinador e, em contrapartida, a adesão do destinatário", conformando uma relação de confiança a qual depende da concordância do receptor[43]. Conforme Greimas (1983), esse tipo de relação diz respeito a um "contrato imaginário", um simulacro, estabelecido entre os parceiros da comunicação, seguindo determinadas regras da linguagem. Em seu texto "A propósito do jogo", Greimas (1998) emprega a metáfora do jogo de xadrez a fim de explicar a linguagem, a qual, analogamente ao jogo,

---

[43] De acordo com Rousseau (1978), o "contrato social" estabelece as condições legítimas para a vida em sociedade, de modo a assegurar a liberdade, a segurança e o bem-estar dos homens. Ao exumar o conceito de contrato da filosofia e do direito romano, Greimas (1984) introduz a noção de "contrato fiduciário", apropriando-se do vocábulo *fiduciarius*, derivado de *fidúcia*, que em latim significa confiança e segurança, a fim de explicar uma relação de confiança estabelecida entre os indivíduos envolvidos no contrato. O "contrato fiduciário" proposto por Greimas salienta a adesão do destinatário em relação ao fazer interpretativo do destinador, em uma modalidade epistêmica de fazer crer, estabelecida pela confiança.

obedeceria a determinadas regras da própria língua[44]. No entanto, o autor não considera essa analogia suficientemente apta a explicar a linguagem. Por trás da movimentação ou não de uma peça ou outra, há de se cogitar que, além das regras do jogo, existem lógicas e estratégias particulares de cada jogador, que também devem ser consideradas e avaliadas, na medida em que respeitam os regulamentos do jogo, mesmo não fazendo parte deles.

O modelo do processo comunicativo de Greimas é contratual e estrutura-se como um jogo cujos jogadores (emissor e receptor) interagem não para vencer, mas para convencer, obedecendo a um sistema de regras estipuladas para o próprio jogo, bem como às estratégias dos próprios jogadores. Essa perspectiva abre uma primeira brecha para a proposição de um processo da comunicação televisual do canal GNT do tipo contratual e imaginário cuja lógica de confiança seria estabelecida entre telespectador e emissor televisivo com o propósito de efetivar uma compreensão interpretativa. Mas será que é possível compreender a dinâmica do processo de comunicação televisual de modo análogo a um contrato, a um jogo? A fim de responder a essa inquietação, continua-se a investigação acerca dessas noções empregadas geralmente para a análise da linguagem e dos textos midiáticos.

Os estudos da análise do discurso de linha francesa também empregam os conceitos de contrato e de jogo para explicar a construção enunciativa e a produção de sentido. De acordo com Pêcheux (1997, p. 74), o discurso estabelece "'contratos' linguísticos específicos de tal ou tal região do sistema, isto é, feixes e normas mais ou menos localmente definidos, e desigualmente aptos a designarem-se uns sobre os outros", de modo a materializar uma ideologia, sendo, assim, um lugar teórico para se observar a relação entre ideologia e língua. O principal esforço teórico e metodológico de Pêcheux foi estudar e analisar a língua em termos históricos e sociais, valendo-se da relação língua-discurso-ideologia. De acordo com essa abordagem, os "atos dos sujeitos falantes" correspondem ao efeito de sentido produzido entre

---

[44] A metáfora do jogo de xadrez também foi emprega pela linguística estrutural de Saussure (1971) para pensar os aspectos objetivos, subjetivos e a origem da língua. De forma específica, Saussure estabelece analogias entre uma partida de xadrez e o jogo da língua, entre as possibilidades de jogo no tabuleiro e o estado da língua, entre o valor das peças do jogo e o valor dos signos do sistema linguístico. Vale explicitar que a semiótica de Greimas, bem como de seus sucessores da linha francesa ou Escola de Paris, é tributária dos pressupostos teórico-epistemológicos da linguística estrutural de Saussure e Hjelmslev (FARIAS JÚNIOR, 2010; MENDES, 2011).

os interlocutores, bem como a seus lugares na sociedade e na estrutura, nos quais aspectos históricos, sociais e ideológicos estão inscritos[45].

Na retomada da metáfora do jogo de xadrez de Saussure para pensar a linguagem, Pêcheux (1997, p. 62, grifo do autor) não se preocupa com o significado de cada componente, com as peças e as movimentações no tabuleiro; contudo, interessa-lhe a descoberta de *"quais são as regras que tornam possível* qualquer parte, quer se realize ou não". As "regras" das formações ideológicas, bem como os lugares sociais dos sujeitos, são postas em jogo nos processos discursivos por meio do "dito" e também do "não dito"; entretanto, suas formas de esquecimento são colocadas estrategicamente fora desse jogo. O discurso aparece como um jogo no limite do esquecimento e do interdito (PÊCHEUX, 1981). Essa noção de jogo enunciativo cujo sentido não é neutro e independente, visto que é determinado pelas posições ideológicas dos sujeitos em um processo sócio-histórico, também é coerente aos textos de Foucault (2009b) e Orlandi (2009), pensadores do discurso que privilegiaram o estudo sobre a materialização, respectivamente, do poder e da ideologia na linguagem. Ao compreender o lugar de fala dos sujeitos sociais no discurso e ao considerar a perspectiva sócio-histórica envolvida no discurso, essa perspectiva de jogo enunciativo afina-se ao presente estudo, na medida em que, para se analisar uma formação discursiva, deve-se compreender o poder e a ideologia concretizada na linguagem, e não esvair-se do contexto a fim de investigar somente a materialidade midiática.

Se comparado a Pêcheux, pode-se dizer que Dominique Maingueneau (2004) é mais brando ao discorrer sobre o nível ideológico do discurso em

---

[45] A noção de discurso de Pêcheux como definidora de contratos linguísticos surge para confrontar a oposição saussuriana entre língua e fala, pois, ao inserir o discurso em um nível intermediário entre elas, ultrapassa a ideia antinômica de língua como algo essencialmente social, independente do indivíduo e exterior a ele, e a de fala como parte da linguagem a qual é manifesta como um ato individual. Em sua crítica, Pêcheux considera a existência de uma ordem própria da língua; contudo, a separação entre língua e fala "autoriza a reaparição do sujeito falante como *subjetividade em ato,* unidade ativa de intenções que se realizam pelos meios colocados a sua disposição; em outros termos, tudo se passa como se a linguística científica (tendo por objeto a língua) liberasse um resíduo, que é o conceito filosófico do sujeito livre, pensado como avesso indispensável, o correlato necessário do sistema" (PÊCHEUX, 1997, p. 71). Com forte influência do materialismo histórico, filósofo, amigo e seguidor do pensamento marxista de Althusser, Pêcheux discordava da concepção saussuriana segundo a qual a liberdade humana emergiria do uso da fala como língua, pois o texto não é uma sequência linguística fechada em si mesma, abrangendo, necessariamente, uma exterioridade marcada pela determinação histórica e ideológica sobre os processos semânticos (PÊCHEUX; FUCHS, 1997, p. 164). Conceber um sujeito livre para escolher e dizer unicamente aquilo que intenta como sendo algo seu, sem vínculos ideológicos com o que já foi dito e estabelecido, bem como sem determinações exteriores, corresponde ao que Pêcheux entende por "ilusão discursiva do sujeito" ou "ilusão subjetiva". Não raro, essa ilusão é cometida por algumas teorias da enunciação, por desconsiderarem, ou ingenuamente não conseguirem perceber, que o sujeito do discurso é, muitas vezes, assujeitado pelos processos de produção de sentido.

sua análise sobre a "semântica global" dos textos da comunicação; todavia, retoma algumas metáforas oriundas do domínio jurídico (contrato), lúdico (jogo) e teatral (papel) a fim de compreender as características e os gêneros do discurso[46]. Para este analista de discurso, também de linha francesa, na construção de uma interpretação, o produtor do enunciado supõe que o destinatário seguirá determinadas "regras do jogo", pelo simples fato de que entrar em uma comunicação verbal implicaria o respeito às suas regras. O autor adverte que "isso não se faz por intermédio de um contrato explícito, mas por um acordo tácito, inseparável da atividade verbal" (MAINGUENEAU, 2004, p. 31), cujas leis e regras são convencionadas por meio de um saber mutuamente conhecido. A metáfora do jogo enfatiza a existência de regras preestabelecidas, conhecidas tanto pelo enunciador quanto pelo destinatário. Contudo, essas regras não são rígidas, visto que há zonas de variação e de conformação nas quais os gêneros do discurso sofrem transformações. Assim, ao retomar as metáforas de jogo e contrato (e papel), Maingueneau observa que, na verdade, nenhuma delas é perfeitamente adequada nem suficiente para pensar os gêneros do discurso. Visão com a qual, a princípio, tende-se a concordar, visto que o laço estabelecido entre enunciador televisivo e destinatário parece ser da ordem do imaginário e do virtual, visto não haver uma instância formalizadora sob a qual as regras do jogo seriam previamente, e de fato, instituídas e acordadas. Prossegue-se, então, a investigação de modo a garantir uma clareza sobre essa proposição lançada a priori.

 Teórico da semiolinguística, contemporâneo e interlocutor de Maingueneau, Patrick Charaudeau (2001, 2006) estabelece uma noção de discurso como "jogo comunicativo" instituído entre uma sociedade e seus membros por meio de um "contrato comunicativo", uma espécie de acordo cooperativo entre os sujeitos, a fim de estabelecerem "a troca e a intercompreensão" (CHARAUDEAU, 1999, p. 6). Com influência da semiótica greimasiana, Charaudeau (1994, p. 35) manifesta que todo ato de comunicação social presume um engajamento entre os parceiros em um contrato. Isso fica claro quando se lê a noção de contrato de comunicação do *Dicionário de Análise do*

---

[46] De modo a continuar a investigação metodológica sobre o processo de comunicação, privilegiar-se-á somente a compreensão sobre o contrato e o jogo. Contudo, de modo a não ficar uma lacuna conceitual, ressalta-se que Maingueneau (2004, p. 69-70) também apresenta a metáfora do "papel" na atuação a fim de retomar a tradição moralista que considera as interações sociais um teatro, "onde tudo o que se faz é representar papéis". De acordo com o autor, esse pensamento é simplista, pois compreende os interlocutores de uma forma predeterminada pelos gêneros discursivos, em detrimento de outras tantas determinações possíveis dos diversos "papéis" cujos sujeitos atuam.

Discurso, no qual Charaudeau e Maingueneau (2004, p. 132) o definem como "o conjunto das condições nas quais se realiza qualquer ato de comunicação [qualquer que seja sua forma, oral ou escrita, monolocutiva ou interlocutiva]". O contrato está fadado às mudanças e às atualizações estabelecidas durante o ato de comunicação, as quais envolvem as condições específicas de cada jogo, bem como os componentes que regem o contrato entre os parceiros da comunicação (o sujeito comunicante e o interpretante)[47].

A ideia de Charaudeau de que todo o ato comunicativo compreende um contrato de comunicação e que todo o contrato implica uma cooperação, um engajamento entre enunciador e destinatário, parece não ser a forma mais precisa de se explicar o processo comunicacional da televisão. Isso porque não há uma relação entre emissor televisivo e receptor do tipo recíproco e de cooperação. Quando os produtos da cultura da mídia são engendrados estrategicamente mais em um sentido propositivo e unilateral do que de modo bilateral, seus processos comunicacionais tendem a não se fixar em acordos tácitos e cooperativos. Nesse sentido, a cultura da mídia alimenta-se do tecido social — e ele é por ela alimentado — com objetivo de estabelecer uma comunicação sedutora e apta a ofertar garantias e benefícios ao receptor. Na televisão contemporânea e filantrópica, essas garantias vestem-se de conselhos e dicas para o telespectador a fim de proporcionar mecanismos com os quais ele possa lidar com seus problemas e suas inquietações cotidianas.

Concebida dentro da imanência textual, a noção de acordo cooperativo entre emissor e receptor também está presente nos escritos de Umberto Eco (2009, p. 9), segundo o qual "todo o texto é uma máquina preguiçosa, pedindo ao leitor que faça uma parte de seu trabalho". Em seu livro *Seis Passeios pelos Bosques da Ficção*, a palavra "bosque" é empregada como uma metáfora para o texto narrativo, cujos caminhos se bifurcam, sem haver uma trilha bem definida, cabendo então ao leitor optar a todo tempo por qual direção seguir, considerando que algumas direções podem lhe interessar mais que outras. Tais escolhas do receptor podem ser orientadas pelo

---

[47] Segundo a semiolinguística de Charaudeau (2001), existem três componentes que regem uma relação contratual instituída no ato da linguagem, quais sejam: o comunicacional, o psicossocial e o intencional. O componente comunicacional está relacionado à situação comunicativa, a qual o sujeito comunicante e o interpretante estabelecem mutuamente. O psicossocial diz respeito ao conhecimento acerca dos estatutos psicossociais dos sujeitos envolvidos na comunicação (idade, sexo, categoria socioprofissional, posição hierárquica), as quais podem atestar ou não suas credibilidades, de modo a legitimar ou não os saberes dos parceiros. O componente intencional relaciona-se ao "conhecimento *a priori* que cada um dos parceiros possui (ou constrói para si mesmo) sobre o outro, de forma imaginária, fazendo apelo a saberes supostamente partilhados" (CHARAUDEAU, 2001, p. 31).

próprio autor, o qual constrói um "leitor-modelo – uma espécie de tipo ideal que o texto não só prevê como colaborador, mas ainda procura criar" (ECO, 2009, p. 15). Para isso, o autor fornece sinais e instruções textuais de sua estratégia, por exemplo, a indicação do gênero narrativo, os quais um "leitor-modelo" deveria seguir. Entre o autor dos bosques da ficção e o leitor, haveria, pois, um acordo ficcional segundo o qual o leitor estaria disposto a aceitar que elementos do mundo da narrativa e da vida cotidiana se enovelariam de modo a legitimar a narrativa. Conforme o autor, é assente nesse acordo que se pode aceitar a autenticidade da narrativa ficcional, por exemplo, a do Pinóquio, segundo a qual há um personagem, constituído de pau de madeira, que se torna um menino falante e mentiroso e cujo nariz se alonga quando conta inverdades.

A perspectiva de Eco restringe-se à imanência das estruturas textuais, de modo que não apresenta outros elementos, além do contrato e do leitor modelo, que possam oferecer contribuições para uma análise do processo de comunicação televisual. De fato, é possível pensar o receptor televisivo como um leitor modelo; contudo, torna-se simplista essa analogia quando se percebe que, ademais de ser um tipo estratégico mercadológico, o receptor não é tal qual um "leitor-modelo", o qual pode escolher por qual dos caminhos do bosque da ficção seguirá. A ele cabe apenas aceitar ou não um conteúdo televisivo e, se for o caso, tentar concorrer a participar ou não de algum programa no qual sua presença possa ser permitida; sua colaboração é limitada. No site do canal GNT, por exemplo, o telespectador é convidado a se inscrever e, assim, concorrer à participação em alguns programas "para organizar sua casa, aprender receitas saborosas, transformar seu visual ou contar a sua história" (PARTICIPE, 2013). Ainda assim, a participação e a colaboração do telespectador são restringidas seja pelo roteiro, pela edição, pela região geográfica, praticamente limitada à cidade do Rio de Janeiro, seja por qualquer outro motivo regido pelos interesses da empresa emissora.

Isso remete também aos estudos de Eliseo Verón (1985, 2004), o qual, de modo similar a Eco, estabelece noções de leitor e de contrato de leitura também associadas à estrutura textual, de modo específico à imprensa escrita, a fim de, sobretudo, propor uma análise de discurso orientada para uma enunciação que é produzida no interior do próprio contrato. Ao considerar os elementos da materialidade simbólica do veículo, como imagens, capas etc., Verón centra seu estudo na ligação estabelecida entre jornais impressos e seus leitores, para identificar determinados enunciados e modalidades discursivas, as quais devem corresponder aos interesses do público. Nesse sentido, sugere uma definição de contrato de leitura que envolve o discurso de um suporte de imprensa entendido como:

> [...] um espaço imaginário onde percursos múltiplos são propostos ao leitor; uma paisagem, de alguma forma, na qual o leitor pode escolher seu caminho com mais ou menos liberdade, onde há zonas nas quais ele corre o risco de se perder ou, ao contrário, que são perfeitamente sinalizadas. Essa paisagem é mais ou menos plana, mais ou menos acidentada. Ao longo de todo o seu percurso, o leitor reencontra personagens diferentes, que lhe propõem atividades diversas e com os quais ele sente mais ou menos desejo de estabelecer uma relação, conforme a imagem que eles lhe dão, a maneira como o tratam, a distância ou a intimidade que lhe propõem. Um discurso é um espaço habitado, cheio de atores, de cenários e de objetos, e ler "é movimentar" esse universo, aceitando ou rejeitando, indo de preferência para a direita ou para a esquerda, investindo maior ou menor esforço, escutando com um ouvido ou com os dois (VERÓN, 2004, p. 236).

O autor estabelece uma noção de contrato na qual o leitor apreende o sentido de acordo com sua cultura, suas crenças e suas experiências, na medida em que elas interferem em sua leitura, em sua interpretação textual. De modo similar à perspectiva de Eco, enunciador e destinatário são entendidos por Verón como figuras que se interpelam no discurso textual, algo que é difícil de se conceber em um processo cuja comunicação é unilateral, como é o caso da televisão. Para o autor, a enunciação é produzida no contrato de leitura, por meio de um laço consumado com base em uma relação de reconhecimento entre quem fala (produtor de sentido) e aquele a quem se fala (receptor de sentido), de modo que a legitimidade do lugar de fala e sua autoridade são previamente aceitas. No entanto, as reflexões propostas por Verón sobre o contrato na enunciação midiática são vinculadas quase exclusivamente a uma imanência textual, incidindo o foco sobre a materialidade do sentido no suporte midiático. Ao centrar sua análise na materialidade textual e nos modos de dizer manifestos no enunciado, o autor acaba por silenciar, não raro, o caráter social, cultural e histórico envolvido no próprio discurso, algo inconcebível ao método foucaultiano, que busca compreender uma ordem discursiva coerente com um determinado tempo histórico.

Nesse panorama teórico-metodológico, foram percorridas teorias da linguagem e do discurso que evocam as noções de contrato e de jogo, as quais são frequentemente empregadas nos estudos comunicacionais como forma de refletir acerca do processo da comunicação da imprensa, da publicidade e também da televisão. De modo geral, a palavra "contrato" é utilizada para designar o acordo tácito, imanente à materialidade textual, o qual é estabelecido de forma cooperativa entre emissor e receptor. O termo "jogo" aparece nesses estudos, sobretudo, de modo a completar a noção de contrato, como referência à existência de regras do ato comunicativo, as quais devem ser respeitadas e seguidas pelos parceiros da enunciação. O jogo também é empregado de modo análogo ao funcionamento do discurso, de seu jogo discursivo, o qual é tensionado pelo dito e pelo não dito, bem como pelas posições ideológicas dos sujeitos envolvidos na enunciação. Como pontuado, essa é uma noção coerente com a presente pesquisa, pois visa compreender uma formação discursiva sobre os modelos de subjetividade da mulher contemporânea com base na produção de sentido do canal GNT. No entanto, afora a noção específica de jogo discursivo, a transposição dos modelos de regras do jogo e de contrato para os estudos sobre a comunicação televisual parece um tanto quanto complicada, uma vez que não há, de fato, negociação entre emissores e telespectadores, na medida em que essa relação não é bilateral e plenamente dialógica. Isso porque as partes têm naturezas e poderes bem distintos, cabendo ao emissor produzir e transmitir o conteúdo audiovisual e ao telespectador consumir informação e entretenimento. Pensar o processo de comunicação televisiva como contrato, mesmo de maneira imaginária, implicaria aceitar a existência de alguma dimensão de reciprocidade entre emissor e telespectador, o que de fato não parece exequível.

Diante desse percurso teórico-metodológico, retoma-se a pergunta: com base nessas noções de contrato e jogo, seria de fato possível compreender o processo de comunicação televisual do canal GNT como algo que implica regras estabelecidas por meio de um acordo mútuo entre emissor televisivo e receptor? Em seus estudos sobre a televisão, François Jost (2004) aprofunda reflexões críticas importantes e precisas sobre a aplicação da noção de contrato como uma analogia ao modelo de comunicação televisual. O autor não se preocupa em retomar a noção de jogo, talvez por ter um sentido muito próximo da ideia de contrato. Contudo, ao reaver os conceitos de contrato da semiótica, da sociologia e da análise do discurso, os quais pensam a relação entre emissor televisivo e receptor, Jost critica-os e contrapõe-se a eles de modo a propor outra ideia capaz de ultrapassar uma noção de negociação mútua entre os parceiros da comunicação televisual. Como a noção de contrato funciona somente quando há uma comunicação recíproca, essa transposição para se pensar a comunicação televisual é um tanto falaciosa. Na existência de um modelo de comunicação fortemente assimétrico e unidirecional, produtor e telespectador não possuem as mesmas ferramentas de comunicação; com efeito, não há uma correspondência mútua e dialógica entre eles, pois a influência de um e de outro no ato comunicacional não é simétrica. De modo preciso, o autor aponta que:

> [...] não há reciprocidade no processo televisivo no sentido homossemiótico. O que se quer dizer é que, em televisão, há imagens. Como telespectador, posso também enviar cartas aos emissores, posso utilizar o aparelho, posso mudar de canal; entretanto, não nos comunicamos empregando o mesmo sistema semiótico de comunicação (JOST, 2004, p. 16).

Sendo assim, há uma incoerência na transposição da noção de contrato da linguística para os estudos televisivos, na medida em que, no fluxo contínuo das mensagens televisivas, o telespectador "não dispõe de quase nenhum meio efetivo de intervir na programação, quanto mais na mensagem que observa no momento" (MATUCK, 2000, p. 105). Não há, pois, retroação, uma vez que a atividade do telespectador em relação a esse meio ainda se restringe a desligar o televisor ou a mudar de canal. No entanto, não se pode negar a existência de participação do telespectador em programas e mensagens televisivas, ainda mais na televisão contemporânea, tão apregoadora da midiatização do cotidiano e da intimidade dos indivíduos comuns. Também não se pode desconsiderar os diversos usos e experiências das tecnologias da informação e da comunicação pelos indivíduos, os quais muitas vezes interagem nas redes sociais das emissoras a fim de participarem de programas, bem como solicitarem e reivindicarem conteúdos televisivos. Em todos esses casos, as possibilidades de interferência do telespectador na mensagem televisiva são limitadas em função das atividades e dos poderes de produção do emissor. Neste trabalho, o foco não é pensar a passividade, a atividade ou a interatividade, de modo que esse assunto não será empreendido teoricamente.

Diante da televisão, ou se aceita o que é proposto e prometido ou se recusa, de modo que não há renegociação alguma, caso haja discordância do contrato. Em oposição ao modelo de contrato, que implica uma situação dialógica e um acordo recíproco, cujas regras do jogo são estabelecidas e coassinadas bilateralmente, Jost propõe o modelo de promessa a fim de se estudar o texto ou um programa televisual. Este modelo é bem próximo da lógica publicitária, até porque "a televisão funciona num sistema publicitário; ela é, em todas as suas partes publicitária" (JOST, 2004, p. 19). A lógica da promessa televisiva opera no âmbito material e simbólico, de modo que sua epistemologia pode ser empregada de modo produtivo para a análise dos discursos televisivos. Mesmo que o autor tenha empregado essa lógica para pensar os programas televisivos, seus critérios dispostos no modelo de promessa também podem oferecer elementos para a análise da produção de sentido de um canal televisivo. De fato, esse modelo se torna produtivo na investigação de vestígios acerca da formação discursiva dos modos de ser e estar das mulheres contemporâneas, postos na midiatização do GNT.

A principal contribuição da teoria de Jost foi compreender os gêneros televisivos como interface responsável pela ligação entre emissor e telespectador e como portadores de uma promessa cujo horizonte de expectativas ao público é oferecido. Ao fornecerem indicações de "leitura" que visam despertar o interesse do telespectador, os gêneros correspondem a uma "estratégia de comunicabilidade", a qual é manifestada por subgêneros e formatos, cujas categorias discursivas e culturais portam sentidos (DUARTE, 2006, p. 20). De modo bem similar à promessa básica empregada pelo mercado publicitário, o gênero televisivo emerge como uma espécie de "etiqueta categórica", engendrada com base em crenças e saberes partilhados pela sociedade, cujos horizontes de expectativa são mais ou menos semelhantes[48].

A perspectiva de Jost de que o gênero carrega uma promessa constitutiva e ontológica dos produtos televisivos é bem próxima do que Eco e Maingueneau cogitaram sobre os gêneros narrativos no contrato emissor-leitor, para conferirem subsídios de adesão e de credulidade do leitor-modelo no pacto firmado. Um programa televisivo do gênero comédia, por exemplo, ontologicamente deve fazer rir, visto que essa é a promessa constitutiva, a qual é exposta em sua "etiqueta categórica".

Na fase da televisão contemporânea, os gêneros e os formatos televisivos têm se tornado híbridos e complexos diante do surgimento de produtos televisuais da TV-realidade. Para Elizabeth Bastos Duarte (2006),

---

[48] Nos estudos sobre publicidade (HOFF; GABRIELLI, 2004; FIGUEIREDO, 2005), promessa básica significa o diferencial de um produto, serviço, empresa ou instituição que é comunicado ao consumidor como uma forma de promessa. O reconhecimento dos consumidores sobre o que foi comunicado deverá remeter ao que foi prometido. Por exemplo, a Volvo é conhecida por produzir os carros mais seguros, e esse sentido está presente em suas peças publicitárias, sendo sua promessa básica a segurança.

essa fronteira movediça entre informação, entretenimento, show, jogo etc. diz respeito a uma questão estratégica das próprias emissoras. Isso porque a atitude de uma emissora de classificar seus próprios programas manifesta sua intenção de diferenciar seu processo comunicativo televisual em relação às outras emissoras, em meio à guerra pela audiência e pela espetacularização.

A esse respeito, Jost afirma que o gênero pode carregar também uma promessa pragmática, a qual visa indicar as marcas do produto televisivo para o telespectador com o objetivo de diminuir os possíveis erros de interpretação. Cita-se como exemplo o gênero *reality show*, uma denominação engendrada pelas próprias emissoras para designar o próprio gênero televisual, bem como influenciar as crenças dos telespectadores. Essa etiqueta parece um tanto falaciosa, na medida em que "joga habilmente com a oscilação entre real e espetáculo" (JOST, 2004, p. 30), por meio de uma classificação diferente do que efetivamente é transmitido, pois a telerrealidade exibida é, não raro, roteirizada, editada e exibida sem, no entanto, corresponder plenamente ao que é de fato. A etiqueta *reality show* foi estrategicamente criada pelas emissoras para influenciar a interpretação dos telespectadores perante a nova categorização e, assim, conferir autenticidade em relação ao que é exibido.

Ao inserir o gênero no cerne de sua análise semiótica de tradição peirciana, Jost propõe que se investiguem os mundos repousados nas "etiquetas categóricas", as quais produzem um certo tipo de crença visando ao telespectador. Isso porque, segundo o autor, todo gênero estabelece uma promessa de mundo cujo grau de existência promove a adesão ou participação do receptor. Com base na compreensão das produções televisuais como um objeto semiótico complexo que interpenetra os mundos real, fictício e lúdico, o autor atém sua análise na identificação promessa para, depois, cotejá-la com as estratégias de ligação com os três mundos. A riqueza de sua análise está justamente no estudo esmiuçado do gênero e do seu vínculo com os três mundos, de modo a pensar o signo como algo que remete sempre ao real ou imaginário, uma distinção que é própria da atividade do semioticista.

Em sua análise semiótica dos produtos televisivos, centrada no gênero e em seus deslocamentos entre o lúdico, o real e o fictício, o autor afasta-se de um estudo capaz de investigar os produtos da cultura da mídia postos em relação com o tecido social, um viés fundante desta pesquisa. No entanto, o processo da comunicação televisiva pensada com base no modelo da promessa parece ser um avanço teórico-metodológico, visto que compreende a lógica do processo comunicacional da televisão tal qual a publicidade de um produto, neste caso cultural, que oferece promessas e benefícios para seus consumidores. Na televisão e na publicidade são engendradas promessas, por meio de imagens e textos, com as quais os espectadores são convidados a se identificar. "Instituição social e agente mediador entre sociedade e o receptor", a televisão tem um caráter empresarial atrelado intimamente à sua produção em escala industrial (JACKS, 2006, p. 33), de modo que seu estudo deve ser pensado tendo como ponto de partida as promessas comunicacionais de seus produtos culturais.

Diante das limitações dos modelos de jogo, contrato e promessa para o estudo discursivo do processo comunicacional televisivo, propõe-se um amoldamento da noção de promessa de Jost, qual seja, a noção de promessa discursiva. Essa proposta de vincular o modelo da promessa de Jost, herdeiro de uma tradição peirciana, à análise de discurso de linha francesa de Foucault deve-se ao fato de haver aí um veio comum filosófico, que é o pragmatismo. Afora suas idiossincrasias metodológicas e empíricas, ambos, Peirce e Foucault, procuraram enxergar além da verdade cartesiana, no sentido de observar e estudar a produção da crença e dos hábitos. E é por essa perspectiva pragmática que se propõe a noção de promessa discursiva a fim de sugerir um caminho metodológico para análise da produção de sentido do canal GNT.

Entende-se por promessa discursiva toda a enunciação disposta nas fontes laterais dos produtos da cultura da mídia — como vinhetas, logomarca, sinopses, *story lines*, sites, blogs, revistas e livros editados pelo produtor, anúncios publicitários, entrevistas etc. —, a qual é engendrada para divulgá-los, bem como informar, encantar, influenciar e preparar o público, seja este espectador, seja telespectador, leitor ou usuário, para o que lhe será apresentado. As promessas discursivas dos produtos da cultura da mídia são enunciações criadas e disseminadas com base no modelo da indústria cultural de massa, o qual almeja a grande audiência e lhe fornece os sentidos com os quais seus indivíduos tecem seus modos de ser e estar no mundo. A fim de habitar o ritmo da vida social contemporânea, as promessas discursivas oferecem artifícios prazerosos e vantajosos no sentido de agradar ao público, seduzindo-o com suas projeções e mensagens, com as quais os indivíduos são convidados a se identificar.

Tal qual a cultura da mídia, as promessas discursivas são produções de sentido portadoras de outros discursos que podem ser investigados e interpelados por um estudo capaz de contextualizar, interpretar e analisar adequadamente os textos de seus produtos culturais. O estudo das promessas discursivas dos produtos da cultura da mídia é apresentado como uma possibilidade de curso metodológico que, ao se associar à análise de discurso, tal qual entendida por Foucault, Pêcheux e Orlandi, pode desvelar contornos e tendências de formações discursivas sobre um determinado momento histórico. Isso porque essas promessas são sínteses enunciativas dos produtos culturais que, de forma clara e concisa, devido à brevidade do espaço e do tempo destinados a essas mensagens, devem exibir ao público opiniões, sentimentos, atitudes, disposições e modelos ideológicos dominantes, os quais os indivíduos são convidados a consumir.

Com base no modelo de promessa de Jost, o amoldamento sugerido tem o propósito de contribuir para uma epistemologia dos estudos culturais filiando-se, para tanto, à análise de discurso de linha francesa. A noção de promessa discursiva é posta como uma proposta investigativa tanto para a análise do discurso televisivo (emissoras, produtos, mensagens etc.) quanto para ser empreendida no estudo dos demais produtos da cultura da mídia, cujas lógicas são empresariais e industriais. Ao admitir a coincidência ou, como visto no primeiro capítulo deste trabalho, aos moldes de Jameson, a desdiferenciação entre a lógica dos produtos da cultura da mídia e a racionalidade mercadológica, a noção de promessa emerge como elemento essencial para a análise da materialidade discursiva desses produtos, na medida em que as promessas discursivas reconduzem e reforçam outros discursos já assentados e aceitos pela cultura contemporânea. Por conseguinte, as promessas discursivas midiáticas funcionam também como suporte para que as "vontades de verdade" sejam apresentas agradavelmente e de modo sedutor à sociedade, a fim de influenciar e convencer os indivíduos acerca de ressignificações, naturalizações e paráfrases coerentes com determinadas formações de sentido. Com base no estudo das promessas discursivas dos produtos da cultura da mídia, pode-se encontrar marcas de formações de sentido, bem como vestígios de constituições ideológicas de um momento histórico.

No que diz respeito à instância metodológica e analítica do discurso, a noção de promessa é aplicada ao processo comunicacional com o intuito também de superar as preocupações de cunho negocial entre emissor e receptor, expressas nas noções de jogo e contrato. Esse amoldamento avança, assim, rumo a um estudo das marcas e dos indícios discursivos presentes bem além da imanência do produto televisivo, visto que considera outras vias de conhecimentos laterais como fontes que aportam à formulação de uma promessa, sejam estas vinhetas, sejam sites, blogs, revistas ou livros editados pela emissora, anúncios publicitários, entrevistas etc. Essas fontes ditas paralelas fazem a mediação entre o texto televisivo, o enunciador e o enunciatário; elas cumprem a função de ancorar as promessas do emissor televisivo ao destinatário, por meio de um processo que estrutura e modela a comunicação dos produtos culturais conforme as prescrições midiáticas de seus produtores. Localizada nessas fontes, a rede de promessas é substrato de formações discursivas midiatizadas pela televisão, por isso deve ser analisada e contextualizada considerando os aspectos da vida social contemporânea.

3.3 PROMESSAS DISCURSIVAS DO GNT: ESTRATÉGIAS DE SENTIDO E DE SUBJETIVAÇÃO

Com base na investigação do lugar de fala do canal GNT, emergiram alguns vestígios discursivos que indicaram a construção de sentido sobre modelos de subjetividade da mulher jovem contemporânea, entendida como multifuncional e capaz de "fazer tudo", pois tem diversos papéis e atribuições em sua vida cotidiana. Mesmo que esses indicadores tenham apresentado algumas redes de sentido do GNT sobre o processo de subjetivação da mulher contemporânea, ainda têm um caráter embrionário, sendo necessária uma investigação mais detalhada sobre as marcas discursivas dessa mulher, em sua vida íntima e cotidiana. Debruça-se sobre a análise discursiva do processo da comunicação televisual do canal GNT, que, sustentada na noção de promessa discursiva tal qual desenvolvida anteriormente, examinará a produção de sentido dos *corpora* constituídos por um conjunto de fontes como textos de divulgação, logomarcas, vinhetas, sinopses, *story lines* e grade de programação.

Uma pergunta inicial imprime-se: quais promessas discursivas são apresentadas à mulher pelo canal GNT? Para responder a essa pergunta, é importante que sejam analisadas as estratégias de sentido e de subjetivação operadas pelo canal GNT na sua rede de promessas. As estratégias de sentido e de subjetivação são importantes marcas para a investigação de como os mecanismos operados pela mídia constroem significados, bem como atuam na constituição e formação de sujeitos. Percebe-se que estratégias de sentido e de subjetivação operadas pelo GNT se esteiam na midiatização da mulher contemporânea, na exibição de seus modos de ser e estar no mundo; e que, não obstante, suas formulações configuram determinados modos de existir hoje, certas formas de falar ao sujeito e de olhá-lo, os quais precisam ser considerados e investigados.

Inicia-se a análise da promessa discursiva, bem como das estratégias de sentido e de subjetivação, pela observação dos enunciados de venda do canal, a respeito daquilo que seus detentores dizem que o GNT é para os profissionais de comunicação e futuros anunciantes; ou, ainda, como desejam que ele seja visto por eles e, consequentemente, pelos telespectadores. Esses enunciados indicam o que se fala e como se fala, são um esquema discursivo característico tanto da constituição e da configuração de como se deseja que o canal GNT seja visto pelo seu público quanto da forma como se dirige a ele, seja anunciante, seja telespectador. Dessa forma, emergem as primeiras relações de sentido de sua promessa discursiva, com base no estudo daquilo que a programadora Globosat fornece em seu site como descrição legítima do canal, qual seja:

> [...] um canal voltado para o *universo feminino*, com conteúdo direcionado para *estilo de vida* e *atualidade*. O GNT tem como foco a *programação nacional*, que se caracteriza pela *diversidade de ideias*, por gerar *reflexão*, por sua *qualidade* e pelos seus *apresentadores – todos reconhecidos pelos temas* com que se relacionam no canal (ACTIONPACK, 2012, s/p, grifo nosso).

Ao ler esse trecho, notam-se quatro eixos de sentido relacionados ao público, à temática, à finalidade e à característica da programação do canal GNT. Por meio da oferta de conteúdo sobre estilo de vida e atualidade do chamado "universo feminino", a mulher é nitidamente elegida como público da promessa discursiva do canal GNT. Observa-se que são excluídas desse universo feminino as mulheres abaixo ou acima da faixa etária delimitada pela equipe de *marketing* do canal. Com um conteúdo orientado para mulheres entre 25 a 34 anos, a partir de um recorte bem restrito no que diz respeito a gênero, raça e classe, percebe-se que, na produção de sentido do canal GNT durante o período analisado, havia um silenciamento sobre a diversidade de narrativas sobre mulheres em termos de pluralidade de raça, gênero, cor, etnia, idade, orientação sexual e classe social. Estrategicamente, essa exclusão parece ter sido naturalizada por operações discursivas de modo a sustentar a imagem da mulher dita pelo canal como "real" e cujo modelo era, e talvez ainda seja sobretudo o da mulher jovem, branca, urbana e de classe média. Ainda que o intuito deste estudo não seja demarcar essas construções de sentido desiguais e perversas, é importante registrar essa operação de silenciamento discursivo.

Com fins comerciais, no texto descritivo do GNT, também se omite o homem como público da promessa, mesmo que a equipe de marketing tenha dito que "queremos o marido, o namorado do nosso público também assistindo aos programas" (MUHANA *apud* GUIMARÃES, 2011, s/p). Pode-se dizer que a promessa discursiva exclui os homens de seus princípios de ordenação e distribuição de conteúdo. Curiosamente, questiona-se se esse enunciado do GNT, de fato indica o interesse em tê-los (os homens) como audiência ou se, na verdade, estaria relacionado ao fato de que, para os lucros do canal, é fundamental que esses homens se sintam, de certa forma, contemplados pelas poucas imagens masculinas exibidas, a fim de aceitarem e aprovarem minimamente suas respectivas esposas, namoradas, mães ou filhas como telespectadoras do GNT, não as interditando durante o consumo audiovisual. Por esse não ser o objetivo de investigação deste trabalho, tal indagação não será levada a cabo. No entanto, fica o registro de uma inquietação que pode gerar pesquisas, de modo especial, aquelas destinadas à recepção e à etnografia da audiência.

Ainda a respeito do eixo de sentido sobre o público, na descrição do GNT também se verifica uma estratégia de sentido e de subjetivação, quando se esforça em associar o canal à ideia de nação brasileira, caracterizada pela diversidade de ideias. Tal vínculo de sentido parece prometer às mulheres que os programas do GNT são aptos a compreender a diversidade, e diga-se tão vasta, de culturas presentes no Brasil. Da mesma forma, também parece mostrar ao público feminino que o canal oferece uma programação que abrange a ideia de nação na qual a mulher é partícipe, e em cuja diversidade de ideias ela é mostrada, como se o GNT se referisse a vários tipos dessa mulher brasileira, como se abrangesse desde a metropolitana à interiorana, desde a executiva à lavradora.

Ora, essa referência remete ao Brasil, país cuja extensão territorial favorece uma diversidade sociocultural. Mas será que, de fato, essa dita "diversidade de ideias" da nação brasileira é exibida na produção de sentido do GNT? Pelo menos até a ocasião na qual essa pesquisa foi realizada, a resposta a essa pergunta foi negativa. Nos programas produzidos nacionalmente e exibidos pelo GNT, a maior parte dos apresentadores, das pessoas entrevistadas e das locações estão circunscritos às imagens metropolitanas das cidades do Rio de Janeiro e de São Paulo, com uma certa prerrogativa imagética vinculada ao âmbito carioca. Isso também é corroborado pela localização dos escritórios comerciais das produtoras independentes da maioria dos programas exibidos pelo GNT, os quais possuem sede nessas duas cidades. Dos 40 programas exibidos pelo canal, durante a semana de 12 a 18 de agosto de 2012, 9 correspondem a produções estrangeiras (22,5%), 1 programa é produzido pela Rede Globo de São Paulo (2,5%), 5 programas são produzidos pelo próprio GNT, no Rio de Janeiro (12,5%), e 25 programas são realizados por produtoras nacionais independentes, com escritórios no Rio de Janeiro ou em São Paulo (62,5%). Assim, esses 62,5% da programação correspondem aos programas desenvolvidos por 21 produtoras independentes, 12 do Rio de Janeiro e 11 de São Paulo, e 2 dessas produtoras possuem escritórios em ambas as cidades. Afora 4 produtoras que também possuem escritório em outras cidades, como Belo Horizonte, Brasília e Londres, as demais 21 produtoras nacionais estão restritas ao eixo Rio de Janeiro-São Paulo.

Nitidamente, há uma produção de sentido especificamente carioca e paulista e coerente com as imagens das mulheres dessas metrópoles, a qual põe à parte do discurso outras imagens femininas, como a da mulher ribeirinha e a do interior, por exemplo, talvez não tão almejáveis e rentáveis pela sociedade do espetáculo, pois sempre estiveram à margem da produção de sentido hegemônica. A promessa discursiva do GNT evoca um repertório nacional com diversidade de ideias, quando, na verdade, não é isso que ocorre. Sabe-se que a localização das produtoras geralmente está condicionada à locação das filmagens, no entanto, como a distância entre as duas metrópoles é exígua, não raro, as produtoras paulistas executam suas produções em terras cariocas. Poder-se-ia dizer que, até o momento o fechamento desta pesquisa, a produção do GNT era, em sua maioria, carioca, talvez até essencialmente carioca, visto que é no Rio de Janeiro onde o GNT possui escritório comercial, onde suas ilhas de edição e suas produções audiovisuais estão estabelecidas e, sobretudo, onde se esquadrinham as referências imagéticas da mulher. Por conseguinte, justificar a escolha majoritária do GNT pelas imagens da mulher carioca somente pelo viés da economia de custo e da localização de suas instalações seria desconsiderar toda a dimensão cultural de um estilo de vida da mulher carioca midiatizada, o qual foi elegido deliberadamente pelo canal GNT não só como pano de fundo, mas, muitas vezes, como protagonista de seus programas ditos nacionais e com diversidade de ideias.

Segundo a antropóloga Marisol Goia (2007), em seu artigo "Modos e modas de Ipanema", o pequeno bairro da zona sul do Rio de Janeiro, de 1,67 km², parece emblemar uma metrópole na qual habitam mais de 12 milhões de pessoas, uma referência irônica às associações de sentido construídas pela mídia, que, muitas vezes, naturaliza e simplifica de modo irônico a seguinte relação de equivalência fictícia: ipanemenses = cariocas = brasileiros[49]. Para a antropóloga, o que embasa essa noção de correspondência geralmente é sustentado pela crença de que Ipanema sintetiza um estilo de vida carioca, o qual pode ser compreendido pela "cultura da praia, a informalidade, a espontaneidade, a boemia, a criatividade artística, a liberdade, a transgressão dos costumes, o vanguardismo e a sofisticação" (GOIA, 2007, p. 34). Tal crença é refletida nos meios hegemônicos de comunicação e é notadamente percebida nas imagens do carioca e, até mesmo, do brasileiro, as quais, não raro, reproduzem as características exitosas de um determinado ambiente cultural.

A identidade de Ipanema como um bairro carioca exitoso tem ocupado um lugar de prestígio discursivo dentro de um sistema hierárquico comparado aos outros bairros do Rio de Janeiro e mesmo ao Brasil, algo que poderia se pensar, nos termos benjaminianos, tal qual uma "aura carioca"[50]. Na história da cidade do Rio de Janeiro, houve uma construção simbólica e discursiva que inseriu Ipanema em uma perspectiva de prestígio, autorizado e provado, favorecendo suas ocupações em posições vantajosas no

---

[49] Entende-se por zona sul a área a qual é atribuído alto prestígio sociocultural e que compreende um conjunto de bairros (Catete, Laranjeiras, Botafogo, Urca, Leme, Copacabana, Ipanema, Leblon, Lagoa, Jardim Botânico etc.) da cidade do Rio de Janeiro, com alta valorização imobiliária, cuja localização corresponde à beira-mar ou às suas adjacências. Conforme a geógrafa Elizabeth Dezouzart Cardoso (2009), a zona sul mantém sua aura urbana bem valorizada, o que pode ser observado no preço do metro quadrado dessa região, o mais alto do Rio de Janeiro, mesmo após a ocupação recente da Barra da Tijuca, um bairro também à beira-mar e com alto prestígio sociocultural. Há uma hierarquia simbólica correlata ao zoneamento da cidade do Rio de Janeiro, o que pode ser observado na oposição entre zona sul e zona norte. Nesta última, localizam-se bairros considerados "suburbanos", como Méier, Tijuca, Vila Isabel, São Cristóvão, Madureira, Bangu etc. Diferentemente daquela área associada à vida "sofisticada" e "cosmopolita", como bem analisou Gilberto Velho (2002, p. 10) — em sua dissertação de mestrado sobre um setor de camadas médias da zona sul do Rio de Janeiro, de modo especial Copacabana —, estão os bairros da zona norte, aos quais se atribui um certo sentido moral, geralmente associado aos recursos e bens urbanos considerados populares e afastados da noção de âmbito social e economicamente favorecido. Segundo Velho, Copacabana foi a primeira cidade da zona sul a configurar-se objeto de desejo de moradia, de lazer e de estilo de vida de seus moradores, e, assim, constituiu-se em uma "utopia urbana" do Rio de Janeiro. Essa distinção simbólica acabou por se estender a toda a região da zona sul do Rio de Janeiro, com privilégio específico do bairro de Ipanema, o qual representa um modo de vida utópico do carioca.

[50] Para Walter Benjamin (1994), com a modernidade houve uma mudança na tradição cultural, pois, a partir da reprodutibilidade técnica, o sujeito passou a experimentar a obra de arte, antes iluminada pela aura, por aquilo que a sacralizava e a tornava única, para agora se tornar um espectador frente a um vestígio, próximo daquilo que o deixou. Na era da reprodutibilidade técnica, como bem analisou Benjamin, o narrador deixou de ser o porta-voz das estórias para se tornar o autor de uma experiência vivenciada por todos. Com base na noção benjaminiana, emprego a palavra "aura" no sentido de significar algo que aparece mesmo distante, pois, por mais próximo daquilo que a representa, ainda se encontra distante. A aura carioca seria, então, uma dimensão virtual que manifesta e anuncia a relação de sentido com o universo carioca, mesmo que distante dele.

âmbito cultural nacional[51]. Esse lugar de prestígio conferido à cidade do Rio de Janeiro e, de modo específico, a um estilo de vida dito carioca mostra que há um modelo a ser seguido e reproduzido no país, tal qual pensou Marcel Mauss (2003, p. 405) sobre a imitação prestigiosa, segundo a qual um indivíduo imita atos, psicológicos e biológicos bem-sucedidos que ele "viu ser efetuados por pessoas nas quais confia e que têm autoridade sobre elas". É com base nessa imitação prestigiosa que os indivíduos constroem seus respectivos corpos e modos de ser e estar no mundo, os quais, assim como os discursos, também podem ser parafraseados e naturalizados. Assim, por meio da valorização de determinados atributos e comportamentos em detrimento de outros, uma determinada sociedade pode ser caracterizada por certas construções culturais do corpo.

A esse respeito, em seu texto intitulado "Em busca dos (h)alteres-ego: olhares franceses nos bastidores da corpolatria carioca", a antropóloga Stéphane Malysse (2007) investiga a noção do eu no contexto sociocultural carioca, no sentido de estudar as técnicas e representações do corpo que definem uma atitude de culto a ele, como uma "corpolatria", de modo específico na zona sul do Rio de Janeiro, na qual o bairro de Ipanema se insere. Ao analisar a cultura carioca, Malysse (2007, p. 93) identifica como espaços importantes de corporeidade a televisão, a praia e as academias, todos lugares para as "corpolatrias", entendidas como "incorporações individuais de diversos valores modais da aparência física, que são os fundamentos das novas coletividades". A autora enfatiza que, sob uma influência da cultura carioca na formação da personalidade psíquica e física, a mídia tem apresentado diversos rituais de transformação, bem como conselhos de moralidade corporal que, se seguidos fielmente, poderão até fornecer às mulheres aquela tão almejada corporeidade modal, um sinônimo de corpo

---

[51] Como exemplos dessa referência simbólica de Ipanema, cita-se a vida boêmia de Tom Jobim e Vinícius de Moraes, bem como sua canção-símbolo da bossa nova, "Garota de Ipanema", inspirada em Hêlo Pinheiro, moradora daquele bairro, além da exposição corporal de Leila Diniz e Fernando Gabeira, que transgrediram o controle social com seus comportamentos radicais, quais sejam, ela por não ter aceito o modelo tradicional de família, por ter se recusado a se casar e por ter exposto publicamente seu corpo grávido de seis meses na praia de Ipanema (GOLDENBERG, 1995). Ele, por ter burlado a moralidade ao usar a calcinha do biquíni de sua prima Leda Nagle (CASTRO, 1999; GOIA, 2007). De fato, os comportamentos transgressores de Leila Diniz e Fernando Gabeira receberam tanta notoriedade midiática que houve uma espécie de "fusão entre bairro e personalidades", como bem analisou Marisol Goia (2007, p. 41), pois a aura simbólica de Ipanema, aquela que sustentou a bossa nova, foi amalgamada ao caráter subversivo e transgressor de um fazer despir e vestir. Isso mudou definitivamente a imagem dessa praia na década de 1970, passando, assim, a ser considerada território informal, alegre, sensual, espontâneo e, sobretudo, um lugar de ousadia, rebeldia e liberdade dos jovens.

feminino trabalhado, moldado na academia, bronzeado e que, não raro, é guiado pelo olhar do outro. Segundo a antropóloga:

> O corpo "virtual" apresentado pela mídia é um corpo de mentira, medido, calculado e artificialmente preparado antes de ser traduzido em imagens e de tornar-se uma poderosa mensagem de *corpolatria*. Essas imagens-normas se destinam a todos aqueles que as veem e, por meio de um diálogo incessante entre o que veem e o que são, os indivíduos insatisfeitos com sua aparência (particularmente as mulheres) são cordialmente convidados a considerar seu corpo defeituoso. Mesmo gozando de perfeita saúde, seu corpo não é perfeito e "deve ser corrigido" (MALYSSE, 2007, p. 93).

Por mais saudável que a pessoa seja, as imagens-normas da mídia apresentam o corpo como objeto, o qual deve ser reconstruído por meio de inúmeros rituais e técnicas corporais como se inacabado ele estivesse. A perspicácia da televisão contemporânea em se constituir íntima e conselheira da vida dos indivíduos privilegia o corpo como capital, bem como a moralização altamente rentável que busca reconfigurar o corpo feminino[52]. Sob a égide da estética e da ética dos corpos modais, as imagens midiáticas do corpo da mulher carioca da zona sul satisfazem a exigência do olhar da alteridade e os lucros de empresas de diversos ramos (academias, vestimenta, estética, cirurgia plástica, alimentação etc.) e, desse modo, impulsionam uma determinada construção de feminilidade que é alvo de visibilidade e princípio da imitação prestigiosa.

À luz dos textos de Goia, Mauss e Malaysse, pode-se refletir e dizer que, não por acaso, o estilo de ser dito carioca tem seu discurso ancorado em grande parte dos programas do canal GNT. Bem como, não por acaso, seu time de apresentadoras é composto basicamente por mulheres cariocas e, quando não são cariocas, que têm os atributos corporais e o reconhecimento social desejáveis para haver uma imitação prestigiosa. A esse propósito, a antropóloga Mirian Goldenberg (2007, p. 23) diz que as mulheres imitáveis são aquelas que têm prestígio cultural e, atualmente, no Brasil, são "as

---

[52] Nas pesquisas desenvolvidas desde 2002, pela antropóloga Mirian Goldenberg (2002, 2005, 2007b) acerca da cultura brasileira, o corpo é pensado em função de seu valor central para a construção de identidades e singularidades. Segundo a autora, "o corpo, no Brasil contemporâneo, é um capital, uma riqueza, talvez a mais desejada pelos indivíduos das camadas médias urbanas e também das camadas mais pobres, que perceberam seu corpo como um importante veículo de ascensão social", isso porque o corpo "é um verdadeiro capital físico, simbólico, econômico e social" e, dessa forma, é "componente fundamental da construção da identidade nacional" (GOLDENBERG, 2007a, p. 13).

modelos, atrizes, cantoras e apresentadoras de televisão, todas elas tendo o corpo como o seu principal capital, ou uma de suas mais importantes riquezas"[53]. Assim, as apresentadoras do GNT são postas ao reconhecimento pelas temáticas com as quais operam em seus programas, mas, acima de tudo, são postas à visibilidade tal qual um objeto a ser seguido, copiado e valorizado, geralmente associado ao modo de vida metropolitano da cidade do Rio de Janeiro. Por fim, o estudo sobre o eixo de sentido relativo ao público do GNT mostrou para quem a promessa discursiva do canal é dirigida, a saber: para as mulheres brasileiras que operam sob a lógica da projeção midiática e da identificação e que, por meio da lógica da imitação prestigiosa, têm como referência imagética desejável a beleza, a saúde, o corpo e o estilo de vida midiático da mulher metropolitana, a qual, no âmbito do canal GNT, pode ser compreendida pela operação dos equivalentes fictícios ipanemense=carioca=brasileira.

A propósito da análise do eixo de sentido relativo à temática, o estilo de vida e a atualidade a respeito do universo feminino tecem os assuntos do enunciado do GNT, demarcando uma promessa discursiva a propósito do que se fala. Por terem emergido do *corpus*, é necessário entender os conceitos de estilo de vida e atualidade, cujas definições teóricas muitas vezes extrapolam a definição do senso comum. Apoiadas no dispositivo teórico-analítico elegido para a análise discursiva, essas categorias devem ser devidamente conceituadas.

O enunciado sobre o GNT manifesta o conteúdo de sua programação direcionado para o estilo de vida circunscrito por um determinado universo feminino, aquele da mulher jovem urbana. A promessa discursiva do canal vincula-se, então, a uma produção de sentido cujas estratégias de subjetivação deflagram determinados estilos de vida, de modos de comportamento e de gostos característicos da mulher dita "moderna", jovem, que tem diversos papéis em sua vida cotidiana, como profissional, mãe, filha, esposa, namorada, organizadora da casa etc., tal qual foi observado na análise do lugar de fala do GNT. De acordo com Anthony Giddens (2002, p. 79), estilo de vida pode ser definido por "um conjunto mais ou menos integrado de práticas que um indivíduo abraça, não só porque essas práticas preenchem necessidades utilitárias, mas porque dão forma mate-

---

[53] De acordo com o estudo realizado por Goldenberg (2007b, p. 27), "9 em cada 10 garotas do Brasil querem ser modelo", dado mostrado pela revista *Veja* (14 jul. 1999), que denota um desejo crescente de crianças e adolescentes do Brasil por uma profissão cujo "principal capital é o corpo magro, jovem e belo".

rial a uma narrativa particular de autoidentidade". Sendo assim, o estilo de vida diz respeito às práticas cotidianas e incorporadas nos hábitos, por exemplo, de vestir, de comer, nos modos de agir, nos lugares a frequentar e nas rotinas, que estão abertas às escolhas e às decisões dos indivíduos e que refazem seus modos de ser e estar no mundo. Essas deliberações dos indivíduos definem não só as formas do agir e o curso de suas respectivas vidas cotidianas, mas, principalmente, quem se quer ser. Ademais, dão uma sensação de continuidade da segurança ontológica, visto que é uma unidade coerente e ordenada conforme certos hábitos e padrões.

Refletindo sobre o trecho descritivo do GNT, pode-se dizer que, quando o canal é apresentado pelo seu conteúdo sobre estilo de vida feminino, sua promessa discursiva amalgama-se ao modo de viver orientado principalmente pela construção da imagem da vida social da mulher metropolitana, ao menos daquelas mulheres da camada média urbana. Essas "ocupam um lugar mediano e, devido a essa posição social, estão mais propensas a estabelecer relações cordiais", a serem dóceis no sentido foucaultiano e a se preocuparem com "seus corpos para dar uma boa impressão" (MALYSSE, 2007, p. 127). Pode-se dizer que a apresentação do conteúdo do GNT tal qual direcionado para estilo de vida, e diga-se feminino, refere-se a uma promessa discursiva das alternativas e das práticas rotineiras que visam preencher as necessidades utilitárias cotidianas das mulheres. Essas necessidades, por sua vez, referem-se a quem se quer ser e às escolhas e às decisões de como agir para ser quem se deseja ser; ou ainda para aparecer tal qual o olhar da alteridade deseja que o sujeito se assemelhe, pois, em um mundo no qual a "existência do outro, do mundo, do alheio, do não-eu" configura a existência do sujeito e de sua privacidade, é preciso aparecer para ser (SIBILIA, 2008, p. 32).

Desconfia-se acerca da produção de sentido do GNT como forma de conferir visibilidade aos modelos de ser e estar da mulher na contemporaneidade, por meio da exibição de anônimas nos programas do canal, ou seja, da mulher dita "real". No entanto, isso parece referir-se menos às práticas rotineiras, as quais preenchem as utilidades cotidianas das mulheres, e mais ao desejado aos olhos da alteridade. Algo que tem ajudado a dar forma não só às ações dos sujeitos, mas também às performances da engrenagem do negócio do entretenimento. De modo que, cada vez mais, na cultura do espetáculo, quem se quer ser está associado àquilo que se projeta na mídia. No intuído de examinar como os modos de ser e estar dessa "mulher real"

— seu cotidiano, sua intimidade e seus modos de ser e estar no mundo contemporâneo — são engendrados na comunicação televisual do canal GNT e como suas midiatizações produzem sentido, prossegue-se a análise de outras promessas discursivas, as quais podem desvelar caminhos e estratégias de sentido e subjetivação dessa mulher.

Outro eixo de sentido relativo à temática GNT é o conteúdo sobre "atualidade", uma palavra cujo significado no *Dicionário Aurélio* refere-se à qualidade do que é atual, a ocasião presente e tempo presente, efetividade, oportunidade e informações ou notícias sobre o momento atual (FERREIRA, 2004, p. 227). No âmbito das teorias da comunicação, a palavra "atualidade" é entendida como expressão da própria atividade mediática, isto é, como um produto da atividade dos meios de comunicação em conformidade com a organização social da sociedade complexa; sua função é permitir a integração dos indivíduos à sociedade e à cultura (MARTINO, 2009). Concebida como instância de visibilidade que compreende uma dimensão virtual, o potencial de mediação da atualidade, bem como sua capacidade de concentrar a atenção coletiva, interliga e unifica as existências individuais. A atualidade não é restrita à notícia jornalística, pois abrange os produtos da cultura da mídia, na medida em que eles mediatizam a atualidade ou que fornecem insumos para a geração de atualidade[54]. Ao cotejar a noção de atualidade mediática ao estudo do GNT, pode-se empreender que outra promessa discursiva do canal é sua autorreferência como uma instância de visibilidade e de mediação pronta a concentrar a atenção de seu público feminino, interligando e unificando as experiências das mulheres. Convém pontuar neste momento a existência de programas exibidos no GNT com o objetivo de dar visibilidade à atualidade acerca das experiências de vida de mulheres anônimas, durante, por exemplo, o parto, o casamento e a criação dos filhos, como se elas e as telespectadoras compartilhassem as mesmas experiências.

Ao analisar o eixo de sentido relativo à finalidade da programação do canal, diz-se que a programação dita "nacional", caracterizada pela diversidade de ideias, tem por objetivo gerar reflexão. De acordo com o *Dicionário*

---

[54] A esse propósito, Luiz C. Martino (2009, p. 5) esclarece que a atualidade não se restringe à dimensão das notícias, pois abrange os produtos da indústria cultural, bem como os objetos artísticos, peças de teatro, obras literárias, filmes, músicas, peças publicitárias etc., os quais povoam e fornecem os conteúdos para a atualidade. Nesse sentido, o autor enfatiza não ser importante a natureza dos produtos nem sua qualidade intrínseca, pois tal quais os fatos jornalísticos, a atualidade se vale pelo potencial de mediação e pela aptidão de concentrar a atenção coletiva; nesse sentido, torna-se matriz social.

Aurélio, um dos significados da palavra "reflexão" diz respeito ao ato ou efeito de refletir, isto é, de pensar (FERREIRA, 2004, p. 1.719). Pela perspectiva do pensamento filosófico de Foucault, tal como bem o compreendeu Deleuze, o ato de "pensar é, primeiramente, ver e falar, mas com a condição de que o olho não permaneça nas coisas e se eleve até as 'visibilidades', e de que a linguagem não fique nas palavras ou frases e se eleve até os enunciados"; desse modo, pensar é o próprio ato de "rachar as palavras e as coisas", no sentido de extrair delas os enunciados e as "visibilidades" (DELEUZE, 2010, p. 123-124). Quando se reflete sobre os enunciados, para além das palavras, das frases e das coisas, é possível desvelar e compreender as relações de força e de poder postas no âmbito das "visualidades" discursivas. Nesse sentido, pensar é, também, refletir sobre os próprios modos de existência em meio a esses enunciados de poder. Ora, se esse grau de reflexão fosse, de fato, provocado pelo GNT, possivelmente os patamares da ordem discursiva do canal acerca dos modos de ser da mulher seriam diferentes.

A propósito da análise do eixo de sentido relativo à característica da programação, busca-se delimitar a maneira pela qual a promessa discursiva do GNT pretende garantir à telespectadora que ela consumirá uma programação nacional, com diversidade de ideias, cuja temática diz respeito ao estilo de vida e à atualidade do universo feminino e, ainda, que seus programas geram reflexão. Por meio de um discurso a respeito da qualidade de sua programação e do reconhecimento de seus apresentadores pelos temas que operam nos programas, o GNT assegura sua oferta de conteúdo audiovisual "nacional" e "reflexivo" à sua telespectadora. Convém ressaltar que, em termos conceituais, qualidade constitui uma noção problemática, por ser uma palavra carregada da conotação de julgamento de valor. É, assim, algo que pode ser relativizado, uma vez que valor e qualidade têm naturezas distintas e, filosoficamente, não podem ser postos em equivalência. Apesar disso, na promessa discursiva do GNT, a palavra "qualidade" foi empregada como sinônimo de atributo de valor, no sentido de conferir uma avaliação positiva e de excelência à programação do canal. Quando se fala em qualidade de produto — no caso desta pesquisa, de um produto cultural —, remete-se necessariamente a certa adequação a padrões estabelecidos previamente, os quais podem variar e, assim, piorar ou melhorar a avaliação do produto. O padrão de "qualidade" do GNT foi estabelecido com base naquilo que as Organizações Globo intitularam "o padrão Globo de qualidade", correspondente a certo "padrão de produção, tecnologia e uma proposta específica, capaz de criar uma personalidade na programação aceita, em um determinado momento, como a melhor entre produtores e receptores" (BORELLI; PRIOLLI, 2000, p. 79). Esse padrão de qualidade tornou-se um modelo de sucesso a ser seguido pelas emissoras concorrentes, bem como a ser implementado por todas as empresas pertencentes às Organizações Globo.

O padrão de produção estabelecido pela Globo e estendido para o GNT não diz respeito ao valor do programa em si, mas sim a uma série de organizações e rotinas produtivas estabelecidas de modo a oferecer um produto cultural baseado num modelo de técnica, imagem, som e edição considerados eficazes para a midiatização. O padrão funciona, também, como um dispositivo disciplinador no qual o telespectador se habitua com a formatação da programação e dos programas do canal, e, por conseguinte, isso facilita o consumo do conteúdo audiovisual. Um telespectador "dócil" e "educado", no sentido foucaultiano, está apto a se acostumar com a carga de conteúdo diário, sistematizado de modo previsível, a fim de gerar o menor índice de evasão da audiência. Empregada na descrição do GNT, a palavra "qualidade" revela não só uma padronização no que diz respeito à produção, à edição e à técnica audiovisual, mas também desvela a existência de uma estratégia mercadológica operada por meio da organização da grade de programação que objetiva acostumar as telespectadoras ao consumo televisivo da programação do canal.

Analisando, ainda, o eixo de sentido da programação a propósito do reconhecimento dos apresentadores do GNT, verifica-se que todos os profissionais escolhidos para apresentar os programas têm um prestígio previamente concebido dentro do âmbito sociocultural brasileiro. Assim como a notoriedade dos apresentadores impulsiona a imitação prestigiosa de seus estilos de vida, também essa notoriedade lhes confere reconhecimento e respeito pelas suas formações e atuações profissionais. E é isso que lhes autoriza a operar com determinados temas particulares nos programas do GNT.

Dos apresentadores dos 27 programas do canal GNT produzidos em âmbito nacional e exibidos em horário nobre durante a semana de 12 a 18 de agosto de 2012, 43% são jornalistas ou escritores, 30% são atores ou modelos, 10% são chefes de cozinha, 7% são músicos e os 10% restantes dizem respeito a outras profissões cuja ocorrência unitária refere-se à arquitetura, à astrologia e à publicidade. Quase metade dos apresentadores do canal é constituída por jornalistas ou escritores, sendo os primeiros o que se pode chamar de mediadores entre os meios de comunicação e os outros indivíduos. São jornalistas que ou exerceram ou ainda atuam nessa profissão e, por isso, têm um lugar distinto no processo de comunicação, ganhando uma diferença de grau de influência em relação aos demais indivíduos da sociedade. Isso lhes é atribuído devido a uma rede de interações pessoais em quadros sociais complexos e cujas variáveis econômicas, sociais e psicológicas exercem ação constante na produção e no consumo das comunicações de massa (WOLF, 1999).

Por participarem dos processos de formação de opiniões e atitudes do indivíduo, os jornalistas e demais profissionais de comunicação são, com frequência, considerados líderes de opinião no fluxo comunicativo, conformando o que se entende pelo modelo dos dois estágios da comunicação. Esse modelo foi desenvolvido de pesquisas publicadas por Lazarsfeld, Berelson e Gaudet, em 1944, compiladas no estudo *People's Choice. How the Voter Makes Up his Mind in a Presidential Campaign*[55]. Tal estudo visava investigar a influência dos meios sobre 600 eleitores do Condado de Erie, em Ohio, a respeito da mudança de voto para presidente dos Estados Unidos nas eleições de 1940. Como resultado da pesquisa, os autores verificaram que a comunicação interpessoal é mais importante, se comparada à ação dos meios, e que os líderes de opinião estão mais expostos aos meios de comunicação e são mais resistentes à influência deles.

Componente da teoria dos efeitos limitados, cuja origem se localiza nas pesquisas sociológicas estadunidenses da década de 1940, esse modelo diz respeito ao fluxo de comunicação ocorrido em dois níveis e "determinado precisamente pela mediação que os líderes exercem entre os meios de comunicação e os outros indivíduos do grupo" (WOLF, 1999, p. 53). O primeiro estágio diz respeito à comunicação mediática que ocorre entre os meios de comunicação e os líderes de opinião ou formadores de opinião; o segundo estágio, à comunicação interpessoal que se dá dos líderes de opinião aos demais membros do grupo. Por conseguinte, o líder de opinião é um indivíduo que, na malha da sociedade, influencia a tomada de decisão de outros indivíduos (ARAÚJO, 2007).

Nessa concepção de influência, compreende-se que não só os profissionais jornalistas ou escritores têm um lugar distinto no fluxo comunicacional, mas todos os apresentadores e agentes do GNT envolvidos na produção e divulgação de bens simbólicos, pois suas respectivas carreiras já os colocam

---

[55] Em português: A escolha das pessoas. Como o leitor elabora suas próprias decisões em uma campanha presidencial.

em posição de mediadores da cultura da mídia. Os atributos pessoais e as funções sociais conferem aos apresentadores competências específicas, as quais lhes propiciam um lugar de fala específico, autorizando-os a abordar determinadas temáticas particulares. Os apresentadores exercem um papel decisivo e difusivo na comunicação televisual do GNT, desempenhado pelo que eles são e representam no âmbito social.

Retomando os percentuais de formação dos apresentadores, verifica-se que 80% dos apresentadores são jornalistas ou escritores, atores ou modelos e músicos, áreas que pertencem à esfera mercantil da cultura midiática do espetáculo. Nesse sentido, tanto o trabalho do apresentador quanto ele mesmo, como força de trabalho, tornam-se mercadorias desse mundo que o espetáculo faz ver, isto é, segundo Guy Debord (1997, p. 28), "o mundo da mercadoria dominando tudo o que é vivido". O mundo midiatizado pelos programas do GNT e a vida íntima e privada dos apresentadores são alvos do holofote do *bios* midiático, cujo *ethos* promove a visibilidade e a valorização do culto às celebridades, para mercantilizar sua fama e seu reconhecimento público. A propósito desse *ethos* midiatizado, Sodré (2002, p. 64) acredita haver uma indiferenciação entre a moral da mídia contemporânea e a do mercado, sob o influxo do neoliberalismo globalista, pois sua verdadeira agenda é a do liberalismo comercial, e, sendo assim, sua moral utilitarista, muitas vezes, "não contempla a utilidade social, pelo contrário, é privatista e redutora de sensibilidade quanto ao coletivo". O *ethos* midiatizado ilumina um discurso estético e moralmente compatível à razão mercadológica, cujo espetáculo se encontra no cerne dessa cultura estetizante constituída de indivíduos eternamente insatisfeitos e propensos a consumir tudo aquilo que lhes promete auxílio e melhoria para suas vidas.

Como mercadoria da cultura da mídia, os apresentadores do GNT acabam por exercer um papel de liderança, reconhecimento e autoridade no âmbito social que, outrora, foi desempenhado por reuniões políticas, manifestos e panfletos. Ao valorizar as políticas de vida, em detrimento das políticas de fato, o *ethos* midiático favorece a mercantilização dos modos de ser e estar dos apresentadores do GNT e, assim, ajuda a consolidar o desejo do público pela imitação prestigiosa. Ao analisar programas e informes sobre os modos de vida de famosos, Zigmunt Bauman (2004) pontua que as duas políticas, a de vida e a de fato, se diferenciam muito uma da outra, pois a política em si requer líderes com autoridade, e as políticas de vida, ao contrário, precisam de ídolos. No mundo da idolatria e das celebridades, as políticas de vida privilegiam o bem individual, ao mesmo tempo que inibem o desenvolvimento das atividades políticas do bem comum e o debate. Não raro, silenciam-se a política e a reflexão, na medida em que a prioridade dos grupos midiáticos é a produção de informações e acontecimentos que possam ser rapidamente consumidos e descartados.

Quando o GNT se autoproclama um canal cujos apresentadores são todos reconhecidos pelos temas com os quais se relacionam, empreende-se a pretensão de o canal associar sua imagem à de seus apresentadores, beneficiando-se do prestígio e da notoriedade a eles concedidos para construir seu discurso. Isso configura uma relação simbiótica na qual os apresentadores realimentam sua própria notoriedade por meio de sua exposição constante no GNT. Do mesmo modo, a exibição dos apresentadores do GNT em outras mídias também realimenta a notoriedade desses profissionais, bem como a do próprio canal. À luz das reflexões de Debord, Bauman e Sodré, conjectura-se sobre essa dimensão simbiótica como um dos alicerces da cultura do espetáculo, na qual se estabelece o *ethos* midiático segundo o qual a visibilidade dos modos de ser e estar dos ídolos é estrategicamente agenciada conforme a lógica de consumo das políticas de vida.

Ao cotejar as promessas discursivas dos eixos de sentido relativos ao público, à temática, à finalidade e à característica da programação com a assinatura do GNT, percebe-se a intenção de o canal apresentar-se adjunto à vida de suas telespectadoras. Na assinatura "GNT com você", a promessa discursiva de oferta de conteúdos sobre estilo de vida e atualidade para a mulher é incorporada a um tom mais íntimo, personalista e próximo da vida diária das telespectadoras, coerente ao momento vivido pela televisão contemporânea, tal qual compreendida pelas noções de pós-televisão, televisão da intimidade e TV-realidade. Esse anseio de "estar com" a mulher em sua vida íntima e cotidiana pode ser observado também nos seguintes argumentos de comercialização do espaço publicitário do GNT, conforme disposto no site da Globosat[56].

---

[56] Além desses dois argumentos de venda do espaço publicitário do canal GNT, são dispostos pela Globosat outros motivos, a saber: "Em 2011, o GNT é eleito o veículo mais admirado da TV por assinatura no Brasil pelo sétimo ano. (Meio & Mensagem/Troiano Consultoria de Marca); GNT fica na liderança geral entre todos os canais da TV por assinatura. E mantém a liderança no *ranking* como o melhor canal de variedade e entretenimento, o melhor canal de *lifestyle* e o melhor canal feminino (PMV, 2011); É top of mind entre os canais de TV por Assinatura na categoria Variedades e Entretenimento Feminino em 2011. (*Top of Mind* Datafolha)" (ACTIONPACK, 2012, s/p). Com o objetivo de estudar a produção de sentido sobre a subjetividade feminina no GNT, foram desconsiderados da análise da promessa discursiva os argumentos de cunho mercadológico relacionados às pesquisas de opinião.

- O GNT está ainda mais *próximo* das *mulheres das classes AB, 25 a 49 anos*.

- Criamos *novos* [sic] *conteúdos nacionais* e *facilitamos o entendimento* da grade. Acrescentamos *maternidade, decoração, humor*, ampliamos os temas *relacionamento* e *qualidade de vida*, dividimos o horário nobre em *editorias diárias*.

- Canal com *visual divertido, leve, colorido e cheio de emoção* (ACTIONPACK, 2012, s/p, grifo nosso).

Com base nesses apelos de venda, continua a investigação das promessas discursivas por meio da análise dos quatro eixos de sentido anteriormente empregados. A propósito do eixo de sentido sobre o público, verifica-se que as mulheres às quais o canal dirige sua programação são aquelas na faixa de 25 a 49 anos e pertencentes às "classes A e B", o que poderia ser entendido no âmbito das ciências sociais como camadas socioeconômicas de renda alta ou média alta. Essa faixa etária é tão extensa que compreende mulheres em estágios de vida, gerações e estilos de vida diferentes. Isso indica que o GNT é o canal orientado à mulher adulta — seja ela estudante, seja profissional, dona de casa, solteira, filha, tia, noiva, casada, mãe, separada, viúva etc. —, bem como mostra que sua programação deve ser diversificada o suficiente para abranger esse público tão variado. Sobre a faixa etária, convém relembrar que, em 2011, o público do canal era constituído por mulheres brasileiras jovens, na faixa de 25 a 34 anos e definidas como mulher urbana, contemporânea e "real" (JARDIM, 2011).

Diante de um mundo cuja "maioria dos indivíduos urbanos elegeu o bem-estar e os prazeres físicos como a bússola moral da vida", como bem analisou Jurandir Freire Costa (2005, p. 132), essas mulheres pertencentes às camadas socioeconômicas com alto poder aquisitivo dispõem das condições materiais favoráveis para empreender seus projetos de sujeito e de gênero, muitas vezes, aos moldes da imitação prestigiosa de "vencedores", "astros" e "estrelas" midiáticos. Nesse cenário, o GNT oferece-lhes meios para que esse processo ocorra.

Sabe-se que as condições econômicas de um indivíduo não determinam seu estilo de vida e seu consumo; da mesma forma, os bens que ele possui não determinam o seu comportamento. No estudo desenvolvido pela antropóloga Mary Douglas e pelo economista Baron Isherwood no livro *O Mundo dos Bens – para uma Antropologia do Consumo*, o consumo é compreendido de modo indissociável da cultura. É entendido como parte de um modo de vida e, assim, compreende uma dimensão cultural e simbólica, cujos bens estão impregnados por categorias sociais e valores culturais, os quais participam de um sistema classificatório de gostos, hábitos, estilos de vida etc.

Valendo-se dessa perspectiva simbólica das práticas de consumo, Douglas e Isherwood (2004, p. 36) definem que "os bens são neutros, seus usos são sociais; podem ser usados como cercas ou como pontes"; e, assim, os bens integram e excluem os indivíduos, ao mesmo tempo que os classificam. O consumo é, sobretudo, um terreno de disputas culturais por meio das quais se confere sentido às relações sociais. Como a parte visível da cultura, "os bens devem ser vistos como meio, menos como objetos de desejo do que como fios de um véu que disfarça as relações sociais que cobre" (DOUGLAS; ISHERWOOD, 2004, p. 275). Por conseguinte, os bens são mediadores das relações sociais, bem como dos projetos de sujeito e de gênero. Pode-se dizer que nem todas as telespectadoras do GNT vão aderir ao consumo dos bens e estilos de vida segundo a imitação prestigiosa. Mas se pode supor que há uma parcela significativa disposta a seguir suas promessas discursivas e, então, participar dessa mecânica de projeção e identificação.

Compartilhando a noção cultural e simbólica do consumo, no livro *Vida para Consumo – a Transformação das Pessoas em Mercadorias*, Bauman (2008, p. 23) defende que, além do fetichismo da mercadoria, na contemporaneidade, há também um "fetichismo da subjetividade", tal qual o subtítulo indica, e isso se refere à transformação das pessoas em mercadorias[57]. Sua crítica mostra que, pelo fato de falsear e ocultar uma realidade comodificada, na qual a sociedade de consumidores está inserida, a subjetividade seria um fetiche ou, ainda, um simulacro, à luz de Jean Baudrillard, algo que representa e está posto no lugar do que, de fato, deveria representar, restando-lhe apenas a aparência. Para Bauman, na realidade da sociedade de consumo, que tudo tende a comercializar, os consumidores, além de sonharem com as mercadorias que lhes prometem a satisfação de desejos, também aspiram tornar-se "uma mercadoria notável, notada e cobiçada, uma mercadoria comentada, que se destaca da massa de mercadorias, impossível de ser ignorada, ridicularizada ou rejeitada" (BAUMAN, 2008, p. 22). O fetichismo da subjetividade corresponde à falácia de ser, ou ao menos parecer, uma mercadoria desejável, cujos contornos materiais se alinham

---

[57] O termo "fetichismo" é oriundo de fetiche e refere-se ao "aspecto de 'fingimento', de disfarces, de inscrição artificial, em uma palavra, de um trabalho cultural de signos na origem do estatuto do objeto-feitiço e, portanto, em parte também no fascínio que ele exerce" (BAUDRILLARD, 1995 *apud* FONTENELLE, 2002, p. 281).

às escolhas do consumidor. Apesar de a crítica de Bauman ser, em certa medida, bem severa à sociedade de consumidores, tende-se a concordar com ela, pois sua perspectiva abre espaço para pensar a constituição dos modos de ser e estar no mundo contemporâneo.

Ao coadunar a noção de bem como cercas e pontes, de Douglas e Isherwood, à ideia de fetichismo da subjetividade, como Bauman propôs, e compreendendo bem de consumo como equivalente à mercadoria, pode-se dizer que as promessas discursivas do GNT são mercadorias que apresentam meios com os quais as telespectadoras podem modelar suas subjetividades, para constituírem, ao menos, um simulacro daquilo que almejam como destino, isto é, as cercas e pontes das suas relações sociais e, de modo específico, o reconhecimento de serem, tais quais os apresentadores do canal, mercadorias notórias e desejáveis. Aproveitando-se da comodificação de subjetividades, o GNT apresenta-se como uma vitrine de modos de ser e estar prestigiosos e desejáveis, por meio de indivíduos notórios ou comuns — suas mercadorias.

Convém inserir, nessa discussão, que muitos programas do GNT convidam o indivíduo comum a participar do espetáculo. No site do canal, por exemplo, há uma seção específica intitulada "Você no GNT", cuja chamada "Quer participar dos programas e promoções do GNT? Veja as oportunidades abaixo [...] Inscreva-se agora!" (PARTICIPE, 2013, s/p) convoca os telespectadores a participarem dos programas. Outro exemplo que ilustra esse convite se refere ao programa *Saia Justa*, reexibido em 1º de agosto de 2012, no qual a apresentadora clamava pela participação de blogueiras: "Se você tem um blog bacana, a gente quer conhecer você. [...] Só para avisar que no nosso site a gente tá abrindo [sic] um espaço para que você mostre o seu blog e também participe do programa com seus temas, suas perguntas, suas ideias, poemas, crônicas" (TERAPIA, 2012, s/p).

Na contemporaneidade, a visibilidade incidida sobre o indivíduo comum converte-o em pessoa notável, pois ele conseguiu alcançar o seu destino, aquele identificado por Bauman, o de ser uma mercadoria comentada e notada, que se destaca da massa de mercadorias. Sua aparição mostra aos demais telespectadores que o sonho é tangível, realimentando as lógicas do fetichismo da subjetividade, do "show do eu" e da sociedade do espetáculo, segundo as quais "só é o que se vê" (SIBILIA, 2008, p. 25). Na cultura na qual a invisibilidade é sinônimo de inexistência e de morte, o parecer ser e o aparecer como tal são pensados como esforços de viver ou, ainda, de sobreviver na sociedade de consumidores. A visibilidade de si como fetiche de subjetividade para a alteridade é, assim, uma meta almejada.

Continuando a análise das promessas discursivas relativas ao eixo de sentido das temáticas do GNT, identifica-se que os conteúdos nacionais do canal são referidos pelo caráter da novidade. Além de advertir sobre a mudança na constituição das temáticas operadas pelo canal, o trecho "criamos novos [sic] conteúdos nacionais" parece prometer à mulher novas temáticas do GNT, como se houvesse uma inovação discursiva acerca do que é produzido sobre ela e para ela ou, ainda, como se houvesse menos permanências no que diz respeito à produção de sentido e mais rupturas discursivas sobre essas mulheres.

Sabe-se que a conotação da palavra "conteúdo" não se refere à forma ou à constituição física da matéria, e sim ao sentido contido no objeto. Será que o GNT engendrou, de fato, "novos conteúdos" para o público feminino? Na busca por uma resposta a esse questionamento, dirige-se a atenção às palavras dispostas nos argumentos de vendas e empregadas para designar as temáticas exibidas nas editorias, em horário nobre, quais sejam, relacionamento, qualidade de vida, maternidade, decoração e humor. É ao menos curioso o emprego da expressão "qualidade de vida" para designar um rol de programas cujo objetivo é apresentar determinadas "soluções" ao indivíduo para a conformação de seu corpo e sua subjetividade a determinadas medidas. Como bem ressalta Sibilia (2012, p. 87), qualidade de vida é uma "categoria bem mais esquiva às definições e muito mais complicada na hora de ser medida", ainda mais hoje quando a tecnociência e o mercado têm ofertado um extenso "cardápio que visa aumentar, também, a 'qualidade de vida'"[58].

Na análise de conteúdo dos programas exibidos em horário nobre do GNT e referentes à semana de 12 a 18 de agosto de 2012, percebeu-se uma

---

[58] Os estudos sobre "qualidade de vida" abarcam uma dimensão epistemológica dinâmica e abrangente, com investigações sobre "bem-estar material (finanças, renda, qualidade de moradia e transporte), bem-estar físico (saúde, fitness, mobilidade e segurança pessoal), bem estar social (relações pessoais e envolvimento comunitário), bem-estar emocional (afeto positivo, saúde mental, realização, satisfação, fé/crença e autoestima) e bem-estar produtivo (competência e produtividade)" (SHEK, 2012, p. 473). As perspectivas de análise desses estudos estão inter-relacionadas às ciências humanas, sociais, biológicas, políticas, econômicas, médicas e pedagógicas, de modo que o conceito de qualidade de vida compreende tanto os componentes objetivos, geralmente associados às características e aos indicadores econômicos e sociais como forma de medir o nível da "boa vida", da "vida satisfatória" e da felicidade de uma determinada sociedade, quanto os subjetivos, com a prevalência de uma abordagem que relaciona aspectos afetivos e cognitivos acerca do bem-estar subjetivo (VEENHOVEN, 1996; VALENKAMP; WALT, 2009). A principal crítica dos pesquisadores da perspectiva subjetiva (VERLET; DEVOS, 2009; TSAI, 2009) aos estudos empíricos objetivos diz respeito à limitação de uma abordagem que deduz o bem-estar subjetivo e social somente com base nos indicadores de prosperidade econômica e governamental. Para um estudo mais aprofundado sobre o conceito e os indicadores de qualidade de vida: MØLLER; HUSCHKA, 2009; BÄCK-WIKLUND et al., 2011; LAND et al, 2012; ALMEIDA et al., 2012.

distribuição percentual da programação por temáticas com o predomínio de programas sobre qualidade de vida (40,7%), seguido pelos programas de relacionamento (20,3%), decoração (8,5%), maternidade (5,1%), humor (6,8%), e por variedades, comportamento e entrevista (18,6%)[59]. A predominância de programas sobre astrologia, beleza, moda, estilo, maquiagem, saúde, bem-estar, histórias de superação e culinária, isto é, aqueles abrangidos pela temática qualidade de vida (40,7%), evidencia um discurso cujo sentido conserva certa vontade de verdade da dominação masculina, por séculos sustentada segundo determinadas ordens discursivas e normativas que orientaram e condicionaram determinados modos considerados moralmente como "corretos" de ser mulher.

Adicionam-se a essa prescrição feminina as modulações subjetivas que sustentam as demandas performáticas coerentes ao imperativo do sucesso da atualidade. Na cultura contemporânea dominada pela competitividade e pela seletividade, cada vez mais os indivíduos são estimulados a viver uma cultura da performance, como analisou de forma precisa Alain Ehrenberg (2010) em seu livro *O Culto da Performance*. Segundo esse sociólogo francês, o espírito empresarial capitalista de sucesso constituiu uma mentalidade de massa impulsionada para o governo de si, para a autogestão e para a empresarização dos projetos de sujeito. Ao unir a eficácia à responsabilidade institucional, o modelo do espírito empresarial é empreendido como uma fórmula de sucesso para indivíduos superarem as dificuldades da sociedade concorrencial contemporânea e, assim, "otimizarem sua vida". Como mostra o autor, na cultura da performance, a visibilidade é assediada, e o governo de si é sempre engendrado para o olhar do outro a fim de sem-

---

[59] Para essa distribuição, os programas sobre qualidade de vida foram entendidos por aqueles apresentados na grade do GNT como astrologia, beleza, moda, estilo, maquiagem, saúde, bem-estar, histórias de superação e culinária. Em todos esses programas, o discurso prometido refere-se à melhoria e ao equilíbrio nas condições pessoais e sociais da vida da mulher, abrangendo saúde, emoção, forma física, vestimenta e aparência. Por relacionamento, compreenderam-se os programas cuja promessa discursiva manifestava a necessidade de regulação, ajuste e equilíbrio nos relacionamentos — condizentes ao domínio familiar ou social. Os programas de decoração foram entendidos como aqueles cuja promessa discursiva ou ensinava como organizar e decorar o lar ou projetava modelos de arquitetura e decoração notórios e postos à imitação prestigiosa. Por maternidade, entenderam-se os programas cujas promessas discursivas indicavam os modos como as mães deviam lidar com a gestação, o nascimento e a educação de seus filhos. Por programas de humor, foram entendidos aqueles apresentados na grade do GNT como humorísticos, cuja promessa discursiva era fazer rir por meio de vivências cotidianas de mulheres e de homens. Nota-se que os programas do GNT caracterizados de variedades, relativos aos documentários e séries, de comportamento (nos quais o objetivo é discutir condutas e procedimentos dos indivíduos) e de entrevista apresentam promessas discursivas muitas vezes condizentes às outras temáticas, de modo que fica complicado alocá-los em uma temática única. Pode-se dizer que, de modo geral, há nesses programas de variedades, comportamento e entrevistas um enunciado comum sobre a mulher pautado pela busca da felicidade, pela superação das dificuldades e pelas condutas seguidas para alcançar uma vida melhor.

pre constituir "uma boa imagem" em face da eterna tentativa de buscar a felicidade (EHRENBERG, 2010, p. 135). Pela perspectiva da performance, acertar no empreendimento do projeto de sujeito é um sinal de sucesso e felicidade individual.

Na cultura da performance, o indivíduo é estimulado ao governo de si, e não ao "cuidado de si", um tema apresentado eticamente por Foucault. Nada imediatista, a filosofia clássica do "cuidado de si" diz respeito à "cultura de si" delineada pelas regras de condutas mais pessoais por meio das quais se estabelecia uma ascese do indivíduo como prática social, tanto para o governo de si quanto para o governo dos outros. Conforme observou Foucault (1985), esse governo não correspondia ao exercício de poder, e sim às ocupações, às preocupações e ao cuidado consigo mesmo e com os outros, em meio a um quadro de enfraquecimento político e social que isolou os indivíduos uns dos outros. Portanto, o termo "gestão" é adotado neste trabalho a fim de designar a ética da cultura da performance que, sob o signo do exercício de poder, urde a vida dos indivíduos, seus respectivos corpos, seus relacionamentos e assim por diante.

O olhar atento e crítico observa que, por trás das promessas discursivas do GNT sobre qualidade de vida, relacionamento, maternidade, decoração e humor, há uma estratégia de subjetivação dominada pelo culto da performance. Tal estratégia reforça discursos segundo os quais as mulheres devem ser suficientemente habilitadas a suportar os pesos de suas responsabilidades diante da gestão de seus respectivos corpos, relacionamentos, lares e famílias. Nesse sentido, as temáticas indicadas nas promessas do GNT mostram uma produção discursiva cuja matriz pode ser entendida pelo governo de si, de modo específico, nos âmbitos do corpo, do lar e dos relacionamentos.

Isso foi corroborado pela análise das classificações das temáticas e dos gêneros de todos os programas exibidos no GNT em horário nobre, entre 12 a 18 de agosto de 2012. Após a observação detalhada desses programas, bem como de suas logomarcas, vinhetas, sinopses, *story lines*, verificou-se que a matriz da produção de sentido do GNT se apoia sobre três pilares, quais sejam, gestão do corpo, gestão do lar e gestão dos relacionamentos. Por gestão do corpo, entendem-se os programas sobre as regulações e as reconfigurações corporais, cujas principais promessas discursivas são o bem--estar, a boa imagem, a melhoria da saúde e o equilíbrio emocional. Corpo é, pois, percebido como "carne e imagem, matéria e espírito simultaneamente"

(VILLAÇA; GÓES, 1998, p. 29). Por gestão do lar, são compreendidos os programas nos quais são ensinadas atividades relativas ao ambiente particular de moradia, seja da mulher solteira, seja da casada ou da mãe. De acordo com o *Dicionário Aurélio*, o termo "lar" refere-se à "casa de habitação" e à "família", sentidos associados ao ambiente doméstico, espaço privado onde se vive a vida familiar (FERREIRA, 2004, p. 1.182). Os programas relativos à gestão do lar dizem respeito às recomendações fornecidas para a gestão da casa (arquitetura, decoração, organização e culinária) e da família (maternidade, nascimento, filhos), sendo suas promessas discursivas a harmonia, o bem-estar e a boa imagem do ambiente doméstico, bem como o sucesso na educação dos filhos. Por gestão dos relacionamentos, abrangem-se os programas nos quais as relações interpessoais são expostas no sentido de produzir e mostrar uma experiência, seja para obter conselhos, seja para mostrar que ela é bem-sucedida. Aconselhamento e exposição dos relacionamentos são as principais promessas desses programas.

Segundo essa reclassificação programática, a distribuição percentual mostrou a predominância dos programas sobre gestão do corpo (52,6%), seguido do lar (36,8%) e da gestão de relacionamentos (10,5%). Quase 90% dos programas expõem modos de ser e estar exemplares à cultura da performance, cuja utopia de sucesso do empreendimento pessoal funciona sob a lógica da imitação prestigiosa e da exposição individual. As estratégias de subjetivação do GNT relativas ao corpo correspondem a mais da metade dos programas, o que mostra a importância conferida à visibilidade de determinadas configurações corporais, os modelos midiatizados oferecidos ao consumo. É claro que, em meio às normas e aos modos de conduta corporal, há sempre processos de socialização que movem tensões e resistências. Afora isso, pode-se dizer que há um exercício de poder estabelecido pelo GNT, sobre os modos de ser e estar de suas telespectadoras, intrínseco à sua matriz discursiva. Tal poder desvela um propósito claramente comercial, na medida em que a visibilidade de modelos de corpos e estilos de vida desejáveis reforça o funcionamento de um governo de si constituído pela lógica do inacabamento e da otimização da vida.

Todavia, observa-se que, no discurso da comunicação televisual do GNT, inexistem promessas específicas no âmbito do trabalho profissional da mulher. No canal, não há programa televisivo algum cujo conteúdo aborde especificamente a temática carreira ou trabalho. Exceto as referências às profissões de celebridades midiáticas postas à imitação prestigiosa ou de especialistas aptas a conferir credibilidade a um determinado enunciado, o trabalho da mulher é disposto de modo incidental nos programas do GNT. Destaca-se que no site do canal há uma seção intitulada "Carreira e finanças", a qual foi criada em 2010 para fornecer uma espécie de suporte informativo às decisões da mulher. Categorizados pelo GNT como notícia, dica ou *quiz*, os textos geralmente apresentam modos de conduta para se atingir o "sucesso" no trabalho, bem como para se evitar o "fracasso". No sentido de ilustrar esses enunciados, citam-se a seguir algumas chamadas textuais: "Gwyneth Paltrow dá dicas financeiras em seu blog" (22/1/2013), "Sete vícios de comportamento que atrapalham o sucesso" (10/1/2013), "Saiba como não ficar na boca do povo no dia seguinte à festa da empresa" (3/12/2012), "Como falar bem em público: veja dicas para ser um sucesso" (5/11/2012), "Quando ela ganha mais que ele: como evitar que o dinheiro atrapalhe" (10/10/2012), "Sete dicas (fáceis) para economizar nas contas da casa" (19/9/2012), "O que as mulheres poderosas têm e que você também pode ter" (26/9/2012), "Como controlar a ansiedade no trabalho: veja dicas práticas" (13/8/2012), "Como fazer o dinheiro render: 5 dicas financeiras para a mulher moderna" (16/7/2012), Como começar a gostar do trabalho que você detesta? (23/4/2012) e "Trabalhar sem make pode ser mais estressante que entrevista de emprego" (19/3/2012), "Conheça 13 dicas para ser mais feliz no trabalho" (1/5/2010). Nas notícias e dicas apresentadas pelo GNT, percebe-se que a produção de sentido deriva de um discurso sobre o "sucesso" e a "felicidade", palavras fundamentais das sociedades ocidentais contemporâneas, que têm a produtividade, a utilidade e a facilidade como seus principais parâmetros de medida. Esse suporte informativo do site do GNT fixa orientações e condutas táticas que, se empreendidas de modo perseverante, prometem à mulher os louros do triunfo profissional e financeiro.

No livro *A Dominação Masculina*, Bourdieu (2011, p. 8-17) mostra de forma clara e precisa que o poder de dominação exercido pelo homem sobre a mulher, bem como a divisão entre os sexos, foi acomodado "na ordem das coisas". Como resultado de violências silenciosas, suaves e simbólicas, a ordem masculina inseriu no âmbito da tradição, do familiar e do natural determinados modos de ser e estar da mulher. Ancorados e sustentados pela comunicação, pelo saber, pelo poder e pelo sentimento, o corpo da mulher e sua vida foram construídos socialmente, ou desconstruídos, silenciados, alterados e reinterpretados, como bem destacou Bourdieu, de modo a conferir legitimidade para a dominação masculina na ordem do simbólico e do social.

> A ordem social funciona como uma imensa máquina simbólica que tende a ratificar a dominação masculina sobre a qual se alicerça: é a divisão do trabalho, distribuição bastante estrita das atividades atribuídas a cada um dos dois sexos, de seu local, seu momento, seus instrumentos; é a estrutura do espaço, opondo o lugar de assembleia ou de mercado, reservados aos homens, e a casa, reservada às mulheres (BOURDIEU, 2011, p. 18).

O autor mostra que essa ordem social foi justificada pela estrutura sexual do corpo do homem e do corpo da mulher, segundo a qual foram constituídos certos esquemas simbólicos (masculino/feminino, falo/falo invertido, alto/baixo, superior/inferior, positivo/negativo, ativo/passivo, duro/mole, reto/curvo, seco/úmido) que transformaram uma questão biológica em diferenças sociais entre os gêneros. Segundo a razão mítica da dominação masculina, as relações de dominação e exploração foram inscritas nas divisões sociais do trabalho, nas quais cabiam ao homem as práticas perigosas e espetaculares vividas no espaço exterior e público, como lutas, caçadas, lavoura e colheita; e à mulher, os trabalhos domésticos no âmbito privado, como limpar o lar, cuidar dos filhos e dos animais, bem como exercer alguns trabalhos no espaço externo, como a jardinagem, a retirada da água, do leite e da madeira, restando-lhe apenas as atividades mais sujas, monótonas e humildes, conforme ressaltou Bourdieu (2011).

Inscritos na diferenciação biológica, esses esquemas foram urdidos, organizados e fixados a uma construção social natural e indiscutível, a qual passou a orientar condutas corporais, modos de ser e, ainda, de pensar. Em função da razão mítica que inferiorizou a mulher na ordem social, destinaram-lhe o espaço privado, a casa, o matrimônio, o cuidado dos filhos, do marido e da família. No âmbito das trocas simbólicas, enquanto o homem era o sujeito, senhor de si e da produção e reprodução do poder e do saber, a mulher era vista como objeto, cujos atributos a ela exteriores lhe conferiam sentido. Essas condições sociais produziram uma experiência feminina do "corpo-para-o-outro, incessantemente exposto à objetificação operada pelo olhar e pelos discursos dos outros" (BOURDIEU, 2011, p. 79), uma equação que orientou imagens corporais apreciadas pela alteridade.

Ao refletir sobre essa perspectiva analítica, pode-se dizer que, segundo a ordem masculina, cabia — se é que ainda não "fazem caber" — à mulher preocupar-se com o lar, o marido, os filhos e seu corpo para a alteridade. De fato, há fatores de transformação e de mudança que balançaram os alicerces dessa ordem social, principalmente aqueles relacionados à educação e à economia, os quais proporcionaram à mulher caminhos para o trabalho assalariado e para a educação, o acesso à esfera pública, bem como o distanciamento das tarefas domésticas, o adiamento do casamento e da maternidade, a diminuição do número de casamentos e o aumento dos índices de divórcio. Por mais que na contemporaneidade a dominação masculina não seja indiscutível, nota-se que existem permanências e ressonâncias discursivas desse modelo. Quando o GNT apresenta uma promessa discursiva à mulher com temáticas relativas ao corpo, ao lar e aos relacionamentos, parece haver mais permanências que rupturas em relação à ordem instituída. Ao imbricar-se ao ideário da qualidade de vida, a promessa discursiva do GNT incentivam as mulheres a regularem seus corpos, deixando-os adequados aos moldes do *fitness* e do *fashion*, o que claramente revela uma conformação feminina segundo os olhos da alteridade[60].

A fim de investigar como a produção discursiva sobre o corpo foi consolidada, recorre-se também a Foucault (1985, 1998, 2009a), que apontou, nos três volumes da *História da Sexualidade*, as estratégias de saber e poder engendradas em torno da sexualidade das sociedades ocidentais entre os séculos XVIII e XIX. Convém destacar que Bourdieu (2011, p. 15) criticou o segundo volume da *História da Sexualidade*, deixando claro que Foucault não deveria ter iniciado essa obra por Platão, muito menos ter ignorado autores predecessores a ele, como Homero, Hesíodo, Ésquilo, Sófocles, Heródoto, Aristóteles e os pré-socráticos. Segundo Bourdieu, a mitologia mediterrânea já havia sido configurada anteriormente por meio de certas omissões, deformações e reinterpretações, as quais concederam uma autoridade discursiva à razão mítica da dominação masculina. Afora essa crítica pontual, pode-se dizer que tanto Bourdieu quanto Foucault buscaram compreender o campo discursivo sobre o sexo e o corpo, cujas estratégias de poder e saber foram engendradas com a finalidade de legitimar certas formas de controle e de domínio no mundo ocidental. Ambos compreendem, por exemplo, que, na constituição corporal, há sempre uma alteridade que exerce um poder sobre o corpo.

De modo específico, no primeiro volume de *História da Sexualidade*, "A vontade de saber", emerge a noção de dispositivo de sexualidade, importante para a discussão das temáticas do GNT que propõem a gestão do corpo, do lar e dos relacionamentos. Nesse livro, Foucault (2009a) denomina sexualidade

---

[60] Aliás, conforme ressalta Sibilia (2010, p. 197), o termo *fitness* remete à noção de adequação e, no âmbito das academias de ginástica, parece mais uma exigência aos devotos ao enquadramento de seu corpo "na estreita moldura hegemônica", segundo a lógica do "to fit in".

o dispositivo histórico segundo o qual foram constituídas estratégias de saber e poder que estimularam corpos, intensificaram prazeres, incitaram ao discurso, constituíram conhecimentos, reforçaram controles e resistências. Esse dispositivo teria sido instalado com base em um outro, que perdeu a força com o passar dos anos, qual seja: o dispositivo da aliança, que correspondia a uma época cujo sistema de matrimônio era estabelecido por leis de parentesco, nomes e bens, para reproduzir uma trama de relações econômicas conferindo, assim, uma homeostase ao corpo social. Ambos os dispositivos foram elaborados pelas classes privilegiadas e tiveram a família como o centro do exercício do poder, mas foi o dispositivo da sexualidade que teve a célula familiar (marido-mulher; pais-filhos) como o suporte para o desenvolvimento das relações de domínio em dois polos, um micro e outro macro, isto é, um individual e outro social, os quais se sustentam mutuamente. O polo micro corresponde às estratégias empreendidas no corpo humano como máquina, no sentido de discipliná-lo, adestrá-lo, torná-lo dócil e ampliar suas aptidões, o que corresponde a um "biopoder" exercido sobre os indivíduos. O polo macro diz respeito a toda "biopolítica" exercida sobre a população, como o controle da natalidade, o nível de saúde, a longevidade e a moralização das classes populares.

Entendidas por Foucault como técnicas de poder exercidas sobre a vida, as disciplinas do corpo e as regulações da população foram agenciadas pelo dispositivo da sexualidade, em função dos campos de controle do saber e das intervenções do poder estabelecidos sobre o corpo. Como parte das redes de poder do sistema capitalista industrial que se formara no século XVIII, o biopoder correspondeu às forças e aos reforços que garantiram o crescimento e a manutenção do aparelho de produção. Esse poder exercido sobre a vida é, ainda na contemporaneidade, uma das forças de moralização e de responsabilização empregadas sobre a sociedade e os indivíduos que, convocados ao ajuste de seus modos de ser e estar no mundo, submetem-se às tecnologias e às políticas da vida.

É ainda por essa ótica que as promessas discursivas do GNT expõem formas de ser e estar mulher, em corpos moralmente saudáveis, em boa forma física, maquiados, bem vestidos, emocionalmente equilibrados e voltados para o ambiente doméstico, para a gestão do lar, dos filhos e dos relacionamentos: os modelos fetichizados de subjetividade feminina. Projetados como objetos e mercadorias de desejo, esses modelos reforçam a manutenção da dominação masculina. Há uma vontade de verdade de permanência dessa ordem, embora isso não seja mais indiscutível e haja resistências femininas exercendo contrapoder há décadas, pois, como afirmou Foucault (2009a, p. 105), "onde há poder há resistência". Com base nessa perspectiva, pode-se dizer que a ideia de "mulher real" referida pelo canal carrega ainda o sentido de ser objeto do jogo político masculino, segundo o qual o dispositivo da sexualidade exerce força em mantê-la na esfera privada, ocupada com da gestão do lar, dos relacionamentos e de seu corpo. As temáticas propostas pelo GNT não são abordagens novas, pois reafirmam e parafraseiam uma matriz discursiva da dominação masculina. Talvez haja apenas um modo comercialmente dito "novo" ou "diferente" de abordar esse discurso na comunicação televisual do GNT, que, por meio da visibilidade conferida ao sujeito comum e ao fetichismo de subjetividade, reveste-se do discurso da inovação e da proximidade do canal a fim de enlaçar-se à vida íntima e cotidiana da mulher.

Esse revestimento discursivo do GNT é constituído por intermédio daquilo que, no eixo de sentido relativo à característica da programação, identifica-se como "canal com visual divertido, leve, colorido e cheio de emoção". Associadas à dimensão imagética do GNT, essas adjetivações extrapolam o nível estético visual e estendem-se por todo enunciado visível do canal. Por meio delas, os revestimentos discursivos são cuidadosamente tecidos de modo a configurar promessas de felicidade. Ao investigar o significado e a origem das palavras empregadas para adjetivar o canal, identificou-se um veio comum de sentido associado aos sentimentos e às manifestações daquilo que gera intensa alegria, entusiasmo, contentamento, riso e felicidade. O oposto disso, isto é, aquilo que é austero, tenso, melancólico e infeliz, dificilmente dita um discurso comercial, a menos que seja o ponto de partida de transformações de modos de ser e estar considerados deslocados e inapropriados perante um discurso dominante.

As palavras adjetivas "divertido, leve, colorido e cheio de emoção" são empregadas e projetadas no sentido de coligar o discurso do GNT à imagem de mulher descontraída, jovial, alegre e feliz. Uma mulher à qual são oferecidos conteúdos relativos às rotinizações de sua vida íntima e privada. Estrategicamente forjados, eles revestem o discurso do GNT do porvir da felicidade por meio de um agenciamento programático diário e próximo de suas telespectadoras. Isso remete ao eixo de sentido sobre a característica da programação do GNT, cuja distribuição temática em editorias diárias, exibidas em horário nobre, é aqui analisada como uma promessa discursiva capaz de conferir um sentimento de contiguidade da vida da mulher à programação do canal. Convém relembrar que as temáticas foram distribuídas por dia de semana, sendo as segundas-feiras destinadas às temáticas moda e beleza; as terças-feiras, a saúde, bem-estar e maternidade; as quartas-feiras, a comportamento e relacionamento; as quintas-feiras, a casa e cozinha; e as sextas-feiras, a temas livres ou algum documentário ou série. Ao analisar a distribuição das temáticas por dia, nota-se que o único editorial presente em todos os dias corresponde à gestão do corpo, cujas orientações de condutas relativas aos modos de ser e estar mulher na contemporaneidade sempre desvelam o olhar da alteridade. Citam-se como exemplos as indicações de vestimentas e maquiagens para o trabalho, de atividades corporais e hábitos alimentares para emagrecer e melhorar a forma física e de modos de se comportar a fim de gerar um equilíbrio nos relacionamentos, no lar e na família. Essa estratégia de proximidade reforça a vontade de se constituir uma familiaridade discursiva com fins de o canal se enovelar às atividades cotidianas das telespectadoras.

Ora, essa intenção de proximidade é também evidenciada quando se analisa a promessa discursiva do primeiro argumento de vendas do GNT, qual seja, "o GNT está ainda mais próximo das mulheres das classes AB, 25 a 49 anos". Relativo ao eixo de sentido sobre a finalidade, esse trecho corrobora a intenção de o canal estabelecer uma relação de proximidade, adjunta à vivência cotidiana das telespectadoras, apoiando-se no contato íntimo e familiar já deflagrado na assinatura "GNT com você". Isso revela, sobretudo, a existência de estratégias de sentido e de subjetivação ancoradas nas rotinizações das atividades cotidianas das mulheres, cujos estilos de vida privilegiados correspondem aos discursos femininos correlatos ao cuidado do lar, da família, dos relacionamentos e, especialmente, da gestão do corpo para o outro. A promessa de proximidade é, por evidência, uma das estratégias de sentido mais importantes evocadas pelo GNT, pois modifica sua posição de sujeito enunciador, ao mesmo tempo que fornece suporte à midiatização de todos os seus enunciados.

Essa estratégia de proximidade do GNT é aqui entendida como uma tecnologia da intimidade, a qual é estabelecida segundo o duplo movimento de aproximação e poder. Fundamentada nas noções de poder de Foucault (2009a) e de tecnologia de gênero de Lauretis (1994), ambas estudadas no primeiro capítulo deste trabalho, a tecnologia da intimidade diz respeito a um modelo estratégico, no sentido discursivo, cujo duplo movimento produz efeitos de proximidade e verdade. O primeiro movimento diz respeito às configurações realizadas no processo da comunicação televisual do GNT com o objetivo de forjar um discurso de intimidade do canal em relação à vida cotidiana das telespectadoras. Esse movimento corresponde a um discurso que, se habilmente produzido, gera um efeito de familiarização e de proximidade ao ponto de favorecer a emergência do segundo movimento, qual seja, a possibilidade de o canal exercer um certo domínio disciplinador e pedagógico sobre as telespectadoras, aconselhando-as a investirem em determinados empreendimentos de projeto de sujeito, segundo certas verdades engendradas pelos dispositivos de poder correlatos ao controle dos indivíduos e de seus corpos. A constituição da televisão contemporânea como íntima, conselheira e filantrópica (MEHL, 1996; FREIRE FILHO, 2009) é tecida pela lógica do duplo movimento da tecnologia da intimidade, cujo modelo estratégico tende a veicular e produzir poder; mas, como diria Foucault (2009a, p. 112), ao mesmo tempo que o reforça, também "o mina, expõe, debilita e permite barrá-lo", pois deve-se sempre considerar a influência dos indivíduos no agenciamento e na construção dos discursos e práticas de subjetividade e de gênero (LAURETIS, 1994).

Outra promessa discursiva relativa ao eixo de sentido da finalidade mostra como o GNT estabelece um lugar de fala mais próximo de suas telespectadoras. Ao buscar "facilitar o entendimento da grade", a posição de enunciador adotada pelo canal é efetivamente guarida por uma estratégia pedagógica e didática. Torna-se explícita não a necessidade de apoio ao entendimento da grade e das temáticas por parte das telespectadoras, como se elas precisassem de auxílio para a compreensão do conteúdo, mas, antes de tudo, tornam-se evidentes "as distribuições de poder" e "as apropriações de saber", nos termos de Foucault (2009a, p. 109), segundo as quais se constitui o lugar de fala da autoridade que produz e veicula poder e saber. Este é o papel estabelecido pelo canal GNT: o de orientador de suas telespectadoras, como um guia que exerce um certo domínio sobre seus seguidores, o qual os aconselha, os conduz e os ajuda no percurso de suas respectivas vidas cotidianas. Destinada à mulher jovem, brasileira, das camadas urbanas média-alta e alta, a matriz da promessa discursiva do GNT tem por objetivo orientá-la, aconselhá-la e ajudá-la em sua cotidianidade.

Essa matriz é ratificada de forma clara e precisa, ao analisar a descrição do posicionamento do GNT, tal qual definido pela Globosat, qual seja, "de forma leve, divertida e diferenciada, o GNT *ajuda* a mulher a se sentir mais conectada com os assuntos que lhe cercam" (ACTIONPACK, 2012, s/p, grifo nosso). A expressão "ajuda a mulher" indica a existência de uma estratégia de sentido assistencialista que se funde à filantropia e ao aconselhamento, bem como à pedagogia e à orientação, a fim de conferir às telespectadoras condutas táticas para melhorar a saúde, a boa forma e a boa imagem, bem como para obter a harmonia nos relacionamentos, na vida familiar e a boa imagem do lar. De fato, o caráter auxiliador da vida cotidiana é substrato da tecnologia da intimidade do GNT, que, pelo lugar de fala daquele que ensina e aconselha seu público, incorpora uma lógica de "pedagogização midiática", um lócus comercial privilegiado para educar, formar e convidar as telespectadoras a perfazerem sua vida e seu cotidiano de um determinado modo, e não de outro. Ao refletir sobre o caráter pedagógico da mídia e sobre o conceito foucaultiano de "dispositivo de sexualidade", Rosa Maria Bueno Fisher (2002, p. 43) propõe a noção "dispositivo pedagógico da mídia" como:

> [...] um aparato discursivo e ao mesmo tempo não discursivo (toda a complexa prática de produzir, veicular e consumir TV, numa determinada sociedade e num certo cenário social e político), a partir do qual haveria uma incitação ao discurso sobre "si mesmo", à revelação permanente de si, práticas que vêm acompanhadas de uma produção e veiculação de saberes sobre os próprios sujeitos e seus modos confessados e aprendidos de ser e estar na cultura em que vivem; há que se considerar ainda o simultâneo reforço de controles e igualmente de resistências, em acordo com determinadas estratégias de poder e saber, e que estão vivos, insistentemente presentes nesses processos de publicização da vida privada e de pedagogização midiática.

Segundo a autora, a televisão ocupa um lugar privilegiado de constituição, disseminação e reforço de determinadas formas de ser e estar no mundo contemporâneo. Pode-se dizer que as práticas e os saberes midiatizados pela televisão participam da produção de sentido sobre os sujeitos, ensinando-os a engendrarem suas subjetividades, as quais não raro são obstinadamente submetidas a um conjunto de imperativos evocados também pela indústria da felicidade, da riqueza, do bem-estar e da autoestima. E é por essa perspectiva que se analisa o GNT como dispositivo pedagógico midiático, cuja vontade de verdade estrategicamente visa aconselhar, orientar e ajudar à telespectadora na gestão de seu corpo, de seu lar e de seus relacionamentos.

Na análise de conteúdo realizada com os 39 programas exibidos em horário nobre e registrados de 12 a 18 de agosto de 2012, identificou-se que 40% deles registravam, nas descrições de suas sinopses, exatamente as palavras "ensina", "ajuda" ou "dica". Isso não significa que outros programas não têm também um caráter pedagógico, mas, antes de tudo, evidencia que a vontade de verdade acerca da produção de sentido do GNT se estabelece por meio de um dispositivo pedagógico midiático no qual os apresentadores ocupam um lugar autorizado para ensinar, ajudar e dar dicas de vida aos telespectadores. Para essa dimensão pedagógica, não só os apresentadores, mas também os especialistas convidados constituem um suporte eficiente de legitimidade dos enunciados dos programas do GNT. Com presença frequente em 49% dos programas exibidos em horário nobre, o aval de médicos, psicólogos, pedagogos, nutricionistas, preparadores físicos e consultores de beleza e estilo ocupa um lugar de fala autorizado cuja credibilidade incorpora-se às informações e às narrativas da produção midiática do GNT. Há ainda programas cujos apresentadores têm um reconhecimento em áreas específicas — e podem ser até considerados apresentadores-especialistas. Esse é o caso, por exemplo, do programa *Supernanny*, no qual a babá britânica Joanne Frost ensina e orienta pais desesperados a disciplinarem o comportamento de seus filhos, a fim de estabelecerem uma nova rotina de vida familiar com limites e regras.

Com uma linguagem fácil e didática, essas vozes autorizadas convocam os sujeitos à participação dos programas nos quais a exposição de suas mazelas, suas dificuldades, seus medos e suas inseguranças é sempre bem-vinda. As vidas íntimas dos sujeitos tornam-se objeto do espetáculo televisivo segundo o qual se "ensina como fazer determinadas tarefas cotidianas, determinadas operações com o próprio corpo, determinadas mudanças no cotidiano familiar", bem como analisou Fisher (2002, p. 49). A voz manifesta diz: "eu", GNT, sei como você, telespectadora, deve se portar para tornar a si mesma melhor, como você deve organizar e gerir sua vida, sua aparência, seu modo de se vestir, seu físico, sua saúde, sua espiritualidade, seu relacionamento, sua casa e sua família. Essa pedagogia é eficaz tanto para conquistar novos candidatos à exposição midiática quanto para ofertar soluções, explicações e certas verdades para suas respectivas vidas.

A promessa discursiva do GNT de proporcionar conteúdo sobre estilo de vida e atualidade do universo feminino enovela-se, então, ao aconselhamento da mulher jovem, brasileira, das camadas urbanas média-alta e alta. Aquela "working girl" que, no mundo contemporâneo, é insistentemente estimulada a "fazer tudo", a cuidar de sua relação com o marido ou o namorado, a ser mãe, a cuidar e a educar seus filhos, a preocupar-se com sua carreira, seu corpo, sua saúde, sua estética e sua vestimenta, como bem pontuou McRobbie (2006, 2013). Essa mulher "multitarefa" e seus predicados foi o objeto das vinhetas do GNT lançadas em 2011, cujos enunciados destinam-se à mulher jovem filha, solteira e sem filhos, bem como à mulher jovem mãe, solteira ou casada. De modo geral, nas vinhetas institucionais com duração de 25 segundos, foram utilizadas edições rápidas de imagens e trilhas sonoras coetâneas ao gosto dessa jovem, por exemplo, rock e música popular brasileira contemporânea. Nessas vinhetas, eram mostrados trechos de programas do GNT, bem como situações da vida cotidiana de mulheres anônimas e de apresentadoras, de modo específico, daquelas que há mais tempo participam do espetáculo televisivo. Em algumas vinhetas interprogramas, com duração de 5 segundos, também se seguia o compasso acelerado da edição, com referências às situações da vida cotidiana da mulher. No entanto, nas vinhetas lançadas em 2011 não apareciam apresentadoras, somente mulheres anônimas.

Por meio de linguagem lúdica, em todas as vinhetas institucionais e interprogramas eram exibidas breves narrativas sobre algumas práticas rotineiras das mulheres, tais como: lavar o cabelo, fazer a unha no salão, abrir uma garrafa de vinho, fazer alongamento, vestir uma blusa, conversar com amigas, escolher roupas, falar ao telefone, usar o computador, cozinhar, dançar em boate, maquiar-se, regar as plantas, andar na areia, pular no mar, andar na rua, descer escadas, casar-se, brincar com os filhos, ficar com a família, viver a gravidez, brincar com os animais de estimação, abraçar e beijar o companheiro etc. Observa-se que as mulheres ainda são o componente mais importante nessas vinhetas, pois o elemento imagético escolhido em 2011 foram as mulheres comuns e anônimas em seu cotidiano. Isso já não ocorreu nas vinhetas interprogramas realizadas com técnicas de animação lançadas em março de 2012, nas quais as mulheres eram figuradas por meio de objetos.

Sem ter havido mudança estrutural na grade programática, as vinhetas em animação lançadas em 2012 foram criadas a fim de revigorar as temáticas "bem-estar e saúde", "gastronomia", "beleza e estilo", "comportamento" e "bem-estar e lazer" (HARDCUORE, 2012). Nelas, as imagens da mulher são configuradas por meio de objetos como tesoura, chapéu, suporte e forma de bolo, prendedor de cabelo, raquete mata-mosquito, luminária, pincel de maquiagem, luvas de box, luvas de cozinha, abridor de vinho e colares. Observa-se que os objetos associados a casa (tesoura, raquete mata mosquito e luminária), cozinha (suporte e forma de bolo, abridor de vinho e luvas de cozinha), boa forma e beleza (chapéu, prendedor de cabelo, pincel de maquiagem, colares e luva de box) materializam a objetificação da mulher, de modo que reforçam uma matriz discursiva patriarcal, restringindo a imagem feminina ao âmbito doméstico e privado e sua participação no jogo de poder.

Em todas as vinhetas exibidas, fica clara a intenção de enunciar o GNT como parte do cotidiano da mulher, já que, nessas situações, o canal e seus apresentadores "estão juntos dela", como se eles a ajudassem e a ensinassem a enfrentar o mundo, um discurso de caráter pedagogizante e positivista que supervaloriza o esforço individual e a gestão mental e emocional (BIRMAN, 2010; FREIRE FILHO, 2010). Esse sentido de proximidade do canal com a vida da mulher também pode ser observado nas vinhetas institucionais do GNT lançadas em 2012 por meio de uma campanha publicitária, com o conceito "existem várias mulheres em você e um canal para todas elas". De acordo com a então gerente de *Marketing* do GNT, Mariana Novaes, o objetivo do canal era destacar que o GNT compreende a mulher e, por isso, coloca-se ao lado dela no seu cotidiano (NOVAES apud PENTEADO, 2012). Nessas vinhetas, a edição acelerada é intervalada por palavras coloridas que conduzem a narrativa das sequências imagéticas. São elas: "inteligente", "criativa", "gulosa", "filha", "irônica", "fresca", "princesa", "curiosa", "neurótica", "bonita", "comilona", "mãe", "sentimental", "implicante", "insegura", "vaidosa", "guerreira", "romântica"; e, por fim, encerra-se com a assinatura da campanha, "existem várias mulheres em você e um canal para todas elas", seguida da inserção da logomarca "GNT com você". Nas palavras da então gerente de *marketing*, o sentido dessa campanha era mostrar por meio "das diversas características de cada mulher que temos espaço para todas elas no GNT" (PENTEADO, 2012, s/p). As situações do cotidiano e os predicados dessa mulher que tem características variadas configuram, então, estratégias de sentido e de subjetivação cujo objetivo é gerar familiarização, proximidade e identificação das telespectadoras com as experiências e as vivências midiatizadas nas vinhetas.

Operada pelos textos das vinhetas e pelos conteúdos dos programas e suas orientações, a estratégia discursiva do GNT é engendrada no sentido de apresentá-lo como um canal cuja oferta de conteúdo é diversa, de modo a compreender as diversas características das mulheres. Retomando os predicados apresentados nas vinhetas do GNT, percebe-se haver uma associação dessa mulher no que diz respeito a duas vias de sentido. Uma via associa-se geralmente aos problemas, aos transtornos e às dificuldades das mulheres expressos pelas palavras "gulosa", "neurótica", "comilona", "implicante", "fresca" e "insegura". A outra via refere-se às características femininas que indicam uma dimensão de normalidade ou, ainda, qualidades positivas, cujos sentidos são designados pelas palavras "filha", "mãe", "inteligente", "criativa", "irônica", "princesa", "curiosa", "bonita", "sentimental", "vaidosa", "guerreira" e "romântica". Nos programas do GNT, são veiculados aconselhamentos e prescrições os quais orientam as telespectadoras para a solução de seus problemas, o que corresponde à produção de sentido da primeira via, por meio do empreendimento de subjetivações femininas consideradas prestigiosas, coerentes com a segunda via. Reforçada em toda a tessitura de sua comunicação televisual, das vinhetas aos conteúdos dos programas, a estratégia discursiva do canal mostra que "existem várias mulheres em *você* e *um canal* para todas elas". Ou seja: o GNT promete satisfazer os desejos e resolver os problemas da mulher contemporânea e, diga-se, multifacetada.

Observa-se que as mulheres expostas nas vinhetas lançadas em 2012 são anônimas ou apresentadoras já conhecidas dos telespectadores do canal, em sua maioria jovens, em boa forma e que estão sempre a sorrir. Aliás, o sorriso da mulher foi identificado como o elemento imagético de maior frequência de aparição nas vinhetas. Sejam situações prosaicas, sejam alegres ou tristes, o sorriso e a risada surgem como um convite à telespectadora para que ela assista a um canal cujos temas compõem o que Joel Birman (2010, p. 40) chamou de "agenda da qualidade de vida", segundo a qual são prescritas e ensinadas maneiras de viver sempre de um modo, qual seja, feliz. A felicidade estampada nas vinhetas é um dos principais veios discursivos do GNT, um canal que oferece prescrições filantrópicas e assistencialistas sob as promessas de bem-estar, beleza e saúde.

Percebe-se, sobretudo, uma intenção discursiva de validar que o canal acompanha o ritmo e o estilo de vida das mulheres, as quais são bem orientadas e "educadas" pelo dispositivo pedagógico midiático operado pelo GNT a fim de serem "ótimas" e "felizes" em tudo o que fazem. Com o auxílio de apresentadores e especialistas, esse dispositivo reforça, prolifera e parafraseia uma vontade de verdade ancorada na busca da "felicidade", do "bem viver" e do "bem-estar subjetivo", bem como em suas ampliações, aquilo que, para diversos pesquisadores (FREIRE FILHO, 2010; VAZ, 2010; FERRER, 2010; SIBILIA, 2010; TUCHERMAN, 2011), tem se tornado a ambição principal dos projetos individuais.

A promessa discursiva do GNT está amalgamada ao ideário de felicidade compulsória, no qual o fracasso, a infelicidade e a impotência perante os desafios da vida são fortemente rejeitados. Esse ideário é sustentado pelas estratégias de sentido e de subjetivação do canal, que mobilizam a atenção das telespectadoras para certos modos de ser e estar no mundo, ensinando-as a mudar de vida, corpo, cotidiano familiar e assim por diante. A pedagogização midiática e a tecnologia da intimidade são as principais estratégias de sentido empregadas nas promessas discursivas do GNT. Elas operam em um campo de correlação de forças que confere visibilidade e legitimidade a determinados corpos e subjetividades.

As promessas discursivas do GNT enunciam estratégias de subjetivação pautadas pela busca do bem viver, do bem-estar subjetivo, da autoestima e da qualidade de vida. Todas marcas de um biopoder cujo *ethos* é o culto ao indivíduo, que, na verdade, é o culto a um certo tipo de sujeito: ótimo e feliz. Ao imbricar-se ao fetichismo de subjetividades ótimas e felizes, as estratégias de subjetivação do GNT orientam as telespectadoras ao aprimoramento de seus respectivos corpos, suas famílias, seus lares e seus relacionamentos. Elas devem ser suficientemente hábeis para dar conta de tudo isso, ser produtivas e criativas, ou não serão felizes. Evidentemente, essa é a ironia da cultura da performance, que enclausura modos de existência e "desinveste o sujeito de sua potência transformadora de mundo e de si", como bem observou Maria Cristina Franco Ferraz (2010, p. 170) a propósito do pensamento de Henri Bergson. Eis o imperativo de subjetividade feminina midiatizado pelo GNT: "seja ótima, seja feliz". Na era do culto à performance, difícil dizer quem hoje recusaria esse destino encantador.

4

"SEJA ÓTIMA, SEJA FELIZ!": REFLEXÕES SOBRE O GNT E O MUNDO CONTEMPORÂNEO

4.1 "SEJA ÓTIMA, SEJA FELIZ"

> *Ótimo é aquele que de si mesmo conhece todas as coisas;*
> *Bom, o que escuta os conselhos dos homens judiciosos.*
> *Mas o que por si não pensa, nem acolhe a sabedoria alheia,*
> *Esse é, em verdade, uma criatura inútil.*
>
> (Hesíodo)

Esse trecho do poema épico de Hesíodo é retomado por Aristóteles a fim de mostrar aos seus ouvintes os princípios éticos e morais relativos às virtudes dos atos de ouvir, de falar, de refletir e, sobretudo, de agir. Em Ética a Nicômaco, Aristóteles define a felicidade do homem e apresenta os princípios morais e os hábitos necessários para aqueles alunos (jovens, ouvintes e educados) que desejarem engajar-se em um modo de viver filosófico e virtuoso, orientado para o fazer e o agir reflexivo. No entanto, adverte-se que esse agir não corresponde a uma ação qualquer, dirigida pelas coisas úteis e hedônicas. Coetâneo a um mundo então dominado pelo dualismo hierárquico (bem/mal, alma/corpo, razão/emoção, homem/mulher), Aristóteles diferenciava as coisas boas em si das coisas úteis.

A reflexão para a *práxis* teria como princípio orientador o bem, a felicidade (*eudaimonia*), de modo que "o homem feliz vive bem e age bem" (ARISTÓTELES, 1979, p. 59)[61]. Aliás, para o filósofo, o bem (*agathon*) é uma virtude própria do homem que pretende alcançar a felicidade, com efeito, a boa ação é uma finalidade humana a ser realizada de modo excelente, sendo a mais excelente de todas as atividades, a felicidade. A chave de

---

[61] A palavra *daimon* ou *daemon* significa "divindade" e "destino", de modo que *eudaimonia* pode ser traduzido literalmente por "boa divindade" ou, ainda, "bom destino", o que efetivamente remete a uma intenção da existência humana semelhante à divina (CHIH, 2009).

leitura de Ética a Nicômaco reside justamente na definição aristotélica de virtude como bem da alma e como uma "disposição de caráter relacionada com a escolha e consiste numa mediania, isto é, mediania relativa a nós, a qual é determinada por um princípio racional próprio do homem dotado de sabedoria prática" (ARISTÓTELES, 1979, p. 73). A virtude depende do homem cuja razão esteja apta a escolher as atividades de caráter moderado e razoável — tanto no que diz respeito à dor e ao risco quanto ao prazer —, visando ao bem e, assim, à felicidade. Ao retomar os estudos dos filósofos clássicos sobre o uso dos prazeres, mas especificamente sobre a *aphrodisia*[62], Foucault alerta que não havia intenção em moralizar desejos, atos e prazeres, mas sim em estabelecer uma relação dinâmica de grau de experiência ética, na qual era imoral o exagero e aquilo que ultrapassava a moderação. Convém lembrar que a temperança dos prazeres será, posteriormente, retomada por determinadas precauções da espiritualidade cristã, cujo objetivo era frear o desejo de modo que não fosse introduzido sub-repticiamente na alma, desalojando seus "vestígios secretos" (FOUCAULT, 1998, p. 39). Concluindo o Livro I e X de Ética a Nicômaco, Aristóteles afirma ser a felicidade o fim mais elevado (*akrotaton*) da natureza humana, visto que é a atividade mais desejável em si mesma, em função da qual todas as outras atividades são desejadas e escolhidas, como pode ser observado na seguinte citação:

> É ela [a felicidade] procurada sempre por si mesma e nunca com vistas em outra coisa, ao passo que a honra, o prazer, a razão e a todas as virtudes nós de fato escolhemos por si mesmos (pois, ainda que nada resultasse daí, continuaríamos a escolher cada um deles); mas também os escolhemos no interesse da felicidade, pensando que a posse deles nos tornará felizes. A felicidade todavia, ninguém a escolhe tendo em vista algum destes, nem, em geral, qualquer coisa que não seja ela própria. [...] A felicidade é, portanto, algo absoluto e autossuficiente, sendo também a finalidade da ação (ARISTÓTELES, 1979, p. 55).

Observa-se aqui a associação da posse de bens à possibilidade de tornar o indivíduo feliz; no entanto, o filósofo alerta que a felicidade é autossuficiente, isto é, "aquilo que, em si mesmo, torna a vida desejável e carente de nada" (ARISTÓTELES, 1979, p. 55). Contudo, a felicidade é a atividade que mais se destaca; não haveria como não elegê-la entre as outras

---

[62] *Aphrodisia* remete aos "atos de Afrodite", deusa da mitologia grega que representa o amor, a beleza e a sexualidade. De acordo com Foucault (1998, p. 39), "os *aphrodisia* são atos, gestos, contatos, que proporcionam uma certa forma de prazer".

atividades, muito menos confundi-la com os bens exteriores, pois é uma atividade da alma que procura a virtude perfeita. A concepção aristotélica da felicidade tinha um objetivo intimamente relacionado à ciência política, entendida como ética, cuja finalidade investigativa deveria ser o bem humano e o bem da *pólis*. Ademais, essa perspectiva ressalta dois princípios do sujeito, a racionalidade e a autonomia, sem as quais não se pode alcançar a felicidade absoluta. Caso o indivíduo fosse virtuoso, isto é, se buscasse a virtude excelente e alcançasse a atividade excelente, ele seria ótimo e feliz.

Bem diferente do que se pode encontrar na filosofia clássica, a começar por Aristóteles, apresenta-se, na contemporaneidade e nas promessas discursivas do GNT, uma felicidade utilitária, imediatista, mensurável e essencialmente pragmática. A despeito de toda a distância entre o momento histórico do filósofo grego e o vivido na contemporaneidade. Percebe-se que, na cultura do espetáculo, o sujeito ótimo e feliz não mais é considerado um perquiridor da virtude helênica, mas aquele cujas metas empreendedoras se desdobram na busca por mais e mais dinheiro, prestígio, saúde, beleza e sucesso. A virtude é outra, a moral também.

A ditadura da imagem pessoal ótima e feliz impera sobre corpos e subjetividades, cujos padrões de perfeição são milimetricamente modelados e reprogramados pela tecnociência e pelo mercado. O que está em jogo é a aparência de sucesso midiatizada pela cultura da mídia. Em programas de televisão, jornais e revistas, o imperativo categórico de "ser jovem, magra e bela" (GOLDENBERG, 2005, p. 29) e de "dar conta de fazer todas as atividades cotidianas" é constantemente formatado, moldurado, editado e projetado em imagens femininas. O que se divulga é a felicidade necessária e ubíqua, alcançada por meio de uma matriz discursiva da gestão de corpos e de prazeres.

A virtude contemporânea é a felicidade compulsória; sua moral: o gozo, o prazer. E esse é um espólio do iluminismo, de sua receita de sucesso estabelecida pelo avanço científico, tecnológico e produtivo e pelo aumento da felicidade, segundo a qual também se fortaleceu uma lógica do consumo associado à busca de ser feliz[63]. Em *A Condição Humana*, Hannah Arendt (2000) analisa o aumento da produtividade em decorrência da Revolução

---

[63] De acordo com Eduardo Giannetti (2002), a crença iluminista no processo civilizatório e científico como progresso estabeleceu um elo inabalável entre progresso e felicidade. Isso porque a visão de futuro iluminista estava atrelada à "noção de que os avanços da ciência, da técnica e da razão teriam o dom não só de melhorar as condições objetivas de vida, mas atenderiam aos anseios de felicidade, bem-estar subjetivo e realização existencial dos homens" (GIANNETTI, 2002, p. 30).

Industrial como fator de influência da transformação do trabalho em labor, quer dizer, do *homo faber* em *animal laborans*, e a mudança da produção de bens duráveis para o de objetos efêmeros e descartáveis. A velocidade acelerada da produção alterou não só o ritmo da fábrica, mas o da compra individual, o do desejo de consumir e também o desinvestimento cultural da ação política.

Diante desse quadro, Arendt verificou a emergência de um princípio moral encravado no valor simbólico dos objetos, o qual suplantou o valor estabelecido pela utilidade e pela necessidade concreta dos bens. Na visão da autora, foi a partir da Revolução Industrial que a felicidade passou a ser associada ao consumo de bens materiais, algo que somente poderiam crer "os mais necessitados e pobres" (ARENDT, 2000, p. 146), aqueles que viveram extrema privação física e cujo estado de prazer e ausência de dor estavam relacionados ao consumo de bens. Com a nova moral, o consumo de bens como benfeitor e anunciador da felicidade modifica a dinâmica da vida do *homo laborans*, suas horas vagas são gastas para consumir, de modo que "o consumo já não se restringe às necessidades da vida, mas ao contrário, visa principalmente às superfluidades da vida" (ARENDT, 2000, p. 146), pois seu critério de avaliação não é a utilidade, e sim a "felicidade, isto é, a quantidade de dor e prazer experimentada na produção ou no consumo das coisas" (ARENDT, 2000, p. 322)[64]. Na contemporaneidade, ninguém escapa ao imperativo da felicidade por meio do consumo, bem como nada está a salvo da objetificação operada pelo consumo.

Segundo os padrões midiáticos e globalizadores, ser feliz e estar ótimo é sujeitar-se a um determinado sistema de códigos e regras de comportamento cuja racionalidade é assegurada pelo que Jurandir Freire Costa (2005, p. 139) chamou de "estado mental de insatisfação crônica que torna o indivíduo um consumidor modelo". Ao sempre se sentir insatisfeito, ele continuamente desejará consumir a fim de buscar o prazer. O prazer

---

[64] Difícil não questionar essa mudança a qual fez com que os menos necessitados se tornassem os mais necessitados. A observação atenta de Jurandir Freire Costa (2005, p. 137) retoma essa problemática a fim de levantar um questionamento provocador que o trabalho de Arendt não explica, qual seja: "[...] por que o indivíduo teria assumido as disposições emocionais dos 'mais necessitados e pobres', se não era este o seu caso?"; ou ainda "por que se conduzir como miserável quando se é opulento?" Parece que a resposta a essa inquietação está justamente na mudança da moral e na introdução da desejabilidade, da satisfação e da felicidade como orientadoras da bússola do consumo de bens simbólicos.

suscita o desejo, e o desejo leva à ação[65]. A moral do prazer é, por conseguinte, também a da insatisfação, da busca constante por modelos, padrões e objetos efêmeros e fetichizados, cuja renovação acelerada é o que garante a própria reprodução da insatisfação e a busca incessante por ser feliz e ótimo. Não raro, os desprazeres ocasionados pela incessante insatisfação estabelecem uma condição de mal-estar e de desestabilização daquilo que se é. Ainda mais quando se precisa manter uma imagem pessoal de sujeito feliz, bem-sucedido e vencedor.

Diante desse quadro, o canal GNT midiatiza o fetichismo da subjetividade da mulher ótima e feliz, oferecido como um modelo a ser seguido pelas mulheres jovens brasileiras, na faixa de 25 a 34 anos, das camadas urbanas média-alta e alta, aquelas referidas pela ex-diretora do canal como mulher urbana, contemporânea e "real". Ora, são exatamente as "classes médias e as elites os alvos e os agentes do projeto de felicidade que se tece na atualidade" (BIRMAN, 2010, p. 27), aquelas cujas miragens imagéticas de felicidade são convertidas em desejos e atos de consumo de magreza, cirurgias plásticas, dietas e tratamentos de beleza. Na tentativa de ser aquilo que é apresentado pelo fetichismo da subjetividade da mulher ótima e feliz, as telespectadoras assumem esse sonho e essa ilusão como empreendimentos pessoais em busca da felicidade.

Essa apresentação midiática é programada, editada e forjada, de modo que, mesmo com todos os esforços e investimentos em modelar a matéria, dificilmente a telespectadora terá o mesmo estilo de vida "ótimo" das personalidades postas à imitação prestigiosa. Tudo isso que se vê é um sonho prazeroso de imaginar e de desejar, cuja tentativa incessante de concretizá-lo é muitas vezes penosa, causando frustração, estresse, ansie-

---

[65] No segundo volume de *História da Sexualidade*, "O uso dos prazeres", a propósito da conduta sexual na época da experiência da *aphodisia* helênica, Foucault afirma que ato, desejo e prazer eram associados. Eis a passagem: "[...] o desejo leva ao ato, o ato que é ligado ao prazer, e o prazer que suscita o desejo" (FOUCAULT, 1998, p. 42).

dade, depressão, pânico e assim por diante[66]. Tão prontamente surgem os sinais de insucesso na realização do sonho, surgem também as soluções do GNT para se continuar tentando alcançar o dito "sucesso". A dose de responsabilização pessoal aumenta a cada fracasso. Se o empreendimento pessoal não deu certo, é porque houve algum problema com o "investidor", o "empreendedor". A promessa discursiva da felicidade é um dos elementos principais das estratégias de poder e saber apropriadas pelo canal, pois ajuda a proliferar, inovar, anexar, inventar e penetrar determinados modos de ser.

A vontade de verdade do canal GNT é, então, exposta como imperativo da felicidade, um saber engendrado em sua promessa discursiva a fim de constituir modelos de subjetividade para a mulher. Inspirada na categoria foucaultiana, entende-se por vontade de felicidade toda classificação e ordenação de saber e poder, para instituir como verdade a tarefa de justificar toda interdição e condenação da infelicidade, e tudo o que há por trás desse discurso e que reforça outros discursos já institucionalizados. A reverberação da vontade de felicidade, de fato, toma forma de discurso e coteja o duplo saber-poder levado adiante pelos preceitos de instituições como a mídia, o governo, a família, a igreja, os médicos e todos os que recomendam procedimentos e certas vias para alcançar a "felicidade plena" para a constituição de "cidadãos mais felizes".

Segundo João Freire Filho (2010, p. 65), a felicidade, na era da reprodutibilidade científica, tem como sua principal proclamadora a psicologia positiva, segundo a qual, para um indivíduo se tornar feliz, é necessário, basicamente, "a dedicação a um *programa* (levemente trabalhoso, porém jamais doloroso) de incorporação de práticas de condicionamento mental e de gestão emocional", por meio da autoexploração, do autoconhecimento profundo e de soluções ou utopias psicofarmacológicas emergentes desde os

---

[66] Nos textos "Uma insólita viagem à subjetividade: fronteiras com a ética e a cultura" e "Toxicômanos de identidade: subjetividade em tempo de globalização", Sueli Rolnik (1997a, 1997b) delineia a noção de "toxicomania de identidade" para explicar como os indivíduos têm aderido ao uso de diversas "drogas" (de anjos a cocaína, passando pela literatura de autoajuda, pela neurolinguística de programação behaviorista, pelos antidepressivos, pelas tecnologias *light*, *slim*, *fit* etc.), na tentativa de se igualarem à miragem das supostas identidades "prêt-à-porter" disponíveis no mercado midiático. Os "personagens globalizados, vencedores e invencíveis, envoltos por uma aura de incansável glamour, que habitam as etéreas ondas sonoras e visuais da mídia", seriam apenas miragens (ROLNIK, 1997b, p. 5). Em face dos diagramas de referência identitária (as miragens), os indivíduos buscam se mimetizar a esses personagens imaginários, adotando seus hábitos e suas linguagens, constituindo indivíduos-clones com seus falsos-*self* estereotipados. O foco da crítica de Rolnik refere-se às referências identitárias, o que silenciaria a potência criadora do sujeito, seu processo de singularização e de criação existencial. Com base nessa perspectiva, as estratégias que visam ao retorno das identidades locais e as que objetivam a sustentação das identidades globais teriam uma única meta: a domesticação das forças para enfraquecer as resistências disruptivas e criadoras de processos de subjetivação.

anos 1990. Tal qual a psicologia positiva as figuras, as pessoas plenamente felizes, ou "cronicamente felizes", são capazes de manter tudo sobre controle no sentido de que elas estão aptas a "administrarem bem o estresse, não se deixam abater, nunca desistem, sabem como se cuidar, adotam estilos de vida saudáveis, raramente adoecem, recuperam-se rapidamente" (FREIRE FILHO, 2010, p. 71), não incomodam os outros, pois não falam sobre problemas, mas sim sobre suas metas e seus projetos de sucesso.

Diante desse quadro, emergem cada vez mais técnicas motivacionais e de autoajuda para aconselhar os indivíduos a alcançarem suas metas, o que parece próximo, se não semelhante, às operações discursivas realizadas pelo canal GNT. No texto "Relações perigosas: autoajuda, mídia e biopoder", Ieda Tucherman mostra que o fenômeno da autoajuda tem na contemporaneidade seu êxito em massa. Isso porque as relações e práticas de interpretação, consolo, aconselhamento e motivação, antes cativas aos campos da religião, da psicologia, das ciências sociais e comportamentais, teriam se deslocado e migrado para outras formas de comunicação do domínio da cultura de massa. De acordo com Tucherman (2011, p. 10), ademais dos fatores da vida contemporânea marcada pela fragmentação, pela aceleração constante e pelos vínculos e referências pouco consistentes, também a popularização da psicologia teria contribuído para a expansão da autoajuda e, por conseguinte, para "sua entrada na mídia informacional e ficcional, telenovelas e filmes, e no vocabulário, assim como no imaginário popular". A observação atenta da autora não deixa despercebida a linguagem fácil e acessível da literatura de autoajuda, a qual emprega sempre verbos no imperativo como "faça", "pense", "enriqueça" etc., marcando um tom de dispositivo disciplinar, ao mesmo tempo que produz "indivíduos narcisicamente infantilizados" (TUCHERMAN, 2011, p. 8).

Com forte veio pragmático, a autoajuda oferece um conjunto de regras a serem seguidas fielmente; caso contrário, não se garante o sucesso pessoal no âmbito dos afetos, das relações humanas e do trabalho. Nesse sentido, o canal GNT apresenta-se como um facilitador da gestão dessas metas e desses projetos pessoais, quase uma literatura de autoajuda, já que se propõe a ajudar a mulher em sua busca pelo bem-viver, pelo bem-estar subjetivo, enfim, pela felicidade. Sem ingenuidade, essa "mão amiga" conselheira e filantrópica amalgama-se à promessa discursiva do GNT da vontade de felicidade, assegurando uma espécie de manual e de ajuda à sua telespectadora, um tipo de *do it yourserf* — faça você mesmo — da gestão de si mesma, a fim de que ela se normatize ao *fitness* corporal e performático da mulher ótima e feliz.

Convém ainda dizer que, antes de mais nada, o imperativo "Seja ótima, Seja feliz" expõe qual é a disciplina segundo a qual corpos e subjetividades serão hoje normatizados em um contexto específico da história, da cultura e da política. A midiatização dos programas do canal GNT são, assim, feixes das estruturas de sentimento da contemporaneidade a propósito da produção de subjetividades. Não seria possível pensar, entretanto, que isso corresponde a uma dita "essência feminina" advinda de modos de ser e estar da mulher, ligados somente "ao corpo, à natureza, à reprodução, à maternidade", como bem apontou Joan Scott (1998, p. 123). Por isso, deve-se atentar para projeções midiáticas que normatizam e amoldam as subjetividades das mulheres.

E é sobre essa visibilidade que se lançam os holofotes dos textos seguintes, que mesclam análise do discurso de sinopses, *story lines* e trechos dos programas do canal GNT e reflexões sobre o mundo contemporâneo. Todos os trechos destacados dos programas do GNT referidos nas páginas subsequentes fazem parte da continuidade da análise de conteúdo empreendida a partir da semana de 12 a 18 de agosto de 2012, especificamente dos programas nacionais produzidos ou coproduzidos pelo canal e exibidos em horário nobre.

4.2 CORPO

> *Para fazer uma refeição com uma jovem da atual geração, é preciso que se esteja preparado para presenciar sinais de grave enfermidade. Ignora-se o exame frenético do cardápio, o modo meticuloso de separar o molho. Se ela beber cinco copos de água e chupar e mastigar gelo, não se deve fazer nenhum comentário. Olha-se para o outro lado se ela começar a enfiar um pãozinho no bolso e tenta-se ignorar sua agitação incontida diante da aparição da bandeja de doces e sua longa e envergonhada ausência depois da refeição, antes do café. "Você está bem?" "Estou ótima." Como ousa perguntar?*
>
> *(Naomi Wolf)*

Na eterna busca pelo padrão corporal exibido pela cultura da mídia e pela consequente inclusão social, regula-se o apetite, vigia-se a boca e o corpo. Elemento de exclusão e inclusão social, a magreza é um dos indícios do corpo ótimo. Como resultado da busca desse modelo corpóreo, cada vez mais jovens, os indivíduos têm aderido às técnicas moderadoras de apetite, redutoras de gordura e do estômago: todas a serviço da estética da magreza e afinadas aos cânones de uma bioética, cujo ideal de qualidade de vida põe, muitas vezes, em risco a saúde. Se comparado a tempos anteriores, nos quais se valorizava a estética corpulenta e abastada da "Vênus de Milo", na contemporaneidade, o corpo magro e modelado é sinal de sucesso, de felicidade e, acima de tudo, de que o sujeito que nele habita é um vencedor, aquele que conseguiu um corpo liso e enxuto[67]. No século XIX, por exemplo, o abdômen proeminente das damas burguesas conotava abundância, fertilidade e, principalmente, o bem-estar da vida urbana burguesa, regada pelo ócio e pela alimentação. Hoje, um abdômen rotundo é sinal de comodismo, descuido com a aparência corporal, falta de vontade e baixa autoestima[68].

Instada a seguir a lógica do mercado, a mulher contemporânea da camada média urbana investe na imagem do corpo como forma de perseguir e exibir uma aparência ótima, aquiescida aos modelos dominantes de beleza corpórea. Na sociedade que cultua a performance ótima e feliz, o padrão de beleza ideal do corpo que não está em período de gestação parece ser o mesmo exigido às mulheres grávidas. Afora as seguranças com a saúde durante a maternidade, muitas mulheres não aprovam a forma avantajada do corpo grávido. No episódio "Grávidas" (13/8/12) do programa *Superbonita* do GNT, a então apresentadora Cláudia Leite conversa com Angélica, ambas

---

[67] Destaca-se, como um dos principais estudos sobre a beleza, seus padrões e suas relações culturais, o livro *História da Beleza*, de Umberto Eco (2004). A propósito da representação da "Vênus de Milo", Paula Sibilia (2006, p. 57) mostra que, no século XIX, as mulheres magras demais recorriam ao uso do espartilho "Vênus de Milo": "[...] toda uma complexa estrutura que alargava os quadris e incluía até mesmo um par de seios de borracha animados por uma espécie de mola, que lhes concedia uma vitalidade mecanicista". No século XX, os aparatos mecânicos ficaram logo obsoletos, e, em vez de uma formatação que ocultava o corpo, surgiram práticas modeladoras para tornar o organismo mais 'saudável, produtivo, ágil e dinâmico; enfim: moderno'", como resumiu Sibilia. Os corpos esguios e malhados dos camponeses, operários e trabalhadores das lavouras, que outrora foram desvalorizados, paulatinamente passaram a produzir uma conotação positiva de um corpo desejável, diante de uma sociedade que tem medo da obesidade e supervaloriza a magreza.

[68] Para Anthony Giddens (2002, p. 95), "a aparência corporal diz respeito a todas as características da superfície do corpo, incluindo modos de vestir e de se enfeitar, que são visíveis pelo indivíduo e pelos outros, e que são normalmente usados como pistas para interpretar as ações". Por meio da aparência do corpo, distingue-se ou mantém-se um sentido coerente ao que o indivíduo deseja tornar visível para os outros. Socializado e integrado à organização reflexiva da vida social, o corpo torna-se objeto privilegiado de vida do eu.

estão grávidas[69], e inicia o programa dizendo que "não é o seu cabelo, seu corpo, sua forma física ou sua maquiagem; [...] a coisa mais superbonita em uma mulher é ter um bebê na barriga" (GRÁVIDAS, 2012, s/p). Angélica diz na sequência que não consegue se sentir bonita grávida, que não se acha bonita grávida e pergunta para a entrevistadora, quase em um tom provocativo, se ela estava se sentindo linda grávida. Cláudia Leite relatou a história de que houve uma ocasião em que acabara de sair do banho na casa de sua mãe quando, então, pôs uma toalha na cabeça a qual caiu. Ela contou que, de repente, viu o seu corpo de lado e "era uma coisa tão feia" que falou "meu Deus, eu sou um baiacu agora, eu não vou voltar ao normal" (GRÁVIDAS, 2012, s/p). Ao final da fala desesperada da apresentadora, ambas riram como que dividindo o desgosto pela aparência do corpo grávido.

Curiosamente, no episódio "Grávidas" do programa *Superbonita*, nota-se um paradoxo. Primeiro, afirma-se que ser "superbonita" não se refere ao cabelo, ao corpo, à forma física ou à maquiagem, mas sim a ter em um bebê na barriga. Logo em seguida, fica clara a aversão à forma corpórea da grávida, pois ambas as grávidas não sentem ou não se acham belas e lindas com o corpo de gestante. Ou seja, mesmo grávida, o que importa é o corpo e a forma física sim, caso contrário não se é ou se sente linda e bela. Até para as grávidas o padrão corpóreo é a magreza. O discurso autorizado do corpo

---

[69] O programa *Superbonita* foi criado por Sonia Biondo, jornalista e diretora do programa, e pelo designer Jair de Souza. Com meia hora de duração e um tema diferente a cada semana, o programa ensina como a telespectadora deve cuidar do corpo, dos cabelos e do rosto, bem como se maquiar e resolver alguns assuntos de sua vida prática. São apresentadas informações sobre o uso de acessórios, corte e coloração de cabelo, depilação, além de novidades tecnológicas da indústria dos cosméticos. A primeira edição do programa *Superbonita* foi apresentada pela atriz Daniela Escobar e, posteriormente, pela atriz Taís Araújo. Também participaram como apresentadoras as atrizes Grazi Massafera, Mariana Ximenes e Christine Fernandes, que substituíram Taís Araújo. Em 2010, a temporada do *Superbonita* foi apresentada pela atriz Alice Braga, e, em 2011, a atriz Luana Piovani assumiu o programa, tendo sido substituída por Sandy, Claudia Leitte e Preta Gil durante sua licença-maternidade. Na temporada de 2011, havia um quadro no qual o maquiador e consultor de beleza Fernando Torquatto realizava mudanças na aparência de mulheres anônimas. Convém acrescentar que a idealizadora, Sonia Biondo, escreve no blog do GNT "Que Beleza" apresentando dicas de beleza e cuidados corporais. Em 2007, a diretora do canal GNT organizou o livro publicado pela Editora Globo intitulado *600 Dicas do GNT para Você Ficar Superbonita*, no qual seu texto de apresentação já mostra o discurso "seja ótima, seja feliz", como pode ser visto no seguinte trecho: "São soluções simples, feitas para quem não aguenta mais complicações na vida. Espero que o livro seja útil para tornar o seu dia-a-dia mais fácil, feliz e sem dúvidas de beleza. Como deve ser" (BIONDO, 2007, p. 12). A propósito desse livro, destacam-se também algumas marcas discursivas que moralizam o corpo ótimo, associado ao ganho de felicidade; eis alguns trechos: "[...] sem um cabelo que nos faça sentir lindas, seguras e maravilhosas, não há truque de beleza que salve o dia"; "mulher com cabelo feio não tem jeito – é uma mulher triste"; "um rosto de mulher pode, sim, ser iluminado, rejuvenescido e valorizado por bons hábitos de higiene, alimentação, predisposição à alegria, boas horas de sono e paz interior"; "só a prática regular de exercícios físicos, associada a uma alimentação sem excessos, pode dar ao tal cosmético caríssimo o poder de transformar você em deusa da beleza"; "não se esqueça de que a melhor dica de beleza é simplesmente aquela que faz você feliz" (BIONDO, 2007, p. 12, 14, 15, 50, 98, 124).

magro mostra que mesmo os prazeres de estar grávida têm sido tolhidos pela ditadura do corpo perfeito. Nesse sentido, a exigência de voltar ao corpo "normal" tão logo o bebê saia do ventre é a maior preocupação das gestantes. O ressurgimento rápido do corpo magro e ótimo é a principal meta pós-parto.

Agora é a vez das *slim mommys*. A obsessão das grávidas pelo corpo magro é um dos problemas da contemporaneidade. O chamado *mommyrexia* (mistura de *mommy*, em inglês "mãe", com anorexia) é o distúrbio alimentar que tem arduamente recompensado mães com o corpo fininho durante a gravidez. Não só a ameaça de anemia para a mãe, esse distúrbio pode acarretar risco de desnutrição extrema para ambos, mãe e feto, podendo causar morte, malformação do bebê ou complicações no parto. Esse perigoso desprazer alimentar que promete o prazer de ser bela durante a gravidez tem sido reforçado pelos padrões de magreza e de felicidade midiáticos. As imagens-modelo de celebridades grávidas e magérrimas — como Bethenny Frankel, Rachel Zoe e Victoria Beckham — são valorizadas pelo corpo ótimo e em boa forma[70]. Segundo Julio Bernardi (MOURA, 2011), obstetra e ginecologista, a obsessão pela magreza equivale aos casos de privação de comida, e essa realidade estaria "quase no mesmo extremo de quem abusa de álcool ou drogas". Mas por que tanta privação e exposição ao risco, quando se pode ser, de fato, saudável? Esse é o jogo de poder e de prazer tutelado pela cultura da mídia, cujo discurso de corpo ótimo, e sempre magro, não raro tem debilitado corpos e subjetividades.

No livro *As Dietas dos Desprazeres: a mídia e a gastronomia da fome*, Márcia Coelho Flausino (2008) questiona os padrões de beleza ancorados na cultura da mídia, cuja matriz discursiva incide sobre o controle do corpo e dos prazeres. Segundo a autora, o desejo de estar sempre magra e de se reconhecer fora dos padrões de beleza tem revelado um "regime discursivo" (uma alusão a Foucault) cujas consequências das verdades incididas sobre o corpo magro, de um lado, fogem aos limites da segurança e da saúde, mas, por outro, prometem a felicidade. Ao estudar os discursos do policiamento corpóreo, Flausino elabora a noção de "gastronomia da fome", entendida

---

[70] Na matéria do *New York Post* "Mommyrexia takes Manhattan", são mostrados os períodos curtos nos quais algumas celebridades voltaram à forma física anterior logo após o parto: "[...] *celebrities like reality TV star Bethenny Frankel, who lost 30 pounds within a month of delivering a baby girl last year. Rachel Zoe barely produced a bump before giving birth to a boy in March, while Ivanka Trump posed in a Playboy bunny outfit for Harper's Bazaar last month (Trump is due in July). In the meantime, Victoria Beckham — due to give birth July 4 — is sporting a belly less pronounced than your average beer gut*" (LEWAK, 2011, s/p).

como "uma forma globalizada de controle alimentar", a qual não revelaria se homens e mulheres contemporâneos são melhores ou piores que os de outrora, no entanto expõe "determinadas especificidades, faz de nós o que somos agora" (FLAUSINO, 2008, p. 25). De acordo com a autora, a gastronomia da fome revela um regime com restrições mais culturais que alimentares, pois refere-se à inclusão e à exclusão social com base na imagem corporal construída. Nesse sentido, a cultura da mídia promete as mais novas dietas e, consequentemente:

> [...] nos traz a privação do conceito mais profundo de felicidade, administrando-a em pequenas doses, como se fossem pedaços de chocolate comidos ao longo de uma semana de dieta. Apaga-se um velho conceito de felicidade, de um tempo em que ela não era obtida através do controle de nossos corpos. [...] A constatada repetição de temas, textos, expressões, marcas textuais incontestáveis da circularidade dos discursos da beleza globalizada e da gastronomia da fome trazem-nos todos os dias a renovação das esperanças em direção a uma inclusão e a uma felicidade que, de tão voláteis, são inalcançáveis (FLAUSINO, 2008, p. 90-98).

A satisfação simbólica oferecida e prometida pela cultura da mídia é, assim, um meio de compreender os modos de ser e estar na sociedade contemporânea, em face da insatisfação corporal e dos recursos disponíveis para se viver de uma forma considerada melhor. A felicidade residida outrora no bem humano foi suplantada pela felicidade de se adequar a um programa de vida volátil e, muitas vezes, inalcançável. Essa forma de domínio empreendida para atingir o corpo magro corresponde a uma era já não mais centrada na razão, e sim no corpo. Nesse novo cenário, a gastronomia da fome é um dispositivo de controle alimentar-corporal-cultural próprio de um conto de fadas, cuja moral da história foi reformulada para "e viveram magros e felizes para sempre", como bem formula Flausino (2008, p. 70).

A preocupação excessiva com o ganho de peso durante o período de gravidez parece ser o sintoma de uma cultura na qual ser "superbonita" não é somente ter um bebê na barriga, mas sim ganhar o mínimo de peso durante a gravidez, a fim de voltar ao "normal" o mais rápido possível. O discurso do corpo ótimo subentende que a carne corpórea é uma obra inacabada e, por isso, pode sim sofrer alterações; aliás, isso é considerado normal. O casamento entre a ideia de um corpo falho e a eterna busca pelo padrão de beleza alojou-se definitivamente no discurso sobre o corpo. Um (o corpo falho) é a falta, e o outro (o padrão de beleza), seu suposto complemento que o aperfeiçoa continuamente.

Empresária e gestante do terceiro filho, a participante do episódio "Grávidas" do programa *Superbonita* Simone Semukler relata que há uma beleza na mulher grávida, inclusive ela se refere a uma aura mágica de se gerar um filho, contudo não vê que o corpo grávido esteja associado ao padrão de beleza de mulher sensual. A empresária chega a contar que, durante a gestação, utilizou muito creme hidratante, pois sua maior preocupação era evitar a estria, visto que, nas palavras dela, "*o resto eu sabia que podia dar um jeito depois pra* [sic] *consertar;* estria eu sabia que era mais difícil" (GRÁVIDA, 2012, s/p, grifo nosso).

Da comparação entre o próprio corpo e o padrão de corpo prestigioso, surge a ideia de uma outra forma, de um aparecer outro. O que se propõe é o uso constante de cremes, tratamentos estéticos e, no pior dos casos, uma reparação corporal. Não se aceita o que se tem. Com efeito, a carne corpórea sofre policiamentos, interferências e está fadada ao conserto constante. Magro, lisinho e sensual: esses são os contornos do corpo ótimo e feliz. Encerra-se o episódio "Grávidas" do programa *Superbonita* reforçando o paradoxo: "A gente falou de gravidez, a gente falou de amor, e eu acho que a gente chegou numa conclusão: a gente tem que ser feliz para ser superbonita. Esta é a conclusão: ser feliz", sintetiza a apresentadora Cláudia Leite (GRÁVIDA, 2012, s/p). Esse trecho reforça a fórmula condicionante "seja feliz e serás 'superbonita'". Mas a qual felicidade se refere? A felicidade condicionante da beleza que privilegia a magreza como modelo de corpo e o *fitness* da vida como virtude individual. Tal equação poderia, então, ser entendida da seguinte forma: seja sempre jovem, magra, lisinha, sensual e saudável para ser longeva, esteja atenta à forma física e ao culto de sua performance, e serás "superbonita". Evidentemente, esse controle corporal da felicidade já é expresso pelo próprio nome do programa, o qual supervaloriza a beleza por meio dessa fórmula.

A apresentação da infelicidade corpulenta chega até a interferir na imagem pessoal de quem deseja se candidatar a um emprego. Afinal, na contemporaneidade, valoriza-se o corpo e a atração como capitais, ao ponto de a ciência comprovar que os mais bonitos e mais atraentes são mais bem-sucedidos[71]. Esse foi um dos pontos debatidos no episódio "Capital erótico" (15/8/2012) do programa do GNT *Saia Justa*, pelos apresentadores Mônica

---

[71] De acordo com alguns estudos científicos, os mais belos e atraentes ganham mais e são mais felizes (HAMERMESH, 2011; HAKIM, 2012).

Waldvogel, Maria Fernanda Cândido, Tetê Ribeiro e Xico Sá[72]. Como de costume, a cada início de episódio, a jornalista Mônica Waldvogel introduzia a temática a ser discutida, apresentando elementos que instigam a curiosidade para cativar a audiência. No início do episódio "Capital erótico", Waldvogel propõe um tema novo que diz não ser nem político, nem correto, a saber, "a beleza como capital, particularmente a beleza da mulher" (CAPITAL, 2012, s/p). Em uma fala provocativa, a jornalista pergunta se está correto supervalorizar a mulher bonita e reconhecer que ela tem mais valor no mercado. Waldvogel diz que é exatamente isso que algumas feministas têm defendido e assim, de forma irônica, convida a audiência a utilizar todas as "armas" que as feministas pregam, sendo que "a principal arma feminina, claro, é o seu poder de atração sexual" (CAPITAL, 2012, s/p), completa a jornalista. Waldvogel continua dizendo que aquela que não nasceu bela e sexy deve tomar providências imediatas no mercado da atração e, ainda, "vai ter de depositar todos os recursos num [sic] *fundo de investimento da aparência* e fazer com que ele renda uma *figura charmosa, elegante e sensual*" (CAPITAL, 2012, s/p, grifo nosso). Com efeito, após obter o capital erótico, a jornalista diz que a investidora pode resgatar os dividendos, isto é, uma carreira bem sucedida e bem remunerada, um casamento que valha a pena e uma agitada vida social. Ao final da abertura do episódio, Waldvogel problematiza a questão "Será que ele [o capital erótico] é menos ético que a acumulação de dinheiro?" (CAPITAL, 2012, s/p). A pergunta ética tende a ser ainda mais complexa, considerando no uso da linguagem financeira para se referir ao corpo.

---

[72] O *Saia justa* estreou em abril de 2002 com o objetivo de, com base em um bate-papo entre as apresentadoras, abordar assuntos sobre comportamento, tendências e atualidades. Na ocasião da coleta de dados deste estudo, o programa era apresentado por Monica Waldvogel, que esteve presente desde o lançamento do *Saia justa* como âncora; Betty Lago, Márcia Tiburi, Maitê Proença e Lúcia Guimarães, que, de Nova York, realizava matérias sobre temas da atualidade. Desde seu lançamento, além dessas mulheres, passaram pelo *Saia justa* as seguintes apresentadoras: Rita Lee, Fernanda Young, Luana Piovani, Marisa Orth, Marina Lima, Ana Carolina e Soninha Francine. O cenário do programa retrata um ambiente informal, sempre composto por sofás, poltronas e mesinhas, relembrando o espaço de uma sala de estar. Em 2011, o programa foi reconfigurado a fim de constituir outro grupo de integrantes formado por homens e mulheres. Nessa reformação, a jornalista Mônica Waldvogel foi mantida e entraram a jornalista Tetê Ribeiro, a atriz Christine Fernandes, o músico Léo Jaime, o jornalista Xico Sá e os atores Dan Stulbach, Du Moscovis e Maria Fernanda Cândido. Em 2012, essa estrutura mista foi desfeita, e optou-se por voltar ao modelo inicial, constituído pelo debate entre quatro mulheres, no entanto com outra formação, qual seja, a jornalista e apresentadora Astrid Fontenelle, a jornalista Barbara Gancia e as atrizes Maria Ribeiro e Mônica Martelli. No primeiro episódio dessa temporada, discutiu-se a pressão que as mulheres vivem em "serem as melhores em tudo", para atingirem o corpo jovem magro e para se encaixarem em determinados padrões de beleza preconizados pela mídia e pela sociedade. Ao mesmo tempo que discussões desse tipo explicitam e criticam as exigências das mulheres em terem performances de sucesso em tudo, também forçam a própria matriz discursiva do padrão ótimo e feliz.

A partir do lançamento do livro *Capital erótico – pessoas atraentes são mais bem-sucedidas. A ciência garante*, da socióloga britânica Catherine Hakim (2012), nesse episódio do *Saia justa*, a problemática central discutida foi a ética de considerar o erótico e o sensual capitais femininos. Nesse livro, a socióloga defende a valorização do erótico e do sensual como elementos que devem ser empreendidos pelas mulheres que quiserem alavancar sua vida e sua carreira. O capital erótico é definido pela autora como uma combinação de charme, elegância, beleza e sex appeal.

Na abertura do episódio destacado do programa *Saia justa*, o uso da linguagem financeira como metáfora corpórea reforça um discurso segundo o qual se deve investir na aparência para se obter sucesso. A equação condicionante é, então, formulada: sejas bela, sensual e atraente e terás sucesso na vida e na carreira. Os gordinhos e feios que se cuidem e tratem de "depositar todos os recursos num fundo de investimento da aparência". Ser bela e sexy é critério fundamental para ser ótimo e feliz na cultura contemporânea. Isso fica bem claro no debate dos apresentadores sobre a ética, porque, de certa forma, todos reforçam esse discurso. A apresentadora Mônica Waldvogel chega até a enfatizar que "as pessoas mais bonitas ganham mais, é fato" (CAPITAL, 2012, s/p). É a afirmação veemente de Hakim. Como um sintoma de empresarização da vida e do culto da performance, essa proposta legitima uma bioética segundo a qual o sucesso na vida e nas carreiras depende de um corpo ótimo e feliz.

Tudo isso parece tão evidente para Mônica Waldvogel que ela diz ser óbvio considerar o poder de atração sexual a principal arma feminina. Segundo ela, esse é o troco que as mulheres devem dar aos homens pelos séculos de exploração. Como se, após a retirada dos impedimentos assentados pelo patriarcado, as mulheres ressurgissem com seu capital erótico para reestabilizar um novo regime de gênero, ancorado no corpo ótimo e feliz. De acordo com McRobbie (2009), em vez disso, teria acontecido o que ela denominou de "post-feminist masquerade", o que, em português, corresponderia a "mascarada pós-feminista", uma forma prescritiva e agenciadora da feminilidade da jovem que orienta o corpo ao mesmo tempo que reproduz uma dominação masculina[73]. Evidentemente, essa perspectiva crítica de McRobbie considera o pós-feminismo como uma espécie

---

[73] No texto "Quatro tecnologias da identidade juvenil feminina", de Angela McRobbie, "post-feminist masquerade" foi traduzido por Liv Sovik pela expressão "mascarada pós-feminista", pois, no contexto da teoria feminista, o termo "mascarada" significa uma forma de encenação, conforme explica em nota de rodapé desse artigo (McROBBIE, 2013, s/p).

de antifeminismo, mesmo que paradoxalmente, em sua terminologia, o feminismo seja levado em conta.

Essa forma agenciadora de feminilidade corresponde a um novo contrato sexual, sobretudo cultural, disponível às mulheres, de modo especial às ocidentais que participam da vida econômica e, assim, têm o poder de compra. Essa mulher jovem trabalhadora é um sujeito no qual vale a pena investir. Entusiasmada com o trabalho e a carreira, ela busca, no sistema da moda e da beleza, as ferramentas para construir sua imagem corporal glamorosa e sexy. Na perspectiva de McRobbie, a mascarada pós-feminista é:

> [...] uma nova forma de poder de gênero que reorquestra a matriz heterossexual a fim de assegurar, mais uma vez, a existência da lei patriarcal e da hegemonia masculina, mas, dessa vez, por meio de uma espécie de ironia, a demarcação da distância quase feminista no ato de assumir a roupagem da feminilidade (McROBBIE, 2009, p. 64, tradução nossa)[74].

Segundo a pesquisadora, existem muitas variantes dessa mascarada pós-feminista, e todas buscam reordenar a feminilidade, considerando toda a superfície do corpo feminino um dispositivo apto a ser interpelado. Tanto no âmbito do trabalho, no qual o corpo feminino é altamente visível, quanto no doméstico, em que, muitas vezes, há uma certa nostalgia, a mascarada pós-feminista busca resgatar a "femininidade": a feminilidade ancorada na imagem da menina amigável, linda, que deseja sempre agradar e não ameaça. Amparada pelos sistemas de moda e beleza, a hiperfeminilidade da mascarada pós-feminista não receia a repressão masculina (pois sua identidade sexual já está inserida e legitimada no mundo institucional do trabalho), antes, porém, teme demasiadamente ser considerada antifeminina, agressiva e masculinizada em face de seu avanço como "mulher poderosa".

Na pedagogização midiática do canal GNT, apresentam-se às telespectadoras os cuidados com corpo no sentido de deixá-lo mais feminino, belo e ajustado às tendências do *fashion*, ditadas pelas capitais da moda. Nos programas relativos a beleza, maquiagem e moda, são ensinadas maneiras consideradas adequadas para a mulher vestir-se, maquiar-se, arrumar o cabelo, utilizar um adereço, tudo o que for necessário para (re)configurar o *look* segundo um estilo-modelo ideal aceito socialmente. O dispositivo

---

[74] Citação original: "[...] *a new form of gender power which re-orchestrates the heterosexual matrix in order to secure, once again, the existence of patriarchal law and masculine hegemony, but this time by means of a kind of ironic, quasi-feminist staking out of a distance in the act of taking on the garb of femininity*" (McROBBIE, 2009, p. 64).

pedagógico desses programas ensina todos os artifícios para a telespectadora gerir-se sob o ideário do *do it yourself*, um tipo de auxílio que garante uma autoassistência. Por isso, enfatizam-se que todas as técnicas ensinadas nos programas são simples, fáceis e práticas.

No episódio "Arte" do programa *Vamos Combinar*, exibido em 13 de agosto de 2012, a apresentadora paulista Mariana Weickert conversa com o estilista e artista plástico Maurício Ianês, que ensina como transformar uma jaqueta de jeans velho em uma peça nova, aplicando uma técnica de gotejamento de tinta chamada *splatter*[75]. Ao ser questionado sobre a origem dessa técnica de pintura, Maurício disse ter vindo da roupa usada pelo artista para trabalhar, que, muitas vezes, se suja inteiro de tinta, e "isso acabou virando uma tendência, virou *cool*" (ARTE, 2012).

Depois de pronta, a peça foi entregue à Karen Fuchs, estilista da Triton, a qual mostrou como montar formas de usar a jaqueta em diversas ocasiões, do *look* clássico ao casual. Na medida em que a estilista ensina a compor as vestimentas e os acessórios, uma modelo alta e esguia desfila com as peças selecionadas. Nessa autoajuda *fashion*, a imagem feminina é reforçada por meio da magreza como o modo ótimo do corpo posto à imitação prestigiosa. Percebe-se também o corpo ótimo como revestido pelo que é *cool*, uma palavra de língua inglesa cujo sentido expressa algo bacana, excelente. No desvio desse padrão *cool*, o corpo pode ser considerado brega ou *démodé* e, no limite, ser excluído e discriminado socialmente.

Nesse mesmo episódio, Mariana Weickert pede ao maquiador Théo Carias para mostrar às telespectadoras como se faz uma *make* (redução do termo *make-up*, maquiagem em inglês) discreto. Ele apresenta variações de maquiagens, utilizando o delineador, e aconselha: "[...] passar corretivo nos olhos, fazer um traço bem fino com delineador preto e, por fim, aplicar máscara nos cílios" (ARTE, 2012, s/p). A ordem é esconder e corrigir as imperfeições do rosto, com o objetivo de tornar a pele unificada e quase plástica, pronta a ser delineada sem erros. Ao final, o maquiador diz às telespectadoras: "E assim, gente, não tem erro. A questão é prática, muito exercício, e a pressa realmente é inimiga da perfeição. Treinem e arrasem com o delineador" (ARTE, 2012, s/p). Para engendrar o corpo

---

[75] Criado em 2011 e posteriormente retirado da grade do GNT, o programa *Vamos Combinar* era apresentado pela modelo Mariana Weickert. O objetivo desse programa era apresentar às telespectadoras informações sobre moda, estilo, comportamento e beleza. A pedagogia desse canal ensina as formas ditas "na moda" de se vestir, de combinar e de usar peças de roupa. Convém ressaltar que o episódio exibido no dia 13 de agosto de 2012 correspondeu à reapresentação do *Vamos Combinar* exibido no dia 23 de abril de 2012.

ótimo e perfeito, é necessário combinar muita prática, muito exercício e muita calma: uma proposição que se aproxima do vínculo à disciplina e ao controle, capaz de formatar competências e produzir indivíduos dóceis e obedientes. O nome do programa *Vamos Combinar* exprime exatamente o duplo movimento: primeiro, ocorre o ajuste imagético do projeto de si ao estilo-modelo exibido; depois, sucede-se o esforço pessoal na construção desse projeto ancorado em uma combinação de disciplina, prática, exercícios e calma, para harmonizar a aparência que se deseja ter à projeção prestigiosa.

Apresentado pela paulista Julia Petit, o programa *Base Aliada* seguia a mesma linha de pedagogização midiática do *Vamos Combinar* ao abordar assuntos relativos à moda e, principalmente, ao cabelo e à maquiagem, ensinando às telespectadoras como podem melhorar a aparência[76]. Convém destacar que a apresentadora iniciou seu percurso no ramo da moda como colunista em seu próprio blog *Petisco*, por meio da prática da exposição de si em fotografias e vídeos, mostrando o que vestir e como se maquiar. Jovem e magérrima, ela é a concretização do corpo ótimo e do show do eu nas telas.

No episódio "Gráficos e art déco", exibido em 13 de agosto de 2013, a imagem de "mulher poderosa" é valorizada como tendência da moda e expressa por meio de um "look sofisticado", cuja maquiagem "promete arrasar em uma festa"[77] (GRÁFICOS, 2012, s/p). Ao mesmo tempo que se maquia, a apresentadora ensina passo a passo o *look* selecionado: "Delineador você vai colocando a linha cada vez mais grossa aos poucos. Não tenta [sic] fazer de uma vez, porque a gente erra muito. Então, tem que ir devagar. E aí, decidir qual é o sentido que você quer no delineador. [...] E, pronto! Tchã-rã-rã-rã... cílios coloridos! [...] Truques, meu bem" (GRÁFICOS, 2012, s/p, grifo nosso).

Informam-se truques e dicas para a telespectadora engendrar outra aparência, com uma performance melhor, mais poderosa e com menos falhas. A linguagem simples e o discurso direto reafirmam as estratégias de sentido do canal GNT, quais sejam, a pedagogização midiática e a tecnolo-

---

[76] Criado em 2011 e posteriormente retirado da grade do GNT, o programa *Base Aliada* era apresentado por Julia Petit, publicitária e colunista de moda e beleza. Na pedagogia do programa, eram ensinadas às telespectadoras maneiras de se maquiar, de arrumar os cabelos, bem como de se vestir. Em todos os programas, a apresentadora conversava com alguém do ramo da moda e da beleza, no sentido de mostrar "dicas" e "truques" de maquiagem ou de *styling*.

[77] Convém ressaltar que o episódio exibido no dia 13 de agosto de 2012 correspondeu à reapresentação do *Base Aliada* exibido no dia 23 de abril de 2012.

gia da intimidade, a ponto de a telespectadora ser chamada não só de você, mas de "meu bem". A todo o momento, a apresentadora chama a atenção para os detalhes da maquiagem, os quais devem ser seguidos com calma, de modo a não errar. A ideia do programa é sempre ensinar maquiagens e arrumações de cabelo consideradas tendências no âmbito da moda, a fim de que a telespectadora possa aprender e, então, reproduzir uma aparência de si em harmonia com as imagens femininas prestigiosas.

É interessante perceber que, na maioria dos programas sobre moda do GNT, as apresentadoras são paulistas. Ademais das dimensões midiáticas e criativas, São Paulo — mais do que Rio de Janeiro — exerce uma importante "influência estilística sobre o resto do mundo", sendo considerada uma "capital da moda", conforme observa o sociólogo Frédéric Godart (2010, p. 59-60). Com uma semana de moda reconhecida globalmente, a indústria de moda de São Paulo apropria-se das ideias globais, reproduzindo e parafraseando localmente os estilos-modelos de Paris, Londres, Nova York e Milão, as quatro principais capitais da moda. No programa *Base Aliada*, a maquiagem da "mulher poderosa" é selecionada em função de um desfile da estilista londrina Stella McCartney no qual as modelos usaram cílios coloridos. Tão logo midiatizados os desfiles das grandes capitais da moda, configuram-se tendências e práticas de consumo que prescrevem status e diferenciação sociais.

Como elemento partícipe do tecido da vida cotidiana, tanto para imitação de um modelo dado quanto para a diferenciação e a distinção social, a moda — assim como outros elementos do domínio da vida social —, manifesta-se como uma forma de mudança social específica, construída no âmbito social e cultural por meio das trocas e usos simbólicos (SIMMEL, 1957). Essa noção refere-se ao estudo ensaístico sobre a moda do sociólogo alemão Georg Simmel, um dos pioneiros a publicar, logo na primeira década do século XX, reflexões sobre o amálgama existente entre moda e imitação, de modo a pensar a distinção com base no uso da vestimenta e de adornos como uma forma de diferenciação social. Nessa relação, a moda é partícipe da dinâmica social, já que, ao mesmo tempo que estabelece vínculos, conglomera e identifica indivíduos e grupos, também os distingue, bem como rechaça e baliza suas diferenças. Essa perspectiva simmeliana foi posteriormente incorporada por Pierre Bourdieu em *A Distinção*, obra publicada no último quartel do século XX. De acordo com o sociólogo francês, "o consumo de bens culturais se inscreve em uma vontade de distinção social", segundo a qual se estabelecem estratégias de diferenciação, de modo a reforçar filiações e exclusões de classe (BOURDIEU, 2008, p. 104).

Sob essas concepções, pode-se dizer que a moda corresponde a um sistema classificatório de práticas e manifestações de gostos, cuja ordenação é hierarquizada em função do conhecimento e do consumo de bens culturais. Por meio da moda — dos adornos (acessórios, joias, tatuagens e maquiagens) e das vestimentas —, os indivíduos engendram-se como seres sociais e culturais, na busca pela diferenciação e pela similitude até mesmo de gênero. A esse respeito, Godart (2010, p. 13) ressalta a especificidade da moda em caracterizar-se por "uma demarcação muito nítida entre seus componentes 'feminino' e 'masculino'", desde as etapas de fabricação das indústrias dessas vestimentas e adornos até suas tendências de consumo. Na mascarada pós-feminista, os contornos da feminilidade escoram-se no complexo da indústria da moda e da beleza, de modo a agenciar a performance ótima da mulher contemporânea: jovem, linda, *fashion*, *cool*, independente, trabalhadora, amigável, desassociada do âmbito político e que não provoca ameaças, pois sempre deseja agradar. Essas delimitações apontam a existência de instruções normativas as quais instituem a submissão da mulher a determinados padrões de feminilidade já legitimados pelo sistema de beleza e moda, por meio de fatores que reforçam a relação íntima entre corpo, moda e beleza, quais sejam, segundo Luce Giard (1996, p. 263):

> [...] o culto geral da juventude e da beleza, o medo da velhice e da morte, a imposição de cânones de beleza aos quais só um pequeno número pode facilmente conformar-se, a contradição entre o ideal de beleza consagrado (corpo magro e musculatura bem trabalhada) e a realidade completamente diferente do modo de viver (vida sedentária, conforto, falta de exercício físico, recusa de trabalhos manuais), tudo isto impede a maioria das pessoas de sentir-se à vontade em seu próprio corpo, de aceitar sua imagem de imperfeição.

Em função desses elementos tão bem estabelecidos pelas formações discursivas, habitua-se a uma vivência sob cuidados constantes e controles regulares de prazeres e desprazeres do corpo. Os quilos a mais denotam descuido no viver: são sinais de decepção consigo mesmo, visto acreditar-se que todo esse regime discursivo-corporal em empreender um corpo ótimo para si dependa somente do esforço próprio em corporificar essa forma mais socialmente vantajosa de beleza.

Os programas *Vamos Combinar* e *Base Aliada* operam ancorados na ideia da mascarada pós-feminista, cuja formação imagético-social do corpo ótimo incorpora e corporifica a formação discursiva da magreza e da beleza *fashion* e maquiada. Na contemporaneidade, o corpo ótimo é *cool*. A observação precisa de McRobbie (2009, p. 130) mostra que, na contemporaneidade dita pós-feminista, as mulheres amparam-se nos recursos configuradores da aparência, de modo a competirem melhor com os outros (e as outras), mas acabam constituindo, com isso, uma nova meritocracia, a qual reinstala sutilmente hierarquias sexuais.

Pelo viés dessa perspectiva, a imagem da "mulher poderosa" coincide com a imagem da vencedora e da merecedora do corpo ótimo e feliz, segundo a qual se excluem falhas, doenças, adiposidades e, até mesmo, as mulheres mais velhas. Quase nunca retratadas nos programas de moda e beleza, essas mulheres são impelidas a cuidar de seu corpo na eterna busca pela vida ativa e saudável. Na corrida contra o relógio da própria finitude, "a menopausa se apresenta como um fenômeno orgânico que ameaça a própria felicidade das mulheres", deixando de ser vista como uma etapa natural do processo de envelhecimento do corpo feminino e passando a ser "associada à doença, por meio da noção de *déficit*" (FERRAZ, 2010, p. 167-172). No discurso do canal GNT, desvaloriza-se o envelhecimento como um processo, e, assim, são excluídas do ideal do corpo ótimo as mulheres de meia-idade em diante. Na fórmula da composição corpórea excelente, o envelhecimento é equivalente ao risco e ao *déficit*.

O regime discursivo sobre a beleza e a magreza ancora-se na cultura da mídia a fim de legitimar imagens espetacularizadas de feminilidade como fórmulas de sucesso imersas na cultura do consumo da beleza. À luz da reorquestração e da reestabilização de gênero, a mascarada pós-feminista avigora determinadas hierarquias sexuais e reinstala uma dominação masculina. Por isso, o fundo de investimento na aparência e o capital erótico são tão insidiosos. Curiosamente, a importante problemática levantada no programa *Saia Justa*, em torno de uma ética valorizadora do erótico e da beleza como capitais, discursivamente, acaba também por reforçar a objetificação do corpo da mulher. Uma paráfrase que disciplina o corpo feminino para ser sempre belo e sensual. O corpo torna-se um bom investimento para se aproveitarem as oportunidades do trabalho, para constituir uma boa família e para ampliar a participação na cultura do consumo. Quando o corpo é bem investido, os resultados são sempre vistos como positivos para a vida da mulher, afinal ela certamente receberá os desejáveis dividendos da felicidade prometida, "sinais de saúde e de democracia" (McROBBIE, 2006, p. 1).

Nesse novo contrato cultural oferecido à mulher jovem, o resultado do sucesso parece ser diretamente proporcional à sua resignação em reformular sua feminilidade aos moldes da hiperfeminilidade da mascarada pós-feminista. Se realmente isso for verdade, o canal GNT oferece-lhe habilmente os meios para alcançar os ativos da aparência ótima. No programa *Superbonita*, por exemplo, há um quadro apresentado pelo maquiador e consultor de beleza Fernando Torquatto, no qual participantes passam por transformações na aparência, por meio de mudanças no cabelo e de maquiagens. As alterações chegam com a promessa de felicidade e beleza. No episódio exibido em 13 de agosto de 2012, foi a vez de uma mulher de 34 anos, bióloga e mãe de dois filhos ser submetida a transformações para parecer mais jovem. A seguir, destaca-se um fragmento do diálogo entre Fernando Torquatto (F) e a participante (P), no qual ele apresenta o problema da participante, os cabelos brancos desde os 19 anos, e, em seguida, solicita a ela um panorama da sua vida:

> P: Bom, eu não posso negar as minhas raízes. Eu sou bióloga né e [...] na biologia a gente tem essa coisa um pouco mais natureba. Eu nunca pintei o cabelo. Eu uso pouca maquiagem. Agora, o que eu acho... *o que eu tenho pensado sobre mim mesma é o seguinte: funciona muito bem quando você tem vinte e poucos e está na flor da idade, você transpira jovialidade e tá tudo ótimo.* E agora eu quero tentar um pouco na verdade resgatar um pouco isso sabe.
>
> F: Você é uma garota ainda né, mas, enfim, com 34 anos é hora de começar a se cuidar. Vamos começar? (GRÁVIDA, 2012, s/p, grifo nosso).

Na contemporaneidade, o cuidado de si é associado à manutenção da aparência jovial e bela, de modo a garantir uma feminilidade dos 20 e poucos anos, uma idade na qual "está tudo ótimo". Até para a mulher com estilo de vida mais "natureba", que nunca pintou o cabelo ou usou maquiagem, esse padrão de beleza parece ser determinante para a autoestima e para a felicidade. Os contornos bem definidos do padrão ótimo de beleza são subscritos pelo sonho ambicioso de "preservar a juventude e conquistar a imortalidade", conforme bem observou Sibilia (2012, p. 89). De acordo com a autora, perante os desatinos do corpo velho, a aliança entre tecnociência, mídia e mercado surge ofertando um largo espectro de soluções e alternativas que, embora sejam provisórias, aparentam ser eficazes. Todos esses recursos "visam contornar essa defasagem entre tão soberbas ambições e as metas ainda modestas que por enquanto são atingíveis" (SIBILIA, 2012, p. 89). Na sociedade espetacularizada desejadora da "boa aparência", empregam-se todos os corretivos que estiverem ao alcance para reparar as manchas e marcas das imagens femininas ancoradas na feiura, na velhice e no insucesso.

Retomando a análise da transformação, após engendrar a aparência mais jovem por meio das transformações no cabelo da participante, o apresentador pergunta "gostou?", e ela responde "amei!" Torquatto indaga se ela está feliz; "muito!", exclama Dulce. Cabelo bonito é sinal de felicidade. Como consta no livro *600 Dicas para Você Ficar Superbonita*, editado pela Editora Globo: "[...] sem um cabelo que nos faça sentir lindas, seguras e maravilhosas, não há truque de beleza que salve o dia. [...] Mulher com cabelo feio não tem jeito – é uma mulher triste" (BIONDO, 2007). A promessa discursiva do GNT mostra que "superbonita" é sinonímia da mulher ótima e feliz.

Por meio de uma pedagogização midiática, o apresentador ensina o passo a passo da maquiagem, o qual também é disponibilizado no site do canal GNT, de modo que as telespectadoras possam realizar suas reconfigurações de beleza. Depois das sessões de maquiagem, apresentam-se, lado a lado, as imagens da participante antes e depois das transformações, reforçando a ideia de que o canal ajuda a mulher a se sentir "feliz" por meio de uma aparência considerada "melhor". Ao final desse quadro, a última fala da participante mostra que ela alcançou o que tanto desejava, "ver uma outra pessoa" mais jovem e, assim, descobrir seu lado "sexy, mais night". Na cultura da espetacularização, cada vez mais as mulheres estão sob o efeito do fetichismo da subjetividade, movidas pela vontade de ser ótimas para a alteridade.

A promessa da felicidade por meio do corpo ótimo depende de uma mudança não do olhar, mas do que se olha. Ver em si mesmo uma outra pessoa é a realização do sonho vertiginoso de ver o que, de fato, não necessariamente se é. Após demaquilar o que se olha, perdura o desejo de reproduzir para si a imagem das mulheres prestigiosas e vencedoras exibidas pela cultura da mídia, persiste o olhar desejoso pelas transformações. Mas e quando não se consegue mudar o corpo conforme o que se deseja? Será que o corpo está dissociado do ser? Será que o ser é neutro e pode ser dissociado do corpo? Esses foram outros questionamentos alavancados para o debate do programa *Saia Justa* (15/8/2012), com base nos quais Mônica Waldvogel revela:

> Tem momentos que se tem digamos... É quase como se *anulasse uma certa biologia na procura tão insana de emagrecer, de fazer ginástica, de tudo*. É como se, de repente, *o seu corpo fosse uma coisa, uma massa diferente da sua psique que você fica tentando modelar* de toda a forma para transformar numa [sic] outra coisa. Eu e o corpo. Eu tenho esse problema várias vezes. Aí eu paro de fazer tudo. A defesa é ir para o outro extremo e dizer: eu não faço nada, eu não faço ginástica, eu vou engordar um pouco, eu vou ficar mais pesada, eu vou ocupar mais espaço. [...] É como se você fosse prisioneiro de uma *fantasia esquisita de que você pode mudar esse corpo, como se ele fosse de massa, de borracha, de plástico* (CAPITAL, 2012, s/p, grifo nosso).

Mais uma vez, reforça-se a necessidade de transformação do corpo na procura de emagrecer, de ter a mesma superfície da imagem desejável. Mas, diante dessa insana fantasia de ter um corpo ideal, qual é o lugar do sujeito? No caso da apresentadora, ela revela ter momentos nos quais se sente dissociada de seu corpo. Contudo, o corpo não é o sujeito? Por que ela afirma sentir ser o seu corpo uma massa diferente de sua psique sempre que busca veementemente modelá-lo? Quando ela diz "eu e o corpo", há de fato uma disjunção? Qual é a relação dessa dissociação com a busca e a visibilidade do corpo ótimo e do sujeito feliz? Essas perguntas devem ser entendidas sob um veio em comum, os limites constituídos para o corpo e para a subjetividade, segundo os quais há uma constante objetificação do corpo.

No século XVII, René Descartes legitimou essa disjunção em sua filosofia sobre a busca da existência de si mesmo, segundo a qual uma dualidade epistemológica entre corpo e mente foi arrimada[78]. Na perspectiva cartesiana, a alma sentia, percebia e conhecia, mas o corpo não, sendo o ápice do sentir e do pensar uma intelecção mental. Segundo Descartes, a alma sentia na medida em que estava no cérebro — o qual era valorizado porque se acreditava ser a parte que menos contato tinha com o corpo. No modelo de visão apresentado por Descartes (1953), na obra *La Dioptrique*,

---

[78] Convém explicitar que o corpo não era entendido como dissociado da alma na Idade Média, por exemplo, período no qual a doutrina da Igreja cristã dominou a Europa. Valorizava-se a alma não como algo separável do corpo, mas como o elemento fundamental, visto que se acreditava desempenhar uma função essencial para a vida e a matéria orgânica do corpo. A esse propósito, Paula Sibilia (2006, p. 18) observa que, na época medieval, os corpos "eram bem carnais e perfeitamente visíveis, já que naqueles tempos a identidade corporal só podia ser eterna". Exemplos disso são a encarnação de Deus no corpo de Jesus Cristo, sua ressureição e ascensão aos céus, em corpo e alma, bem como a presença de Jesus sacramentado no pão, alimento do corpo.

por exemplo, defende-se a ideia de que a visão se relacionava com a capacidade mental, intelectiva, introspectiva e de ordenação do mundo; por conseguinte, podia ser até desencarnada do corpo. Essa disjunção também pode ser observada no *Discurso do Método*, de Descartes, por meio do seu *ego cogito ergo sum*, "eu que penso, logo existo", segundo o qual o conhecimento de si mesmo é definido por uma racionalidade, orientada pela ideia de pensamento como essência do sujeito e de alma superior ao corpo, ou mesmo totalmente independente dele. Nessa (re)definição do humano, Descartes (1996, p. 39, grifo nosso) chega a dizer que "este eu, isto é, a *alma pela qual sou o que sou, é inteiramente distinta do corpo* [...]. Assim, mesmo se o corpo não existisse, ela não deixaria de ser tudo o que é". Por não ser parte da essência e da natureza do sujeito, o corpo é até prescindível.

Em sua filosofia do sujeito, Foucault (2006, p. 54) vai questionar a moralidade instituída do "conhece-te a ti mesmo", expressão que traduz toda a ordenação de mundo e subjetividade ancorada na teoria do sujeito pensante cartesiano. De acordo com o autor, a racionalidade estabelecida pelo "conhece-te a ti mesmo" teria eclipsado uma hermenêutica do sujeito para o cuidar de si e para o preocupar-se consigo mesmo como pregados pela cultura antiga. A moralidade herdada pelo "conhece-te a ti mesmo" reside no princípio fundamental, o conhecimento de si, mas não como uma decorrência do cuidado de si tal qual se estabeleceu na Antiguidade. Na perspectiva de Foucault, essa inversão hierárquica vem insistindo em objetificar o corpo, em detrimento do sujeito. Posto como objeto do conhecimento, o corpo vem sendo rechaçado na dualidade mente/corpo, uma matéria que deve ser dirigida e governada pela mente. Nesse sentido, biopoder e biopolítica são marcas de condutas e governos sobre o homem-corpo. Não por acaso, a dissociação entre o "eu" e o "corpo", percebida pela apresentadora do programa *Saia Justa*, levou-a a uma situação oposta àquela estabelecida para reconfiguração de seu corpo. Ao abandonar o regime, a ginástica e, assim, decidir engordar um pouco, ela busca livrar-se da "fantasia esquisita" que é a busca constante pela reconfiguração do corpo, como uma forma de resistência ao biopoder e à biopolítica estabelecidos para a magreza.

Na contemporaneidade capitalista neoliberal e globalizada, vive-se um momento no qual o corpo emerge como "a grande âncora da subjetividade", pois é na "superfície corporal onde cada um exibe as suas verdades", como bem resumiu Sibilia (2006, p. 23). Em face do cenário dessa "cultura somática" ou de "somatização e de exteriorização" dos modos de subjetivação" na contemporaneidade, a subjetividade é definida em termos corporais, bem diferente do que ocorreu em épocas anteriores (COSTA, 2005, p. 192-193; BEZERRA, 2002, p. 229; ORTEGA; ZORZANELLI, 2010, p. 63)[79]. Na cultura somática, o interesse pelo corpo esmorece a moral do sentimento em favor da moral do prazer e do gozo corpóreo.

Nessa moldura somática, o corpo passa a ser o ideal do sujeito, pois em sua superfície se demarca o que se é, o que se deseja e se deve ser. Nos textos "A personalidade somática de nosso tempo" e "Notas sobre a cultura somática", Jurandir Freire Costa (2005, p. 198) observa que, na cultura somática, "o corpo se tornou a vitrine compulsória de nossos vícios e virtudes, permanentemente devassada pelo olhar do outro anônimo", e esse fetichismo do corpo é o que nos move a desejar sempre uma "boa vida física". A propósito dessa marca cultural e de seus efeitos de superfície, tem se consolidado uma personalidade somática que privilegia a aparência física, bem como os espaços para sua visibilidade e exteriorização. A televisão contemporânea tem mostrado ser uma eficiente superfície para consolidar essas mudanças imagético-corporais, nem sempre tão sutis. Para o autor, na atual cultura somática, o corpo vem eclipsando o brilho da mente e a vida psicológico-moral. O problema referido pela apresentadora do *Saia Justa*, sobre se sentir dissociada do corpo, evoca esse esvaziamento da interioridade, uma marca do incômodo da "procura tão insana de emagrecer, de fazer ginástica, de tudo", conforme desabafou Mônica Waldvogel, que a faz sentir uma certa anulação de si.

Diante desse contexto de proeminência das aparências corporais e da elaboração de imagens de si para a alteridade, estabelece-se uma nova episteme da subjetividade, que reconfigura práticas e valores. Os modos de

---

[79] Na modernidade vivida pela Europa dos séculos XVIII e XIX, as sociedades burguesas urbanas constituíram seus espaços privados e íntimos, o que instaurou um modo de organização sustentado no valor da vida privada, em detrimento do enfraquecimento da vida pública, em função da queda do Antigo Regime. A família passou a ser um lugar de refúgio para o indivíduo escapar dos perigos exteriores e públicos, cuja casa resguardava a vida interior. No estudo de Richard Sennet (1999) sobre *O Declínio do Homem Público: as tiranias da intimidade*, o autor mostra que, nesse período, irrompeu um mundo intimista e sentimental vivido pelo *homo psychologicus*, o qual foi conservado pelas "tiranias da intimidade", pois isso afastou os sujeitos — ou ao menos os deixou indiferentes e passivos — da ação pública e política em troca das vivências mais intimistas e privadas. No entanto, esse rearranjo internalista dos modos de subjetivação ocorreu paulatinamente e simultaneamente aos processos de somatização. No livro *Corpo em Evidência: a ciência e a redefinição do humano*, Francisco Ortega e Rafaela Zorzanelli (2010) analisam a emergência do corpo como valor na contemporaneidade e, para tanto, também recorrem ao estudo de Sennet, de modo a observar a irrupção do cenário de somatização e exteriorização dos modos de subjetivação na contemporaneidade. De acordo com os autores, "não sendo necessariamente autoexcludentes, os processos de somatização convivem com as formas de subjetividade intimista", pois tais processos referem-se ao declínio de valores da modernidade, como a família mononuclear burguesa, o Estado e a distinção entre espaço público e privado (ORTEGA; ZORZANELLI, 2010, p. 68).

subjetivação interiorizados e introdirigidos, vividos pelo *homo psychologicus* que habitou o período da modernidade, passam a sofrer transformações. Na cultura somática e do espetáculo, vê-se emergir um sujeito alterdirigido e exteriorizado, encarnado em sua aparente massa corpórea magra e ótima[80]. A hipervisibilidade da performance somática tem ocasionado um certo mal-estar na construção da subjetividade, a qual tem se estabelecido mais em função do corpo e da aparência de sua imagem, que de sua "vida interior", de sua interioridade. Esse corpo físico e mental é, no limite, falho e precisa ser reconfigurado (BEZERRA, 2002).

A noção de corpo dissociado, tal qual apontado pela experiência da apresentadora do programa *Saia Justa*, parece ser um dos efeitos desencadeados pela necessidade constante de adequar os contornos do corpo "falho" à imagem pela qual tanto se luta, sonha e deseja corporificar. Em sua tese de doutorado "O pavor da carne: riscos da pureza e do sacrifício no corpo-imagem contemporâneo", Sibilia (2006, p. 137) mostra que o sujeito é impelido à adequação constante de si, homem-corpo, o qual se sente no dever de recorrer às condutas da tecnociência, a fim de atualizar, reciclar e recriar sua massa corpórea, no curso constante do "upgrade do seu corpo obsoleto". Ao utilizar a metáfora do mundo digital, já empregada anteriormente em seu livro *O Homem Pós-Orgânico*, Sibilia (2004) mostra como o sujeito é condenado ao upgrade constante de si, tanto de sua mente, o seu software, quanto de seu corpo, o seu hardware. Quem não adere ao upgrade constante geralmente foge à imagem do sujeito ideal contemporâneo, cuja vida é "otimizada" e cultivada pelo cuidado de sua aparência de saúde, beleza e *fitness* (BEZERRA, 2002). No centro da visibilidade, o corpo passa a ser relevante para mostrar quem se é, por isso se procura apresentar sempre uma boa imagem pessoal, no sentido de corporificar uma imagem ótima e feliz. Na procura do modo ótimo da vida, estão o "eu" e o "corpo" dissociados, no entanto sintetizados na imagem esculpida pelo upgrade constante.

Na recusa da imagem muitas vezes tida como "falha" e "desvantajosa", redefine-se o corpo. É justamente este o objetivo do programa do GNT

---

[80] De acordo com Maria Cristina Franco Ferraz (2009, p. 87), esse novo modo de se subjetivar está coadunado com um "esvaziamento do regime da interioridade psicológica" vivido na modernidade. Com a cultura somática, essa interioridade tem se reconfigurado, mas não significa que os modos de subjetivação tenham sido substituídos. Antes de tudo, isso significa uma reformatação do regime das práticas de subjetivação, que reordena os antigos mecanismos e os subordina a outras estruturas, as quais se consolidam na contemporaneidade.

Perdas e Ganhos: engendrar um outro corpo[81]. Apresentado pela carioca Cynthia Howlett, que encarna o "espírito da Ipanema Contemporânea" (GOIA, 2007, p. 43) e o genuíno "carioca way of life" (NEIVA, 2013), o programa retrata o processo de emagrecimento de pessoas comuns acima do peso. A apresentadora acompanha os participantes nas atividades estipuladas por especialistas, para atingir suas metas de emagrecimento durante o período de quatro semanas, uma espécie de assistência vigilante. São uma série de dietas e exercícios que, se empreendidos com muita perseverança, poderão dar aos participantes o sucesso desejado.

Com a promessa de transformar para sempre a vida dessas pessoas e amparado por um dispositivo pedagógico sobre a saúde, o programa *Perdas e Ganhos* propõe novos mecanismos de prazer e desprazer vinculados aos atos de comer, de fazer exercício e de emagrecer. O nome do programa parece bem adequado ao revelar não só a perda de peso, mas também a renúncia dos prazeres calóricos ligados ao gozo gustativo. Em substituição ao que foi perdido, há o ganho de saúde, de músculos, da autoestima, do bem-estar e da qualidade de vida, encarnados sempre na imagem do ótimo e feliz. Tudo isso mostra o investimento que os indivíduos são instados a empreender em seus estilos de vida, no sentido de assegurando longevidade em modo ótimo e saudável.

A seguir, destacam-se dois trechos, o primeiro respectivo à entrevista de seleção de Margarida, a Margô (M), para o programa *Perdas e Ganhos*; e o segundo relativo à síntese do episódio proferida pela apresentadora Cynthia Howlett (C):

> M: Eu assim, *eu amo comer*. Não é que eu esteja beliscando sempre alguma coisa. Mas, *me dá aquele prazer de comer mesmo*.

> C: A Margô tem 24 anos, 1,67 m de altura e 87 kg. De família portuguesa, ela não dispensa queijos e vinho. *Namorado novo, Margô decidiu estrear um novo corpo*. Nunca foi magrinha, mas está 20 kg acima do peso. E achou que já era hora de se despedir desses quilinhos a mais (MARGARIDA, 2012, s/p, grifo nosso).

Nota-se que o prazer associado ao ato de comer e a falta de controle do que se come de certa forma adiam a constituição de uma outra aparência

---

[81] Estreado em 2011, *Perdas e Ganhos* foi um programa do gênero *reality show* no qual a apresentadora carioca Cynthia Howlett acompanha o processo de emagrecimento de homens e mulheres anônimas. Em cada episódio, observam-se a perda de peso e o ganho corporal advindo da prática de exercícios físicos desses indivíduos, cujas metas de emagrecimento são estabelecidas por especialistas da área da saúde e nutrição.

do corpo. Nesse caso, a vontade de "estrear um novo corpo" foi apresentada como algo diretamente relacionado à existência do namorado, em função do qual devem ser reformulados os prazeres advindos do consumo de alimentos e bebidas. A fim de se livrar do corpo gordo e falho, é imprescindível que a participante aceite um novo regime de prazer e desprazer, sem deixar que as tentações alimentares a desanimem no percurso de sua meta de emagrecer 7 kg. A gestão de si não é algo simples para a participante, que ama comer, de modo que, ao viajar para Buenos Aires a trabalho, não conseguiu manter a dieta *light* com peixes, muito menos seguir as atividades físicas estabelecidas. Há um sentimento de culpa por não ter controlado os prazeres, e, nas palavras dela: "[...] o problema é que, querendo ou não, não era o meu peixinho que eu comia. Eu comia morcílias, eu comia... Enfim, eu comi coisas que eu não deveria ter comido" (MARGARIDA, 2012, s/p).

No último dia da pesagem e do programa com a Margô, Cynthia Howlett mostra aos telespectadores as conquistas e os deslizes da participante durante as quatro semanas. Os principais ganhos explicitados são a adesão à atividade física, incorporada pela participante, que nem passava perto de academias, e o exercício de resistir às tentações, em face de seu costume preferido de comer. No último dia do programa, Margô mostra-se muito ansiosa e com receio de as escapadas alimentares terem atrapalhado sua meta, o que de fato se concretizou. A seguir, reproduz-se um trecho do episódio do dia 14 de agosto de 2013, relativo ao último dia de pesagem do projeto de emagrecimento de Margô, no qual ela é avaliada por médicos:

> C: A meta da Margô era perder 7 kg. Ela perdeu 5,5 kg. Bem, falta 1,5 kg para atingir a meta. Mas valeu o esforço, Margô.
>
> Médica: Mas o mais importante é a gente salientar que ela teve essa *troca de composição corporal*. Então, *ela perdeu gordura, o que é importante*, e ganhou 1,5 kg de músculo. Se a gente pensar até em manutenção de peso, *quanto mais músculo a gente tem no corpo, mais fácil para manter. Por que o corpo gasta mais para perder músculo que para manter gordura.*
>
> Médico: Você ganhou muito mais do que massa muscular ou perdeu gordura. *Você ganhou credibilidade em você mesma. Você passou a acreditar que é possível.*
>
> M: *Eu fiquei mega feliz. Não atingi a meta, mas para mim, assim, já foi uma conquista.* [...] Eu me sinto vitoriosa. Eu me surpreendi. (MARGARIDA, 2012, s/p, grifo nosso).

Apesar de a meta não ter sido cumprida, os médicos mostram que a perda de gordura e o ganho de músculo são essenciais para a manutenção do peso, na medida em que o corpo magro e musculoso consome mais energia que o obeso e com pouca massa muscular. Eis a fórmula da magreza e do corpo esculpido por músculos: pouca gordura e mais massa muscular. Valoriza-se também o ganho de credibilidade pessoal, advindo da aproximação do próprio corpo àquele considerado ideal, segundo essa composição corporal ótima. A sensação de ser capaz de gerir-se, controlando prazeres e desprazeres de comer e de emagrecer, parece reduzir a distância entre o sonho do corpo magro, esculpido por músculos e o próprio corpo: é a percepção de que o corpo ideal pode ser conquistado. A produção da performance desse corpo modelo e da mulher que tem força de vontade para atingir suas metas esculpidas de certos fetichismos da subjetividade consolida a cultura da performance, tal qual midiatizada pelo canal GNT.

Amparado por um dispositivo de pedagogização midiática, o GNT ajuda a mulher a acreditar em si mesma, na conquista do novo corpo, torneado pela composição corporal ótima, com menos gordura e mais músculos. Nesse sentido, o programa *Perdas e Ganhos* ancora-se na promessa de felicidade advinda da conquista de um corpo "melhor". Com menos falhas adiposas e mais definido por músculos, esse ideal está próximo não por acaso da aparência da apresentadora, Cynthia Howlett, cujo corpo sempre esteve magro, antes, durante e depois da gravidez dos dois filhos, motivo pelo qual lançou o livro *Gravidez Saudável*, no qual conta como conseguiu manter a forma durante a gestação da primeira filha.

Em uma entrevista para a *Revista V*, segundo a qual a consideram a tradução da alma carioca, Cynthia Howlett mostra que, no início do programa *Perdas e Ganhos*, ela praticava os exercícios físicos com os participantes, contudo, muitas vezes, o ritmo era muito lento para ela e prejudicava um pouco o ânimo daqueles que não tinham um preparo físico tão bom quanto o dela. Por isso, decidiu-se mudar o formato do programa, no sentido de estimular os participantes, e não inibi-los. Ao ser questionada sobre o que mudou em sua visão de mundo ao conhecer tantas pessoas com uma vida diferente da dela, ela diz ficar impressionada com o fato de elas abrirem mão da vida e complementa: "[...] acho que todo mundo precisa se priorizar, não no sentido egoísta, de abandonar o outro, mas do cuidar de si, do seu corpo, ficar saudável, fazer coisas boas, tentar ser feliz" (RAMALHO, 2011, p. 41). Nessa revelação, nota-se como o cuidar de si hoje está associado ao cuidado do corpo, o qual deve ser sempre priorizado. Deixá-lo saudável, isto é, magro, esculpido (na medida) por músculos e sem doenças, é a concretização do modo ótimo de ser na cultura da performance.

A imagem do corpo saudável não deve ter falhas corporais, nem físicas nem mentais. Na contemporaneidade, qualquer deslocamento ao padrão dessa imagem ideal, seja ele alimentar, seja psicológico, está fadado a patologizações. Em seu registro ótimo, a matéria deve ser jovem, magra, esculpida por músculos e, sobretudo, com bom funcionamento mental, em face da associação da maquinaria cerebral ao aumento da capacidade de performance do sujeito, de suas capacidades de decisão e ação, conforme afirma o sociólogo Ehrenberg (2009, p. 189). De fato, o cérebro tem sido considerado um agente etiológico associado a doenças de ordens variadas, de modo que a imagem feminina feliz e ótima necessariamente perpassa pelo bom funcionamento cerebral, sem patologias psicológicas ou ainda neurológicas. O cérebro localiza-se no centro do palco da cultura somática como um órgão cujo funcionamento define as propriedades pessoais dos seres humanos, constituindo o que Ehrenberg (2009) denominou "sujeito cerebral"[82]. Essa expressão é empregada para chamar a atenção para as diversas manifestações discursivas, práticas, visuais e teóricas que postulam uma cerebralização da identidade (ORTEGA; VIDAL, 2007; ORTEGA; ZORZANELLI, 2010), no sentido de conferir autoridade ao cérebro e ao seu funcionamento — e não à mente — na delimitação daquilo que se é[83]. Diante dessa moldura somática e cerebral, os sujeitos são o corpo que têm.

---

[82] De acordo com Ehrenberg (2009, p. 190), a neurobiologia do sujeito humano, da qual a neurociência emergiu, tem por objetivo "compreender os mecanismos celulares e moleculares com a esperança de que, a longo prazo, se poderá agir sobre o cérebro para modificar os estados mentais". O autor mostra que, desde 1980, as psicopatologias têm sido paulatinamente consideradas neuropatologias à medida que a neurociência vai incluindo em seu *corpus* de estudo emoções, comportamentos e sentimentos morais. Ademais, as doenças neurológicas e mentais tornaram-se suscetíveis a uma abordagem única. Nessa configuração, "as neurociências são o aporte científico, tecnológico e médico que permite responder à fabulosa demanda de saúde mental que se difundiu há 20 anos nas nossas sociedades" (EHRENBERG, 2009, p. 188).

[83] Cérebro e mente são dois elementos distintos relacionados à formação do sujeito. De forma sintética, Ortega e Zorzanelli (2010, p. 105) definem cérebro como o órgão elementar do sistema nervoso, o qual "oferece suporte biológico para a coleta de informações do ambiente e para a produção de respostas adequadas". Já a mente corresponde a um conjunto de funções cerebrais superiores relacionadas à memória, à inteligência, à emoção e ao pensamento, segundo as quais são constituídas as idiossincrasias dos indivíduos. Na atual cultura somática, o estatuto cerebral e o estatuto mental são equalizados, passando a definir a própria personalidade. Segundo Ortega (2010, p. 143), o principal risco dessa coincidência está relacionado ao entendimento dos sujeitos baseado nas representação de imagens correlatas a determinadas causas e efeitos de estados mentais, cujas visões reducionistas e objetivizadas da mente e do corpo humano podem trazer consequências graves em diversas esferas socioculturais e clínicas. Convém lembrar que, no século XIX, as primeiras pesquisas da frenologia afirmavam, com base no tamanho do crânio, designar características da personalidade dos indivíduos.

Retomando as reflexões do homem pós-orgânico de Sibilia (2002), pode-se dizer que, na busca do corpo perfeito aceito socialmente, os sujeitos são impelidos a rechaçar qualquer tipo de bug no hardware (corpo/organismo) e no software (mente/código) corporais. Na medida em que o medo constante do envelhecimento da matéria e da perda progressiva da memória alarmam a sociedade do espetáculo, envelhecer e esquecer torna-se problema a ser resolvido cada vez mais cedo. Esses problemas devem ser suavizados "por novos fármacos e por toda a sorte de fitness cerebral", como bem observou Maria Cristina Franco Ferraz (2010, p. 11) acerca do "esquecimento na era da tecla save". A esse propósito, no episódio "Memória" do programa *Alternativa Saúde*, exibido em 15 de agosto de 2013, abordou-se a importância da memória para a saúde, e, de modo específico, apresentaram-se as dificuldades vivenciadas com a doença de Alzheimer. Para compreender como a memória interfere na saúde, a apresentadora Patricya Travassos (P) entrevistou o ator Fernando Alves Pinto, que perdeu a memória em um acidente de bicicleta, mas conseguiu "recuperá-la" após tratamento, e Dr. Roberto Lent (R), neurocientista e professor do Instituto de Ciências Biomédicas da UFRJ. A seguir, o trecho do diálogo no qual o neurocientista explica à apresentadora a relação entre envelhecimento e memória:

> P: Roberto, o que que é a memória?
>
> R: Memória é uma das *propriedades mais misteriosas do cérebro*. E é uma propriedade que todos os neurônios têm. Nós, como temos um número muito grande de neurônios associados, nós temos a memória muito mais desenvolvida e sofisticada do [sic] resto dos animais.
>
> [...]
>
> P: É inevitável que a gente vai [sic] perder a memória com a idade?
>
> R: Não, não é inevitável, porque a gente pode morrer antes.
>
> P: Ai, que horror! *Então, quando a gente ficar velho vai perder a memória.*
>
> R: *Ela vai diminuindo, mas isso varia de pessoa para pessoa. Problemas de memória têm se agravado na humanidade justamente porque a expectativa de vida aumentou* (MEMÓRIA, 2012, s/p, grifo nosso).

Nota-se a localização da memória no cérebro, sendo o esquecimento algo relacionado a uma morte gradativa dos neurônios durante o decorrer da vida. Ainda não se pode impedir a velhice nem a perda de memória: fatos que horrorizam uma sociedade cada vez mais longeva e desejosa da durabilidade de vida em modo "ótimo e feliz". Na contramão da longevidade, estão os problemas relacionados à memória, que, no limite, inviabilizam o sucesso das performances dos sujeitos durante suas trajetórias de vida. No entanto, é possível garantir a performance ótima, se houver um feliz casamento entre genética e treinamento cerebral, o que fica claro na fala do neurologista Roberto Lent, ao ser questiona sobre o porquê de algumas pessoas terem mais facilidade em memorizar números e partituras musicais. Segundo Lent, é possível verificar nos indivíduos a existência de áreas no cérebro com maior e menor atividade e, consequentemente, identificar as diferenças individuais, uma evidente referência à cerebrização da identidade. Segundo o neurologista, as diferenças individuais são o resultado da associação entre a hereditariedade genética e o treinamento durante a vida, e, "se coincidir de você ser bom em alguma coisa, você gostar daquela coisa e você treinar aquela coisa, você será excepcional naquilo" (MEMÓRIA, 2012, s/p).

Na era do sujeito cerebral e da cultura somática, a performance considerada bem-sucedida é exatamente oposta à dos doentes com Alzheimer: uma doença degenerativa caracterizada pelo dano generalizado na memória, seguido de demência e pelas consequentes perdas da autonomia, da independência e da identidade do sujeito, que passa a depender de outras pessoas na realização das atividades cotidianas mais básicas. Perante o risco da falha corpórea (física e mental) e o que isso significa em termos de diferenciação biossocial, o indivíduo é instado a ser "empresário de si mesmo" e, assim, a enfrentar as responsabilidades pela sua autogestão[84]. A imagem do corpo ótimo coincide com a imagem de sucesso da empresarização de si. Isso porque as ideologias da saúde e do corpo perfeito levam os indivíduos a entender as doenças que "retorcem a figura humana como sendo sinônimo do fracasso pessoal, dos sujeitos que não têm competência para cuidar de si" (ORTEGA, 2010, p. 35).

A esse respeito, Benilton Bezerra (2002, p. 235) afirma que "comportar-se de modo a exibir uma imagem saudável significa apresentar-se a si e aos demais como um sujeito independente, responsável, confiável, dotado de vontade e autoestima", todos imperativos da contemporaneidade. Se rejeitados, decorrem outros riscos para indivíduo, que, segundo Bezerra, podem ser a reprovação moral, sensação de desvio, insuficiência pessoal ou fracasso existencial. Na tentativa de se manter sujeito e ser bem-sucedido em ser alguém, o indivíduo acaba subordinado a todo o tipo de ajuda especializada, representando o que Eherenberg (2010) denominou autonomia assistida: a gestão de si ancorada em uma oferta de bens e serviços que auxiliam o autoaprimoramento. A performance do corpo ótimo e feliz está, então, ancorada na imagem do dever e da possibilidade do autogerenciamento dos riscos à saúde, com o objetivo de se evitarem doenças ou mesmo minimizar as possibilidades de suas ocorrências.

Em face do discurso do risco constante, os indivíduos precisam se sentir protegidos e esperançosos em suas vivências subjetivas autônomas e responsáveis. A fé e a autoajuda emergem, então, como mediadoras do equilíbrio de si, na medida em que alicerçam as formas de ser e estar no

---

[84] Emprega-se aqui o termo "biossocial" como uma alusão à noção de biossociabilidade, cunhada pelo antropólogo Paul Rabinow (1999), a fim de se estabelecer uma oposição à sociobiologia, uma teoria de origem evolutiva darwiniana que propõe uma explicação biológica para a sociabilidade humana e dos animais. Apesar de as duas ciências se fundarem na biologia e na sociedade, a proposta de Rabinow é absolutamente crítica a um determinismo evolucionista que situa a biologia no centro da explicação dos processos socioculturais humanos. Para o antropólogo, a sociabilidade e a experiência humana devem ser entendidas como indissociáveis da biotecnologia e da medicina. Isso porque as mudanças genéticas e corpóreas têm uma implicação fundamental na reordenação das dinâmicas de sociabilidade, de modo específico, da mudança na formação das identidades e das práticas individuais e dos grupos. Em suas palavras, "a nova genética deverá remodelar a sociedade e a vida com uma força infinitamente maior do que a revolução na física jamais teve, porque será implantada em todo tecido social por práticas médicas e uma série de outros discursos" (RABINOW, 1999, p. 143). Nesse sentido, a biossociabilidade pode ser entendida como uma marca contemporânea de que os critérios de sociabilidade são muitas vezes estabelecidos por uma moralização da saúde. Ao refletir sobre esse conceito, Ortega (2010, p. 30) define biossociabilidade como uma "forma de sociabilidade apolítica constituída por grupos de interesses privados, não mais reunidos segundo critérios de agrupamento tradicionais como raça, classe, estamento, orientação política, como acontecia na biopolítica clássica, mas segundo critérios de saúde, performances corporais, doenças específicas, longevidade, entre outros". A diferenciação biossocial corresponde, então, a uma série de distinções estabelecidas pela hierarquização moral das performances físicas dos sujeitos.

mundo. Diante das promessas de felicidade e da valorização do corpo ideal, o equilíbrio emocional e interior apresenta-se como elemento da composição do eu corporal ótimo, na medida em que estabiliza possíveis dissonâncias no cíclico movimento do autoaperfeiçoamento individual.

Esse é o foco do programa do GNT *Viver com Fé*, apresentado pela atriz carioca Cissa Guimarães, cuja história de superação da morte precoce do filho a legitima para abordar assuntos relacionados à fé[85]. Na maior parte dos episódios, mostra-se como os indivíduos apegaram-se à fé após experiências dolorosas e difíceis, como doenças e mortes. Geralmente, os participantes afirmam uma mudança de estilo de vida por meio da fé, empreendida como uma espécie de ferramenta diante do risco vivido. No episódio de 15 de agosto de 2012, a apresentadora mostra como Duda Ribeiro, um ator que teve câncer, apoiou-se na fé como uma forma de superar a doença. Quando questionado sobre o que entende por fé, ele responde ser a certeza de que está protegido. Na ideia da proteção, há uma diferenciação entre força e poder, na qual o mais fraco é resguardado, cuidado e defendido pelo mais forte, próximo de um paternalismo. Ao sentir-se protegido, o sujeito — então frágil e debilitado — sente-se encorajado a enfrentar medos e riscos na contínua gestão de si. Perante a incerteza do corpo falho e do câncer, no melhor dos casos, supera-se a doença e continua-se à procura autovigilante pela saúde, pelo corpo perfeito e pela longevidade. Nesse sentido, Cissa Guimarães encerra o programa com um trecho comparando o movimento do mar com a vida:

> E a vida continua depois da rebentação. É possível ultrapassá-la e vivê-la intensamente. Algumas ondas nos derrubam, outras apenas passam suavemente por nós. Pra entrar de cabeça nesse mar, é preciso coragem, peito aberto para o que der e vier. Nem todo mergulho é fácil, nem sempre é fácil se levantar. Mas como a gente costuma dizer: *com fé, nada é impossível* (A FÉ, 2012, s/p, grifo nosso).

Na contemporaneidade, a imagem da gestão de si considerada vitoriosa é constituída por um indivíduo autônomo, responsável e que, sobretudo, deve manter-se equalizado emocionalmente, para não desanimar. A solução é gerir-se em modo assistido, empreendendo toda a forma de "cuidado de

---

[85] Estreado em 2011, o programa *Viver com Fé* era apresentado pela atriz Cissa Guimarães e tem por objetivo expor relatos de pessoas sobre suas histórias de vida associadas à fé. No mesmo ano, a apresentadora lançou um livro com O declínio do homem público, diretora desse programa do GNT, intitulado *Viver com Fé: história de quem acredita*, no qual são reunidos depoimentos de participantes do programa *Viver com Fé*.

si" disponível, como a cosmética, o *fitness*, a terapia e, especialmente, a fé, visto que, com base nesta, há a noção de que tudo é possível, até mesmo a cura de doenças. Isso está coadunado com a noção de religião, investigada por Mircea Eliade (1992, p. 101), como "solução exemplar de toda a crise existencial", a qual permite que o homem ultrapasse as situações pessoais na resolução de conflitos. Na cultura somática, a fé como solução de crises ganha outro valor, que, na verdade, parece estar bem próximo da força de vontade do sujeito na busca pela maximização de sua felicidade, desafiada a todo o tempo pelos parâmetros estabelecidos de prazer e desprazer corporais.

Diante da autonomia assistida requerida à empresarização de si, o sucesso de práticas aconselhadoras e promotoras da autossegurança tem reforçado predicados mentais como "pense positivo" e "é a sua vez de agir" (TUCHERMAN, 2011, p. 11), ambos relacionados à vontade do sujeito. Esses princípios associam-se ao esfacelamento das instituições e das comunidades em amparar e definir o indivíduo. Desse modo, a constituição do projeto de sujeito passa a depender de sua dedicação, determinação e capacidade em gerir-se, criar-se e de agir no mundo, administrando riscos e mudanças. Em contrapartida, o indivíduo é impelido a administrar o estresse e a adotar bons pensamentos a fim de aumentar a qualidade de vida e a produtividade.

Para engendrar o corpo ótimo e feliz, é preciso ter vontade, obstinação e constância, na medida em que a superação das crises depende da vontade do indivíduo. De acordo com Ortega (2010, p. 43), a vontade ou a fraqueza de vontade tem sido definida segundo critérios materiais, fisicalistas e corporais, por isso: "[...] força e falta de vontade referem-se exclusivamente à tenacidade e à constância, ou à debilidade (desânimo) e à inconstância na observação de uma dieta, na superação dos limites biológicos e corporais, entre outros". Para o autor, quando a subjetividade é deslocada para o corpo, a aparência torna-se essência; e a alma, uma relíquia.

Nesse quadro somático, a mente deve ser sadia no sentido de governar bem a matéria, empreendendo as melhorias necessárias para "otimizar" a performance corporal. Parece oportuno retomar a máxima do poeta Juvenal, qual seja, "Mens sana in corpore sano", uma mente sã em um corpo são, segundo a qual a noção de equilíbrio entre corpo e mente foi firmada. No entanto, a intenção na obra *As Sátiras* era mostrar a indignação do poeta em face dos homens da Roma Antiga, que, em suas orações, solicitavam riqueza, poder ou crianças quando, segundo Juvenal, deviam pedir algo mais importante: que uma mente sã habitasse um corpo são. Esse sentido crítico ficou para segundo plano, superado posteriormente pela noção de saúde física e espiritual como a chave para o equilíbrio saudável para um modo de vida considerado melhor. Na contemporaneidade, possivelmente as indignações de Juvenal seriam outras, talvez relacionadas ao que viriam a ser saúde, corpo e mente. Quiçá, até o poeta fitaria sua sátira sagaz aos padrões de performance corpórea ótima impostos à mulher.

Na era do imperativo da felicidade assistida, a noção de equilíbrio emocional e corporal estabelece padrões de uma feminilidade dócil, pronta a aceitar as recomendações — mais disciplinadoras que conselheiras — da cultura da mídia. O medo de perder o controle de si, a obsessão pela beleza e pelo físico, bem como o pavor de envelhecer, constituem as principais tiranias femininas contemporâneas: todos mecanismos de controle sobre a independência feminina. Em seu célebre livro *O Mito da Beleza: como as imagens de beleza são usadas contra as mulheres*, publicado nos Estados Unidos em 1991 e no Brasil em 1992, a antropóloga americana Naomi Wolf observa atentamente como essas tiranias têm exercido poder sobre a feminilidade. Assim, segundo a autora, mesmo depois das brechas de poder conquistadas pelas mulheres, ainda há empecilhos para que elas obtenham, de fato, prestígio e poder na sociedade. Para Wolf, o modelo de mulher poderosa e de sucesso não mais está associado a uma feminilidade na qual a mulher é domesticada para o lar, uma subjetividade equalizada entre a beleza e a renúncia de si, a qual foi corporificada pelo ideal da esposa, mãe e dona de casa equilibrada. Em vez disso, desde a década de 1970, instalou-se outro mecanismo de controle sobre a independência feminina, o que Wolf (1992) chama de "mito da beleza": um modelo ancorado no trabalho, no corpo e na sociabilidade da mulher, que, pelo menos no mundo ocidental, passou a legitimar a ideologia da beleza como a ideologia feminina. De acordo com a antropóloga, a origem desse mito remonta à Revolução Industrial e a suas consequentes mudanças na família e no trabalho, as quais consolidaram o culto à domesticidade da mulher e o código de sua beleza. Ao refletir sobre esse mecanismo de controle, a pesquisadora Selma Regina Nunes Oliveira (2007, p. 105) afirma, nos dias de hoje, esse mito ter se tornado "uma emboscada da qual as mulheres não se conseguem desvencilhar".

No mundo instigado pelo mito da beleza, aceleradamente as mulheres têm recorrido às cirurgias plásticas, à gastronomia da fome e a todo o tipo de *fitness* corporal para tornarem-se "poderosas". Evidentemente, isso desvela um biopoder e uma biopolítica de controle da feminilidade regidos pela moralização do mito da beleza, o qual "não está adoecendo as mulheres apenas fisicamente, mas também mentalmente" (WOLF, 1992, p. 305), por meio de distúrbios alimentares e psicológicos. De acordo com a antropóloga americana, a eficiência desse mito está associada a uma relação de poder que confere valor à beleza por meio de um padrão imposto culturalmente, segundo o qual se estabelecem as hierarquias e as competições entre as mulheres. O mito também está, dessa forma, relacionado a uma estrutura cultural, econômica e política contemporânea que, ao mesmo tempo que reforça o poder dos homens e das instituições masculinas, engendra um poder contraofensivo em detrimento das mulheres, não raro prejudicando sua vida física e psicológica.

Com valor simbólico e social capaz de gerar filiações e exclusões, a beleza como mito constitui um dos principais insumos da cultura da mídia e das indústrias da beleza, da moda, da estética e do *fitness*. Na programação do canal GNT, há uma série de amoldamentos do comportamento feminino a determinados estilos de vida e padrões de beleza que desvelam discursos interessados em reafirmar a necessidade de disciplina, subordinação, assiduidade e dedicação da mulher ao seu projeto de corpo jovem, magro, mas esculpido na medida certa por músculos, saudável e equilibrado. As análises discursivas do GNT acerca do corpo feminino ótimo são examinadas como indissociáveis do mito da beleza. No entanto, quando se pensa na performance feminina apta a fazer tudo, cuidar do lar, dos relacionamentos e de si, o mito da beleza parece não comportar todo o âmbito de uma análise que extrapola o domínio do corpo. Na contemporaneidade, o imperativo de uma existência ótima e feliz não está limitado ao corpo, e é exatamente isso que se buscará compreender na investigação sobre o lar e os relacionamentos ótimos.

4.3 LAR

> *O território onde se desdobram e se repetem dia a dia os gestos elementares das "artes de fazer" é antes de tudo o espaço doméstico, a casa da gente. De tudo se faz para não "retirar-se" dela, porque é o lugar "em que a gente se sente em paz". "Entra-se em casa", no lugar próprio que, por definição, não poderia ser o lugar de outrem. Aqui todo o visitante é um intruso, a menos que tenha sido explícita e livremente convidado a entrar. [...] Este território privado, é preciso protegê-lo dos olhares indiscretos, porque cada um sabe que o mínimo apartamento ou moradia revela a personalidade de seu ocupante.*
>
> (Michel de Certeau e Luce Giard)

Na contemporaneidade, cujas telas tendem a tudo exteriorizar, o território do lar bem como os relacionamentos e as práticas a ele associados não mais se restringem às maneiras íntimas de viver de uma subjetividade interiorizada. Revelam-se a vigilância dos olhares atentos e curiosos bem como as práticas de exposição da intimidade. Em *reality shows*, *weblogs* e *fotologs*, o olhar do outro é convidado a ver o que outrora se escondia e se furtava na intimidade. Bem diferente de como idealizara Bentham em seu panóptico, hoje se vê emergir um novo estatuto do olhar que tem reconfigurado os limites entre as esferas públicas e privadas. Menos uma ordem de interdição e mais uma normatização do ideal da performance ótima, essa espécie de "olho público" mostra um desejo inseparável do cuidado da imagem perante o olhar do outro (BRUNO, 2005). Esse "olho público" incita a todos a engendrarem seus projetos de sujeito à altura de um ideal de sucesso e de realização pessoal da ordem da performance, segundo a qual se prega a superação dos limites pessoais e a adequação de si a uma imagem prestigiosa. Parece tratar-se de um projeto concernente mais à aparência e à autoimagem do que a uma ontologia do sujeito. Na medida em que ser visto é sinônimo de existir, todos os recantos da vida ordinária dos homens comuns e anônimos tornam-se aptos a ser projetados nas telas e, então, a se fazer visíveis a outrem.

Na atual cultura do espetáculo, o canal GNT convoca os telespectadores a penetrarem na ordem pública da vida cotidiana, a fim de aprenderem a gestão do lar. Na maioria dos programas, há um viés confessional dos participantes anônimos em busca de uma autonomia assistida e filantrópica, os quais desejam empreender uma performance ótima do indivíduo no lar e, também, uma performance ótima do lar. No imperativo de subjetividade feminina ótima e feliz, midiatizado pelo GNT, ensina-se a cozinhar, a decorar, a cuidar dos filhos, a relacionar-se com eles e até a viver a maternidade, antes e depois do parto. A pedagogização midiática desses programas privilegia as práticas relativas ao âmbito doméstico da mulher solteira, casada ou mãe. A fim de desvelar de que forma a harmonia, o bem-estar, a educação dos filhos e a boa imagem do ambiente doméstico se sobressaem como as principais promessas discursivas desses programas, investigam-se as imagens femininas engendradas com base na noção de lar ótimo e feliz. Na contemporaneidade, a mulher deve empreender todos os cuidados necessários para constituir sua melhor performance feminina física, a qual se acumula a outras performances de si no âmbito do lar, da família e dos relacionamentos. Quando se fala em cuidar da decoração da casa, da cozinha ou dos filhos, é ao menos curioso retomar que, não faz muito tempo, a mulher ocidental era disciplinada a ser uma espécie de boneca do lar. Seu projeto de sujeito era circunscrito às paredes do ambiente doméstico, e seu destino residia no cuidado do lar, do marido e dos filhos. Durante séculos da história ocidental, a mulher foi educada segundo a moral e os costumes que a localizaram como o segundo sexo e cuja passividade corporal e social foi valorizada. Ensinaram-lhe a ser um objeto, tal qual uma "boneca viva", cuja feminilidade devia ser praticada com um único fim, o cuidado do outro, pois seu objetivo de mulher era buscar agradar seu marido, sua família, seus filhos etc., como bem desvelou Simone de Beauvoir (1980, p. 22-23). Propuseram-lhe modos e comportamentos considerados "virtudes femininas", tais como cozinhar, costurar, cuidar da casa, cuidar da toalete, saber seduzir e obedecer.

Publicado primeiramente em 1949, *O Segundo Sexo*, de Beauvoir, é um livro sobre a condição feminina nas dimensões sexual, psicológica, social e política, no qual se verificou que a mulher ocidental foi instada a se sujeitar ao outro, diante de um mundo que pertenceu aos homens e que conservou — e ainda conserva — uma forma que eles lhe imprimem. Conforme análise da autora, diante do processo de formação de sujeito e de gênero, a autonomia da mulher fora minguada e afastada de seu próprio domínio, de modo que o exercício de sua liberdade e de sua coragem em "ser outra" foram silenciados. No entanto, com as conquistas da então "nova condição da mulher", condizentes com o momento vivido nos primeiros quartéis do século XX, como o direito de voto e de trabalho, a busca pela emancipação feminina deu-se em função da utópica igualdade dos direitos delas aos deles.

Cerca de 20 anos após a publicação de Beauvoir, o livro *A Mística Feminina*, de Betty Friedan, publicado nos Estados Unidos em 1963 e no Brasil em 1971, representou uma denúncia sobre a condição vivida pela mulher americana na sociedade de consumo regida pelo sistema capitalista da obsolescência acelerada. A autora analisou como a mulher americana, no final dos anos 1950, fora convocada a construir seu projeto de sujeito e de gênero segundo a "mística feminina", aquela que foi aos poucos substituída pelo "mito da beleza". A mística feminina pode ser entendida como um conjunto de discursos, no sentido foucaultiano, os quais foram engendrados de modo a instituir como ambição, e verdadeira realização da mulher americana, o projeto de ser uma dona de casa sadia, bonita, educada, dedicada exclusivamente ao marido, aos filhos e ao lar.

Por conseguinte, vários esforços foram empreendidos por meio de revistas femininas, propaganda, televisão, cinema, novelas, colunas e livros, no sentido de difundir imagens femininas ancoradas nos moldes da mística feminina, segundo a qual a mulher era convocada desejar e, assim, a ajustar-se[86]. De modo geral, a mulher era mostrada como a "jovem, quase infantil; fofa e feminina; passiva, satisfeita num universo constituído de quarto, cozinha, sexo e bebês" (FRIEDAN, 1971, p. 33). Como temática das revistas femininas da época, destacam-se receitas culinárias, modas, cosméticos, móveis e cuidados com o corpo. Os assuntos eram dirigidos às mulheres donas de casa e restringiam-se ao cuidado da beleza, às ferramentas para a conquista e conservação do homem, à procriação, bem como ao cuidado do marido, das crianças e do lar.

As obras de Beauvoir e Friedan mostram certas vontades de verdade segundo as quais as mulheres foram convocadas a aceitar e a sujeitar suas respectivas vidas de modo a constituírem seus projetos de sujeito e de gênero segundo o olhar do outro. No entanto, o que se percebe, pelo menos no discurso do canal GNT, é a ressonância de algumas temáticas circunscritas não só pelo mito da beleza, mas também pela mística feminina. Isso fica evidente no episódio "Hambúrguer" (16/8/2012) do programa de culinária *Cozinha Prática*, apresentado pela chefe de cozinha Rita Lobo[87]. Por meio do discurso direto, coerente à tecnologia da intimidade do canal GNT, a apresentadora deixa escapar um modelo de mulher preocupada em agradar o companheiro e a família, em cuidar dos filhos e em manter um equilíbrio doméstico. A seguir, reproduz-se o trecho referido:

---

[86] No cinema a mulher foi exemplarmente amoldada à mística feminina. Como exemplo, cita-se o filme *The Stepford Wives*, de 1975, refilmado em 2004 e traduzido como *As Mulheres de Stepford* ou *Mulheres Perfeitas*. Baseado no romance de Ira Levin, publicado em 1972, o filme de 1985 é uma ficção científica de suspense, sem final feliz, que mostra Joanna Eberhart, uma fotógrafa de Nova York, mãe de dois filhos, cujo marido, o advogado Walter Eberhart, deseja se mudar para a cidade interiorana de Stepford, Connecticut. Como típica mulher libertária dos anos 1970 em busca de sua independência profissional, a personagem Joanna é adversa à invocação da mística feminina adotada pelas mulheres da cidade de Stepford, as quais são passivas, belas e ocupadas com os trabalhos domésticos. Joanna não vive em função da família e deseja dividir as tarefas do lar com o marido; ela é, pois, a imagem da mulher que começara a experimentar sua liberdade e a desejar transformações nos papéis e nas relações de poder. Quando faz amizade com outra moradora da cidade que também foge aos moldes das mulheres urbanas, juntas descobrem que os homens de Stepford matavam suas respectivas mulheres para, então, substituírem-nas por mulheres-robôs, uma operação fatal e irreversível. No contexto no qual foi escrito e filmado esse romance, pode-se dizer que esse filme é metáfora e metonímia da vontade de verdade de se suprimir a liberdade da mulher, em meio às ideias do movimento feminista *Woman's Liberation*; não se queria viver em função dos outros e do lar. Elas desejam ter uma carreira, e isso significava mais que um emprego, "significava realizar algo, ser alguém e não apenas existir através de terceiros", como bem analisou Friedan (1971, p. 37).

[87] Criado em 2011, o *Cozinha Prática* é apresentado pela chefe Rita Lobo, a qual ensina o preparo de receitas diversas explicadas passo a passo. Nos episódios e na sinopse desse programa, sempre se ressalta que as receitas são fáceis, saudáveis; e os alimentos escolhidos, acessíveis. A chefe é autora de livros de culinária como *A Conversa Chegou à Cozinha, Crônicas e Receitas, Culinária para Bem-Estar, Receitas AntiTPM* e *Panelinha, Receitas que Funcionam*. Desde 2000, Rita Lobo publica em seu site *Panelinha – receitas que funcionam* receitas e curiosidades culinárias (BLOG da Rita, 2013).

> Eu descobri que as mulheres sem muito jeito com o fogão têm basicamente *duas grandes oportunidades para aprender a cozinhar*. Uma é, *quando a gente se apaixona e quer logo brincar de casinha*, aprende a fazer risoto. A outra chance de ganhar mais intimidade na cozinha é um pouquinho depois *quando o primeiro filho nasce*. Eu já era chefe formada quando o meu primeiro filho nasceu e, mesmo assim, eu fiquei tão insegura com as papinhas. Começa com a de frutas, com a de legumes, pode por sal, não pode. Mas, passado um tempo, *você não precisa fazer um jantar para as crianças e outro para os adultos*. [...] No programa de hoje, vimos como preparar um jantar que agrada pessoas de todas as idades e descobrimos que hambúrguer bem feito pode ser um prato gourmet. E, para deixar a *refeição saudável*, trocamos o refrigerante por uma delicada água aromatizada numa jarra linda, que *deixa a mesa cheia de charme* (HAMBÚRGUER, 2012, s/p, grifo nosso).

É curioso perceber nesse texto que as oportunidades para a mulher aprender a cozinhar não estão associadas ao convívio dela com os amigos ou dela com ela mesma. Ao contrário, reforça-se a ideia de mulher como boneca do lar, a qual, ao estar apaixonada, "quer brincar de casinha", um reducionismo que favorece o desenvolvimento de meninas precocemente obrigadas a constituir sua personalidade com base na feminilidade. Tendo o olhar do outro como referência de eficiência do lar, Rita Lobo mostra uma imagem feminina preocupada em cozinhar bem para ser considerada uma boa mãe e uma boa companheira-esposa-namorada. Para tanto, empreende-se todo tipo de pedagogização midiática, do programa ao site, expondo o passo a passo, de forma bem didática, com referências de utensílios domésticos, bem como de formas de arrumar o prato e a mesa.

Com isso, nota-se que o objetivo absolutamente conformado de Rita Lobo é agradar a todos com seu prato gourmet, feito em casa, saudável, preparado por ela e posto em uma mesa bem arrumada[88]. Aliás, a harmonia do lar enovela-se justamente pela necessidade de satisfazer a todos e pela facilidade do preparo da refeição saudável, com o objetivo de sobrar tempo para a realização de outras tarefas, afinal ela é impelida a dar conta de fazer

---

[88] Quando a cozinha internacional passa a promover (re)adaptações e flexibilizações de uma série de técnicas e princípios de culinários locais e regionais, o termo "gourmet" é ressignificado, assumindo outra acepção já de certa forma alforriada da alta cozinha francesa. Segundo Ariovaldo Franco (2004, p. 257), ser gourmet passa a corresponder a um consumidor "interessado em tudo que bebe e come, pessoa que aprendeu a degustar prazerosamente os alimentos, sabendo avaliá-los segundo critérios que não advêm exclusivamente da socialização"; é, nesse sentido, "transcender o chauvinismo culinário e poder realizar uma mistura sutil de tradição e de curiosidade pelo novo".

tudo. Há, então, permanências de uma dócil dedicação ao lar coerente com mística feminina, cuja dona de casa, embora compre alimentos congelados e enlatados, como as papinhas prontas, por exemplo, deseja "'elaborar o prato', a fim de provar sua participação pessoal e preocupação em agradar a família" (FRIEDAN, 1971, p. 186). A eficiência na cozinha é sinônimo da satisfação familiar.

Em seu programa de culinária *Nigella*, a apresentadora inglesa Nigella Lawson ensina receitas sofisticadas, geralmente repletas de manteiga e açúcar. Essa chefe de cozinha tinha uma peculiaridade: ela assumia sua beleza não pelo padrão de magreza apregoado pela mídia, mas pela valorização de seus contornos corporais, marcados por curvas que delineavam barriga e quadris volumosos[89]. Contudo, em 2012, ela aderiu à dieta de baixíssima caloria e aos exercícios diários para reconfigurar seu corpo, pouco antes de estrear sua então nova série, *Nigelissima*, na televisão britânica BBC2. Após lançar seu livro *How to Be a Domestic Goddess* (Como ser uma deusa doméstica) em 2000, Nigella Lawson tornou-se o próprio ícone da "deusa doméstica": uma mulher que, após as diversas conquistas femininas nos séculos XIX e XX, não está mais confinada à esfera doméstica. No entanto, retorna à cozinha constantemente, no tempo vago entre o "cuidar de si" e o "cuidar do outro", porque deseja satisfazer e agradar a família com seus preparos rápidos e deliciosos. Segundo a chefe de cozinha, o esforço requerido para o preparo de um bolo é bem menor, se comparado ao reconhecimento e à satisfação de sentir-se uma "deusa doméstica" ao conseguir preparar rapidamente uma receita que todos vão apreciar (LAWSON, 2000). Isso deixa clara a ressignificação — e não exatamente uma substituição, como propôs Naomi Wolf — dos mecanismos de controle da mística feminina e do mito da beleza, segundo os quais o modelo da "heroína doméstica" foi reconfigurado incorporando o padrão de beleza ótimo.

Os programas exibidos no canal GNT mostram uma Nigella Lawson cheia de curvas e bem sensual com seu jeito de cozinhar e de ensinar. No episódio exibido em 16 de agosto de 2012, a chefe prepara duas receitas para si mesma e outra para os filhos, de modo a mostrar que a mulher também tem a oportunidade de cozinhar para si mesma. Sem pudor calórico, a chefe,

---

[89] *Nigella* é um programa de culinária produzido e exibido pela BBC e, no Brasil, exibido pelo GNT. Apresentado por Nigella Lawson, uma jornalista britânica, chefe de cozinha e crítica gastronômica, o programa é destinado à pedagogia da culinária de pratos considerados simples, mas sofisticados. Intitulado *How to Eat* (Como comer), esse primeiro livro de Nigella foi publicado em 1998 e tornou-se um best-seller, vendendo cerca de 300 mil cópias, motivo pelo qual deu origem ao seu programa de televisão.

envolta em seu penhoar, prepara uma rabanada frita na manteiga para o café da manhã. Segundo Nigella Lawson, "a rabanada tem que ser frita na manteiga, o pão absorve a manteiga, claro", e, depois de tirar um volumoso naco de manteiga, diz: "[...] admito que isto é manteiga demais. Mas quer saber? É o meu agrado de domingo". Depois de pronta a rabanada, ela se prepara para comer a rabanada sozinha: "Pego uma faca, uma colher e um guardanapo. Apago o fogo e me sirvo. [...] Vou voltar para a cama com o jornal e isto", apontando para o prato. Observe-se que, nesse preparo, há o prazer associado ao preparo do prato, bem como à ingestão de um alimento bem calórico, como um presente para si, digno de uma manhã de domingo, após uma semana exaustiva de trabalho. O mérito de comer uma rabanada frita em muita manteiga é engendrado pela lógica do prazer e de se fazer feliz pela comida. Sempre houve uma relação entre comida, prazeres e relação com o corpo. De acordo com Luce Giard (1996, p. 259), é possível analisar as relações dos indivíduos com seus respectivos corpos e com os outros, por meio do interesse e do cuidado que se tem com a comida diante de um conjunto de prazeres ou restrições que se permitem ou se impõem. Na atual cultura somática que apregoa o corpo magro e ótimo, tão logo se ingere uma rabanada, ela se transforma em culpa, adiposidade e falha corporal.

Em outro momento desse mesmo episódio, Nigella Lawson prepara coxas de pato com batatas, um prato que, segundo a chefe, é muito calórico e, por isso, precisa acompanhar uma salada verde. Se na primeira receita o prazer se sobressai à preocupação com a manteiga, aqui, o equilíbrio calórico é estabelecido. A apresentadora enfatiza a facilidade do preparo dessa receita, escolhida quando ela precisa de um bom jantar e está cansada para cozinhar. Em outra receita desse episódio, ela despende mais tempo para a feitura de um bolo de chocolate amargo, o qual é servido aos filhos. Na pedagogização midiática desse programa, ressalta-se a todo o momento a facilidade e a praticidade do preparo das receitas, uma nota fundamental para a mulher contemporânea — solteira ou casada — posta a "dar conta de fazer tudo" e, nesse caso, a empreender uma performance ótima na gestão do lar e igualmente na ingestão dos alimentos.

Ora os programas de culinária apresentam a mulher como a gestora do lar, por exemplo, *Cozinha Prática* e *Nigella*, ora essa administração é uma tarefa compartilhada. No episódio do programa *Que Marravilha!* exibido em 16 de agosto de 2012, essa gestão compartilhada é solicitada por Aline, a qual denuncia ao programa o fato de seu marido, João Ricardo, não saber cozinhar o básico[90]. O programa *Que Marravilha!* é um *reality show* de culinária no qual o chefe de cozinha francês Claude Troisgros ensina pessoas anônimas a cozinhar, selecionadas de denúncias feitas por outras pessoas, geralmente parentes ou colegas, os quais explicam a necessidade da ajuda. Primeiro, Claude Troisgros ensina o participante como preparar um prato, depois o participante é deixado sozinho a fim de ser testado sobre aquilo que aprendeu. No *story line* do episódio analisado, percebe-se a reclamação de uma mulher cansada em assumir a cozinha. Eis o trecho destacado:

> Aline é casada com João há 6 anos. E há 6 anos, quando alguém quer comer algo em casa, é ela quem tem que ir para o fogão e preparar. Enquanto isso, João só quer saber de futebol na TV. Pra virar o jogo, Aline enviou um vídeo para o *Que Marravilha!*: *quer que o marido aprenda a cozinhar pelo menos o básico, pra ela não ter que ser sempre a pessoa que vai pra cozinha*. Mesmo tendo praticamente experiência nula com as panelas, João garante: no dia que tiver que cozinhar, *vai fazer pratos melhores do que os da esposa*. Será que, com a ajuda de Claude, ele vai conseguir provar isso? (JOÃO, 2012, s/p, grifo nosso).

Nesse texto, a reclamação de Aline é um sintoma de que ainda há uma ressonância do papel da mulher como "heroína doméstica", aquela responsável pela gestão do lar. Como seu marido não sabe cozinhar, no casamento, ela acabou incorporando uma mística feminina, ao menos no âmbito da cozinha. Depois de seis anos de casa, ela deseja que o marido a ajude na cozinha de modo a preparar pratos básicos do dia a dia e desocupar-lhe as mãos para outros afazeres. Observe-se, ademais, o desafio competitivo estabelecido pelo marido, o qual acredita ser capaz de preparar pratos melhores, se comparado à esposa. Há menos de meio século, essa necessidade de competição performática no casamento nem era cogitada. Isso porque, na época na qual a mulher era proibida de adentrar no mundo masculino, restava-lhe apenas a ocupação de dona de casa e a dependência ao marido, pois a união não significava a divisão de tarefas, mas sim um esvaziamento de sua imagem feminina. Foi exatamente isso que Betty

---

[90] Estreado em 2010 e posteriormente retirado da grade, o programa *Que Marravilha!* foi apresentado por Claude Troisgros, um renomado chefe de cozinha francês de uma família tradicional de gourmets, os "Troisgros". Os telespectadores podiam participar do programa e aprender a cozinhar com o próprio Claude Troisgros, mas, para tanto, deviam produzir um vídeo, e enviá-lo pelo site, explicando o motivo pelo qual desejam ser selecionados ou a razão que os levava a indicar alguém para participar do programa. O nome do programa, *Que Marravilha!*, era uma paródia à própria pronúncia portuguesa do chefe francês Claude Troisgros, conhecida desde seu antigo programa *Menu Confiança*, do GNT, apresentado com o jornalista Renato Machado.

Friedan destacou na fala de um antigo editor da McCall's — uma revista feminina estadunidense cujo conteúdo era constituído, especialmente nas décadas de 1950 e 1960, pela imagem típica da mulher da mística feminina — sobre as pautas das reuniões editoriais ocorridas em meados da década de 1950. Segundo o editor, às vezes se cogitava questionar a relação conjugal sobre o que aconteceria "às mulheres se os homens passassem a decorar, cuidar das crianças, cozinhar e fazer tudo o que ela costumava realizar sozinha"; contudo, não se podiam publicar matérias as quais abordassem a "mulher abandonando a casa para seguir carreira" (FRIEDAN, 1971, p. 46)[91]. A reformulação da mística reside justamente no discurso acerca de uma mulher que já não mais abandona o lar, muitas vezes não se casa, segue sua carreira, "cuida de si", cuida dos outros e, sobretudo, deseja ser vista por sua performance ótima e feliz.

Ainda sobre o episódio do *Que Marravilha!*, destaca-se o trecho inicial do programa, cuja edição mixa diversas falas de modo a traçar um perfil do participante. É interessante perceber três imagens femininas neste texto referentes à mãe de João, também avessa à cozinha, à sua irmã, que muitas vezes realizava as tarefas domésticas ao invés dele, e à sua esposa, a qual tem sua participação no lar desvalorizada.

> Aline: Ele tá prometendo para mim um jantar há 15 anos e não faz nada. [...]
>
> Mãe: O João Ricardo não sabe cozinhar. E eu vou dizer a verdade: ele não gosta de cozinha não. Ele saiu puxando eu [*sic*].
>
> Aline: Mas eu acho também que *ele é um pouco preguiçoso*. Quando ele chega do trabalho, ele senta no sofá.
>
> Mãe: Eu mandava ele [*sic*] fazer alguma coisa, mas só que enrolava, enrolava, enrolava e acabava não fazendo.
>
> Irmã: E aí a gente acabava fazendo, porque ele não tinha feito.

---

[91] Conforme Betty Friedan, os editores da revista *McCall's*, em 1954, avidamente transformaram o conceito de união em um movimento de caráter nacional, produzido por publicistas, pastores e editorialistas. Sinônimo de âmbito das finalidades masculinas mais amplas, reforçava-se a união por meio da censura das mulheres que deixassem os respectivos marido ajudarem nas tarefas domésticas, em vez de utilizarem o tempo para liderarem o país e o mundo, afinal a eles era permitido o espaço público. Por meio dessa publicização limitadora da ajuda e da participação masculina no lar, reforçou-se uma imagem feminina cravada no cuidado do lar. Ironicamente, Friedan (1971, p. 44) questiona: "[...] por que homens com capacidade para estadistas, antropólogos, físicos, poetas, eram obrigados a lavar pratos e a trocar fraldas à noite e nas manhãs de sábado, quando poderiam usar esse tempo extra em compromissos mais amplos para com a sociedade?"

João: *Eu não sou tão imprestável* também, porque quem lava a louça aqui em casa sempre sou eu.

Aline: *Só lava a louça.*

João: *Quem pendura a roupa, quem recolhe a roupa do varal sou eu.*

Aline: *Na verdade, ele coloca a roupa para lavar, mas quem lava é a máquina, não é ele, né? Ele só aperta o botão.*

João: Aí chega na janta, que abre o apetite, aí eu te falo que *eu fico totalmente dependente dela.*

[...]

Aline: Ele acha que cozinhar é fácil e ele vai descobrir o contrário agora (JOÃO, 2012, s/p, grifo nosso).

A reclamação expressa a insatisfação e a infelicidade de uma esposa cujo marido nunca lhe preparou um jantar em 15 anos de relacionamento. Segundo Aline, em função de João ter vivido toda a vida com a mãe e as irmãs ao seu redor, as quais sempre fizeram tudo para ele, o marido tornou-se preguiçoso, e ela, então, acaba também por assumir as tarefas domésticas. Nesse episódio, a felicidade de Aline é expressa durante o preparo do jantar pelo marido por meio de uma inversão de rotinas: ele vai para a cozinha, e ela senta no sofá com o apresentador Claude, o qual lhe pergunta se ela está gostando da "vida de dondoca". A leitura atenta desse questionamento desvela a paráfrase de uma imagem feminina ancorada na figura da "dondoca", remetendo a uma conotação afetivo-pejorativa de uma mulher que não necessita fazer esforço em sua vida e cujas preocupações se distinguem pela futilidade.

O entrave estabelecido entre homens e mulheres no âmbito doméstico acerca das práticas do lar é consequência de um novo estilo de vida contemporâneo no qual, em uma união, ainda é preciso negociar muito, a fim de se partilharem as responsabilidades domésticas. Isso mostra uma condição feminina ainda ancorada em um diferente acesso às profissões e às tarefas estabelecidas no lar e no trabalho. Mesmo diante das modificações elementares da importância da mulher na divisão do trabalho — as quais intensificaram a sua inserção em profissões intelectuais ou administrativas associadas aos produtos simbólicos, como "jornalismo, televisão, cinema, rádio, relações públicas, publicidade e decoração", além de sua participação em carreiras próximas às tradicionais atividades femininas (saúde, assistência social, ensino) —, sua entrada em cargos de autoridade no âmbito da economia, finanças e política ainda é restrita (BOURDIEU, 2011, p. 108). Diante desse cenário de reconfiguração da condição feminina, as mudanças nítidas em curso não devem dissimular nem ocultar do olhar cauteloso e atento do observador uma série de permanências nas posições relativas da mulher na contemporaneidade. A fala imprudente do apresentador Claude ao se referir à participante como uma dondoca revela a permanência de um modelo tradicional da condição feminina, mesmo em um momento histórico no qual a mulher já trabalha e tem uma carreira fora de casa.

Retomando a análise do episódio do *Que Marravilha!*, observa-se que, por meio de uma forma confessional e satírica de "lavar a roupa suja", a participante Aline denuncia a inoperância culinária do marido, ao mesmo tempo que solicita ajuda midiática na busca do equilíbrio de seu lar. Nesse caso, o sucesso da gestão doméstica ótima depende de uma performance do marido assistida pelo chefe de cozinha, que lhe ensina a preparar uma receita nem um pouco elementar (pene com ragu de pato e goiabada), a fim de surpreender sua esposa. Sua performance é vigiada e assistida por espectadores em um programa que legitima a observação e a indiscrição, extrapolando o sentido da intimidade como âmbito no qual se resguarda a vida privada. Diferentemente disso, o olhar do outro invade a cozinha do casal, a sala de jantar, a sala de estar e a área de serviço, expondo a intimidade sem muito discernimento. A intimidade como espetáculo (SIBILIA, 2008) não resguarda muitos segredos ao olhar da alteridade; expõem-se as relações familiares ao extremo, e as limitações dos indivíduos ao limite. De acordo com Fernanda Bruno (2010, p. 168), um dos pontos nevrálgicos a respeito dos processos de vigilância contemporâneos refere-se à "progressiva naturalização da vigilância como forma de observação, atenção e cuidado", a qual é incorporada ao tecido social, tecnológico, subjetivo e estético. Nesse cenário, os programas do gênero *reality show*, de forma cada vez mais inovadora, empregam tecnologias, discursos e estéticas de vigilância como forma de incitar o olhar à exposição de eu na tela.

Ao retomar o *story line* do programa, observa-se a solicitação de Aline para seu esposo aprender a cozinhar pratos básicos a fim de ajudá-la no dia a dia. É ao menos curioso a direção do programa ter escolhido uma receita dita gourmet para João impressionar sua esposa. Evidentemente, isso se relaciona a um estilo de vida contemporâneo, cujas rotinas aceleradas favorecem a refeição pronta em restaurantes. Conforme observa Flausino (2008, p. 33), "cozinhar não é mais uma atividade corriqueira, ocupa o espaço do lazer, vira *hobby*". Na contemporaneidade, a comida caseira preparada em casa é ressignificada, ganhando outro status e valor. Isso porque o ato de cozinhar — e também o ato de comer — não está relacionado só aos alimentos e a suas formas de preparo, mas também à maneira como a sociedade se organiza em suas refeições, por exemplo, no que diz ao horário de comer, funções, responsabilidades e prazeres, como bem observa o sociólogo Ariovaldo Franco (2004).

De todos os programas do GNT, são os de culinária que mais exibem imagens masculinas, geralmente homens avessos à cozinha ou sem habilidades culinárias ou aqueles cujas aptidões favoreceram uma carreira como chefe e apresentador de televisão. Nota-se que, dos seis programas de culinária exibidos pelo GNT em 2012, quatro eram apresentados por homens chefes de cozinha: Olivier Anquier, Claude Troisgros, Jamie Oliver e Chuck Hughes. Mas nem sempre essa profissão foi legitimada pelos homens. Na Grécia Antiga, por exemplo, inicialmente não havia cozinheiros, e a moenda dos grãos bem como o preparo da comida eram atividades das escravas, conforme destaca Franco (2004). Depois, foram constatadas indicações de anfitriões que preparavam os alimentos a fim de receber seus convidados. Paulatinamente, as inscrições culturais conformaram hábitos de comer e de cozinhar, conferindo aos cozinheiros uma certa ascendência em relação aos demais escravos da casa. Com a expansão romana, os bons cozinheiros passaram a ser considerados pessoas importantes, estimadas, com bons salários, símbolos de ascensão social, de modo que a valoração do âmbito da cozinha foi aos poucos excluindo a mulher desse espaço. Como exemplo disso, Franco cita as chamadas *cordons-bleus* do século XVIII, cozinheiras empregadas por indivíduos não tão suficientemente ricos para bancar um salário para um cozinheiro.

De fato, foi na cozinha doméstica tradicional que, durante anos, a mulher reinou como heroína, servindo ao lar, aos filhos e ao marido, mantendo a harmonia da casa. É interessante perceber, no episódio analisado do *Que Marravilha!*, a ressonância dessa mulher, não tanto heroína como em outrora, mas cujo papel de esposa, de certa forma, ainda está associado ao equilíbrio da casa e do relacionamento. A exigência da capacidade feminina em gerir o lar, bem como em cuidar dos outros e de sua aparência, desvela uma paráfrase da dominação masculina no sentido de reordenar a condição de desigualdade pessoal e social. Diante dessa moldura de harmonia doméstica, nota-se a permanência da relação entre o amor e a responsabilização da mulher pelas tarefas domésticas, motivo pelo qual, durante séculos, ela foi subordinada ao lar e ao isolamento do mundo exterior.

Em seu livro *A Transformação da Intimidade*, o sociólogo Anthony Giddens (1993) afirma que, desde o fim do século XVIII, época na qual o amor romântico começou a emergir nas narrativas individuais, aos poucos esse tipo de amor foi incorporado ao casamento, afetando a situação das mulheres. O amor romântico é distinto e ao mesmo tempo herdeiro do amor apaixonado, o qual é marcado pelo fervor, pelo ardor sexual, pela urgência e pelo encantamento perturbador. Sinônimo de amor sublime, mas separado das compulsões do amor apaixonado, desde o século setecentista, o amor romântico enovelou-se a uma narrativa pessoal com reflexividade do amor, no qual o eu e o outro passaram a ser narrados nos romances e nas novelas. Nesse ideal de amor, considera-se o outro uma pessoa especial, pois acredita-se completar aquele que o ama.

Segundo o sociólogo, o amor romântico está coadunado com uma série de "influências que afetaram as mulheres a partir do final do século XVIII", como, por exemplo, a criação do lar, a mudança nas relações entre pais e filhos e a maternidade (GIDDENS, 1993, p. 52-53). Todos esses fatores teriam reforçado o distanciamento da mulher do âmbito da ação e deslocado sua existência para a promoção do amor. Da mesma forma, o poder patriarcal absolutista no centro do lar, aos poucos, foi substancialmente alterado, de modo que se constituiu a noção de esposa-mãe, uma mulher cuja feminilidade passou a ser posta pela afeição maternal. Sua subordinação ao lar e o isolamento do mundo exterior eram, ao mesmo tempo, a expressão do poder patriarcal que a privou de outros domínios e, também, a revelação de seu amor romântico. Nessa mecânica do amor romântico, a esposa construía sua subjetividade em função não de sua vida pessoal, mas da idealização do outro, a quem se desejava conquistar, agradar e fazer feliz para sempre. Nesses termos, a íntima associação entre amor (verdadeiro e para sempre), casamento e maternidade sustentou um controle sobre a mulher, que deveria ser capaz de fazer de tudo para "segurar o marido".

No canal GNT, o casamento e seu ritual são o tema do programa *Chuva de Arroz*, no qual são mostradas histórias de amor de dois casais, desde quando se conheceram até o momento da cerimônia[92]. Sem apresentador, o programa acompanha a montagem do ritual do casamento e da festa, bem como a escolha do vestido da noiva, sua maquiagem, suas ansiedades e suas expectativas. A trilha escolhida para o programa denota uma certa ressonância do amor romântico e da busca constante pelo amor para a vida inteira. Vide trecho da música "Pra sonhar", de Marcelo Jeneci:

> [...] *O que era sonho se tornou realidade*
>
> De pouco em pouco *a gente foi erguendo o nosso próprio trem,*
>
> Nossa Jerusalém,
>
> Nosso mundo, nosso carrossel
>
> Vai e vem vai
>
> *E não para nunca mais*
>
> De tanto não parar a gente chegou lá
>
> Do outro lado da montanha, onde tudo começou
>
> Quando sua voz falou:
>
> *Pra onde você quiser, eu vou*
>
> *Largo tudo*
>
> *Se a gente se casar domingo*
>
> Na praia, no sol, no mar
>
> Ou num navio a navegar
>
> Num avião a decolar

---

[92] Criado em 2011 e posteriormente descontinuado da grade do GNT, *Chuva de Arroz* era um programa sem apresentador com o objetivo de mostrar formas variadas de celebrar o ritual do casamento. Eis a sinopse do programa: "Casamento católico ou judaico? Celta ou hare krishna? Na praia ou na montanha? Com recepção em hotel de luxo ou com o churrasco na laje? Para 500 ou 50 convidados? Não importa o tipo de casamento: todos são emocionantes. 'Chuva de Arroz' mostra as mais diversas maneiras de celebrar este ritual. Do dia em que se conheceram até a hora do sim! A cada episódio, vamos acompanhar a trajetória de dois casais e mostrar as ansiedades e expectativas do grande dia. Você vai ver detalhes da cerimônia, como o vestido da noiva, a maquiagem, a decoração e a festa, além de conhecer a história de amor que uniu essas pessoas!" (CHUVA, 2012, s/p).

> Indo sem data pra voltar
>
> *Toda de branco no altar*
>
> Quem vai sorrir?
>
> Quem vai chorar?
>
> Ave Maria, sei que há
>
> *Uma história pra contar* [...]
>
> (O AMOR, 2012, s/p, grifo nosso).

Cantada por uma doce voz feminina e acompanhada por uma vocalização masculina, essa música marca um amor romântico feminilizado de uma mulher que sonha em casar-se com seu companheiro em correspondência amorosa mútua, tal qual já se observara em ocorrências no século XVIII (GIDDENS, 1993). O sonho de que se fala refere-se ao encontro da pessoa amada e à possibilidade de casar-se com ela, a qual está disposta a largar tudo em nome do amor. O ritual do casamento também é algo bem evidenciado nesse trecho, com referências à vestimenta alva da noiva e à viagem de lua de mel. Observe-se, ainda, a noção de um casamento para toda a vida, cujo relacionamento amoroso e romântico não finda — pelo menos esse é o desejo expresso. Além disso, no fim do trecho, há o claro indício de que há uma narrativa íntima e amorosa a ser mostrada e exibida para o olhar do outro: uma história a ser contada.

Nesse programa, as práticas de exposição da intimidade são elementos de visibilidade dos sujeitos na tela e para a vigilância legitimadora do olhar do outro. Na sinopse do *Chuva de Arroz* (2012), o olhar do telespectador é chamado a atestar a exposição pública da intimidade: "Você vai ver detalhes da cerimônia, como o vestido da noiva, a maquiagem, a decoração e a festa, além de conhecer a história de amor que uniu essas pessoas!" Como tema privilegiado de exposição pública, a intimidade extrapola o âmbito do privado (BRUNO, 2005) e é reconfigurada na própria conversão do eu em show, em face do deslocamento da subjetividade introdirigida para a alterdirigida ou exteriorizada (SIBILIA, 2008).

No episódio "O amor pode estar ao lado" do programa *Chuva de Arroz*, exibido em 13 de agosto de 2012, são mostrados dois casais, Marcus e Leila e Carlos Eduardo e Patrícia. Nos relatos das noivas, percebe-se a noção de que seus respectivos companheiros as completam, uma espécie de "encontro de almas" que assume uma potência ontológica e "uma forma de segurança psicológica" para aqueles cuja vida é por ele afetada (GIDDENS, 1993, p. 52-56). Os noivos conferem-lhes o preenchimento do vazio que outrora existia, um projeto típico do amor romântico, no qual um se idealiza no outro, a fim de construírem juntos a vida. Leila chega a dizer que o seu amor por Marcus "é uma coisa tão visceral, tão bacana", que o considera sua vida (O AMOR, 2012). A outra noiva, Patrícia, diz sempre ter sido apaixonada por casamento; em suas palavras: "[...] sempre esperei meu príncipe encantado e eu o achei" (O AMOR, 2012, s/p). Exibem-se, então, cenas do dia do casamento, desde a preparação da indumentária até o "sim". São confissões íntimas sobre os sentimentos do casal, espetacularizando o eu, sua vida privada do casamento, antes mesmo de sua formalização social, civil ou religiosa. A seguir, reproduz-se o trecho no qual Patrícia, já vestida de noiva, confessa publicamente seus sentimentos antes do casamento e seus votos durante a cerimônia.

> *Ontem eu fiquei bastante nervosa*, achando que ia faltar coisa e que não ia dar tempo. *Eu não parava de chorar ontem. Hoje, eu já estou mais calma. Eu tô [sic] muito emocionada.* Quando eu olho no espelho assim, parece que é de mentira. Mas, aí eu olho para o meu vestido eu olho para tudo isso que tá acontecendo, parece que foi tudo do jeitinho que eu sonhei. [...] *(durante os votos) Eu te amo muito. Eu te prometo muito mais do ser que sua esposa. Quero ser sua amiga, sua amante, quero ser sua força em todas as horas que você precisar de mim. [...] Eu quero ser tudo para você* (O AMOR, 2012, s/p, grifo nosso).

Observa-se na fala de Patrícia a idealização do seu "príncipe encantado", de seu casamento — que então era um sonho —, e, ademais, sua promessa de ser mais que uma esposa para seu marido: ser "tudo para ele". Essa imagem feminina parece coadunar-se a uma mulher que, para manter seu marido e seu relacionamento, torna-se uma espécie de heroína do amor romântico e do lar. Em uma possível relação de codependência, ela assume o outro como parte fundamental de sua segurança ontológica, motivo pelo qual se submete a fazer tudo. Conforme disserta Giddens (1993), uma pessoa codependente requer outro indivíduo ou um conjunto de indivíduos para ontologicamente sentir-se segura e, então, resolver suas carências. Ela constrói sua subjetividade com base nos outros, e, desse modo, sua autoconfiança também é estabelecida em face das necessidades dos outros. Nos relacionamentos nos quais há codependência, não há equilíbrio de poder, e pouco se negocia.

Com uma visão semelhante à de Giddens sobre o poder, Pierre Bourdieu (2011), em seu livro *A Dominação Masculina*, mostra como o casamento tem sido uma peça central para a permanência da força simbólica, entendida como um poder exercido diretamente sobre corpos que, sem haver coação física, age no sentido de reforçar predisposições estabelecidas pelas estruturas de dominação. Bourdieu afirma que a relação social é somatizada no mais íntimo do ser, produzindo corpos socializados concebidos, expressos e vivenciados dentro da lógica dos sentimentos, como amor, admiração e respeito. Durante séculos, a mulher foi ensinada a admirar, amar e respeitar, dentro de uma lógica do sentimento no âmbito matrimonial, segundo o qual sentimento e dever se mimetizaram. Inscrita muitas vezes pela ideia de vocação e de predisposição para o devotamento afetivo, a mulher foi chamada a submeter-se à ordem masculina. E, para Bourdieu, essa dominação é essencialmente somática, característica da constituição de um corpo-para-o-outro. É obvio que sempre há a autonomia do sujeito consciente de si, cuja resistência ao poder hegemônico pode levá-lo ao pensamento crítico e à ação. No entanto, todo o aparato de poder e saber conserva uma força dominante, a qual, evidentemente, limita e dificulta — se não impossibilita — certas manifestações simbólicas do contrapoder. Prolongam-se práticas e lógicas que reforçam a dominação masculina e a submissão feminina, o que, para Giddens e Bourdieu, tende a ser perpetuado enquanto houver uma ordem social e familiar legitimadora da abnegação e da resignação feminina. Diferentemente de Giddens, a observação cuidadosa de Bourdieu (2011, p. 63) não deixa de advertir que "os homens também estão prisioneiros e, sem se perceberem, vítimas, da representação dominante".

Mesmo com as mudanças no estatuto da autonomia das mulheres nos âmbitos da vida social e familiar, ainda há um certo desequilíbrio de poder entre homens e mulheres no casamento, e isso pode ser observado também nos programas do GNT, nos quais a feminilidade é geralmente associada à maternidade e ao cuidado dos filhos. A despeito de alguns pais serem midiatizados no GNT, é a imagem da mãe a mais dominante nos programas sobre maternidade e filhos, tanto no que diz respeito à mãe participante do programa quanto às profissionais entrevistadas — geralmente da área da saúde, pedagogia e psicologia. Há ainda uma ressonância de uma imagem feminina estabelecida em função do cuidado do outro, cuja atividade e responsabilidade se acumulam ao "cuidado de si".

Apresentado pela jornalista carioca e mãe Diana Bouth, o programa *Mãe é Mãe* é direcionado para o cuidado da saúde e do bem-estar dos filhos, desde bebês até os 10 anos de idade[93]. Como pedagogização midiática, são esclarecidas dúvidas por meio do compartilhamento de experiências de mães anônimas e famosas, bem como de entrevistas com especialistas. Exibido em 14 de agosto de 2012, o episódio "Alergias" mostrou como ocorre o processo alérgico e de que forma as mães podem contribuir para a melhora do estado de saúde de seus filhos. No trecho a seguir, proferido pela apresentadora, nota-se uma aproximação do programa ao ideal de mulher da mística feminina, aquela que se realizaria por meio de sua submissão ao ambiente doméstico, à educação dos filhos e ao amor materno e marital.

> A gente sabe que ficar ao ar livre é ótimo para a criança alérgica, *mas na verdade é que a gente passa mais tempo da nossa vida dentro de casa.* Como tornar a minha casa segura para uma criança alérgica? Posso usar o aspirador de pó? Quais os produtos de limpeza mais indicados? Como guardar os brinquedos? E mais: fisioterapia pode ajudar a tratar a asma? (ALERGIA, 2012, s/p, grifo nosso).

A pedagogização intimamente direcionada à mulher mostra um discurso no qual é ela quem deve assumir a criação e o cuidado da saúde dos filhos. Na busca pelo equilíbrio de um lar, no qual muitas vezes não há balanceamento no desempenho das tarefas domésticas, ela é valorizada ao assumir mais esta tarefa: a de organizar todo um conjunto de atividades sociais do cotidiano, que vão desde a alimentação dos filhos à higiene de seus brinquedos. Na contemporaneidade, percebe-se uma reconfiguração na figura da heroína, já não mais uma heroína-dona de casa restrita ao ambiente doméstico, mas cuja gerência das tarefas do lar lhe assegura, muitas vezes, a manutenção das relações sociais e a sustentação do projeto de família. Diferentemente da mulher da mística feminina, para a qual ser heroína, necessariamente, significa ter bebês e ter planos e aludia sempre a uma referência aos filhos (FRIEDAN, 1971), a nova heroína não precisa se casar, manter um casamento ou ainda ter filhos.

Diante das configurações da feminilidade contemporâneas, a *working girl* tem sido estimulada a aproveitar prioritariamente as oportunidades de trabalho e qualificação ao máximo, o que acaba por redefinir a noção de maternidade e casamento. Mesmo que o GNT privilegie o discurso

---

[93] Criado em 2012 e posteriormente descontinuado da grade do canal GNT, *Mãe é Mãe* foi um programa sobre maternidade apresentado por Diana Bouth, cujos objetivos visavam esclarecer dúvidas e compartilhar as emoções da maternidade. Em todos os episódios eram exibidas situações diversas sobre o cotidiano de mães (e, eventualmente, dos pais) anônimas e famosas, bem como entrevistas com especialistas.

do cuidado da aparência corpórea das mulheres jovens trabalhadoras das camadas médias urbanas, ainda há uma nítida preocupação em conferir visibilidade à feminilidade ancorada na maternidade. No *reality show Boas Vindas*, nem a maternidade nem a hora do parto escapam à exposição ao olhar do outro[94]. Com um forte apelo emocional, esse programa explora ao máximo a intimidade da mãe que, desde sua chegada à maternidade, apresenta depoimentos dela e da família sobre a preparação para o parto e o nascimento do filho. No limite, a câmera invade salas de parto e de cirurgia-obstetrícia a fim de mostrar os momentos da vida privada da mãe e da criança recém-nascida, cujo teste do pezinho, o primeiro choro e a primeira higienização são midiatizados em âmbito nacional.

Sob a lógica da cultura do espetáculo, cujo princípio do fetichismo da mercadoria tende a tudo mercantilizar, exibem-se de sentimentos e afetos do momento da anestesia ao parto. Observe-se, no episódio exibido em 15 de agosto de 2012, como são mostrados o nascimento de Ana Vitória e a dor de sua mãe em trabalho de parto. A seguir, destaca-se o trecho no qual uma mãe (Mãe), acompanhada pelo marido Luiz Carlos (Pai), o qual assiste ao nascimento de sua filha. Seguem-se as orientações da obstetra, Dra. Evelyn (Dra).

> Dra: A criança já é uma artista. Fecha a boca, vamos, não para. Isso! Força sem parar. Já não tem mais nada que impeça o bebê. Vambora [*sic*], tá descendo. Muito bem, vai, ótimo, ótimo. Fecha a boca. Isso! Com a boca aberta você desperdiça força.
>
> [Corta para a imagem da mãe com a mão no rosto, sofrendo bastante. Depois, mostra-se o pai a sorrir.]
>
> Dra: Esse pai ajuda, esse pai vale a pena ter na sala. Não é um pai medroso não. Vai! Não para [*sic*] não. O pescoço encosta aqui. Você está forçando o pescoço. Puxa o ferro para você.
>
> Mãe: Aaaai! [geme de dor]
>
> Dra: Você já teve parto normal?

---

[94] Com estreia em 2011, *Boas Vindas* é um programa do gênero *reality show* e sem apresentador. No programa, são acompanhados nascimentos de bebês, com depoimentos gravados antes e após o parto, a fim de mostrar histórias consideradas "reais". O registro das câmeras é essencial para conferir autenticidade e veracidade aos fatos exibidos.

Pai: Já. [responde o pai pela mãe]

Dra: Ah é? Isso eu não sabia. E já perdeu algum bebê? Quantos?

Mãe: Um só.

Dra: Com quantos meses?

Mãe: Dois meses e meio.

Dra: Huuum. Força para baixo. Começou a sair. Tá aqui já. Tá pertinho.

Mãe: Aaaai! [geme de dor]

Dra: Você tá de parabéns. Vai ser agora, tá nascendo. Não para, não para, não para. Nasceu! Muito bem. [A médica segura o bebê] Olha aqui sua princesa. Tá vendo? Quer segurar?

[A mãe balança a cabeça em sinal afirmativo, depois segura o bebê, e o pai aparece sorridente].

Dra: Esse pai é coruja. Parece comigo (AUMENTANDO, 2012, s/p).

Diante do programa *Boas Vindas*, os telespectadores tornam-se testemunhas da espetacularização da intimidade de vidas recém-nascidas. Isso coaduna o que Fernanda Bruno (2005, p. 53) denominou "olho público", um novo estatuto do olhar do outro reconfigurador dos limites entre "o que se mostra e o que se esconde", uma testemunha daquilo que se projeta e se faz visível na tela. Na documentação da trajetória de vida dos indivíduos, não se priva o "olho público" do sangue, da dor e do sofrimento materno: todos elementos que conferem autenticidade acerca do momento vivido. O formato televisivo e a edição de imagens dos *reality shows* são engendrados de modo a atestar uma verdade associada à produção de intimidade e subjetividade.

A despeito da vigilância do olhar do outro, observa-se no GNT uma intensa visibilidade incidida sobre a mulher e seu papel na sustentação e na integração da família. Exemplos disso são as midiatizações das celebrações de rituais, como casamento e nascimento, eventos que asseguram a manutenção das relações sociais e familiares. Também reforçam o desempenho da mulher como mantenedora do equilíbrio do lar os programas sobre culinária e cuidado com os filhos, os quais têm uma pedagogização midiática do saber fazer para se cuidar do outro. Em todas essas dobras do visível, é o casamento o elemento central de sustentação do poder simbólico em torno da família, das relações conjugais, filiais e domésticas.

Em favor de um regime contemporâneo de visibilidade e transparência da vida, cada vez mais se assiste à exteriorização do eu e de tudo o que a ele pertence. Nesse cenário, a feminilidade da nova heroína tende a se estabelecer pelo que se faz ver acerca do que se aparenta ser, e, nesse sentido, o lar é também convocado a se ajustar. Impelida a todo o momento a exibir uma performance ótima e um lar ótimo, a ela são ensinadas maneiras de decorar e organizar sua casa. E, para a gestão do lar ótimo, o canal GNT não se esquiva de mostrar somente apresentadoras mulheres. Por meio de uma tecnologia da intimidade do tipo "de mulher para mulher", as especialistas-apresentadoras mostram formas ditas fáceis e práticas de deixar o lar mais bonito e organizado. A todo o momento, a telespectadora é convocada a seguir uma pedagogização midiática cuja lógica dominante reforça o ideal do faça você mesmo.

O programa do GNT sobre arquitetura e decoração intitulado *Decora* é um nítido exemplo de filantropia televisiva, uma ajuda redentora confiada a peritos em transformações, os quais mostram os caminhos para o reconhecimento e o aprimoramento pessoal (FREIRE FILHO, 2009)[95]. No caso desse programa, o perito é a arquiteta Bel Lobo, a qual promove a transformação de espaços domésticos e a reforma de objetos, de modo a atender às solicitações dos participantes, pessoas comuns que abrem a porta e a vida para a ajuda midiática. No episódio exibido em 16 de agosto de 2012, um casal solicita o auxílio da apresentadora para reformar a cozinha do espaço anexo à casa principal, onde mora a família. A seguir, reproduz-se o trecho do vídeo gravado por Bianca (B) e André (A).

> B: Olá, eu sou a Bianca.
>
> A: Eu sou o André.
>
> B: Moramos eu, minha mãe, meu irmão e o André, que é meu "namorido", aqui nessa casa, há um ano. E a gente tá arrumando aos poucos assim, partindo do princípio que

---

[95] Criado em 2011, o programa *Decora* era apresentado pela arquiteta Bel Lobo, a qual mostra transformações em espaços a fim de atender aos pedidos dos participantes. Desde a temporada de 2012, o programa passou a ter 30 minutos de duração e inseriu um quadro no qual a publicitária e colunista de sites Thalita Carvalho mostra formas consideradas econômicas e práticas de transformar objetos. O programa passou por várias reconfigurações, contudo a ideia de transformação dos espaços domésticos permanece.

> as coisas não são muito baratas e também porque aqui tem muita coisa que dá para ser reaproveitada. E a parte central, então, né de uma casa... é o quê? A cozinha. *Então a gente precisa de ajuda para isto: para fazer a cozinha daqui de casa* (COZINHANDO, 2012, s/p, grifo nosso).

Retrata-se um casal jovem de "namoridos", termo geralmente empregado para denotar que os companheiros ainda são namorados, mas já vivem juntos como marido e mulher. Eles pedem ajuda para renovar a cozinha, visto que era um espaço totalmente inutilizado, com lodo, louças quebradas, cheio de restos de construção e, nas palavras da apresentadora, em que havia "muita tralha para sair" (COZINHANDO, 2012, s/p). Depois de exibido o problema, o casal é convidado a sair, e, então, a equipe responsável pela reforma engaja-se em transformar o espaço no prazo de um dia. São mostrados detalhes das alterações na cozinha e trechos dos depoimentos do casal e da família sobre suas esperanças e seus desejos para a nova aparência desse cômodo.

Depois, Bianca e André são convidados a retornar ao local e, então, ratificar as alterações empreendidas pela equipe do programa. Bianca diz que foi um milagre, e André refere-se à reforma como uma transformação incrível. Por meio de uma pedagogização midiática enfaticamente criativa e econômica — até mesmo são apresentados os preços dos objetos comprados e o custo da reforma —, engendra-se uma nova aparência para os espaços, antes feios, falhos, velhos ou inacabados. Aliás, a conferência entre o "antes" e o "depois" reforça a autenticidade do parecer outro, posteriormente atestado como incrível, belo, ótimo e feliz. No fim do programa, André diz: "[...] espero que a gente seja muito feliz aqui, nesse espaço". E Bianca corrobora: "Seremos!" (COZINHANDO, 2012, s/p).

Observe-se que a ideia de transformação do espaço está associada também à noção de felicidade, como se as motivações para as mudanças e as reformas nos espaços estivessem associadas ao ganho de autoestima e da imagem pessoal ou, ainda, à performance do sujeito. Na cultura da performance, a preocupação com a aparência parece manifestar que, mais do que nunca, associa-se a aparência da casa aos modos de ser e de aparecer dos sujeitos. Ao ser revelado, o habitat igualmente revela traços de quem nele mora. Esse foi um dos pontos analisados por Michel de Certeau e Luce Giard (1996, p. 204) a respeito do espaço privado; nas palavras dos autores:

> Indiscreto, o habitat confessa sem disfarce o nível de renda e as ambições sociais de seus ocupantes. Tudo nele fala sempre

> e muito: sua situação na cidade, a arquitetura do imóvel, a disposição das peças, o equipamento de conforto, o estado de manutenção. Eis, portanto, o indicador fiel e tagarela com que sonham os inquisidores, da administração às ciências sociais, como aquele juiz de menores que estabelecia um modelo de investigação sobre as famílias que tinham contas a ajustar com a justiça, detalhando os tipos de habitação a distinguir [...].

Os autores entenderem existir no habitat toda uma dimensão simbólica que, associada à organização do mobiliário, à preferência dos materiais e à disposição dos espaços, fornece ao olhar atento composições para um relato de vida. Com base em uma observação cuidadosa e em uma reflexão crítica sobre a exteriorização subjetiva na cultura da performance, pode-se perceber a relação entre a aparência do espaço privado e a "aparência interior" de seu ocupante — entendida aqui como a necessidade de corporificar uma interioridade psíquica e, então, exibi-la aos olhos da alteridade, no sentido de engendrar uma performance de sucesso (EHRENBERG, 2003). Na contemporaneidade, na qual nada escapa à visibilidade, a aparência interior precisa ser corporificada e exteriorizada além do âmbito orgânico. Por isso, na gestão da performance em modo ótimo, o cuidado, a reforma e o tratamento extrapolam o corpo e invadem o lar.

Há um indício no *Decora* de que a gestão do lar é uma tarefa feminina, visto que na vinheta de abertura desse programa a estrutura de sentido é estabelecida por meio de uma "brincadeira de casinha". Apresenta-se uma sequência de imagens em diversos ângulos e planos nos quais espaços e móveis de uma casa de bonecas são modificados com o auxílio de uma mão. De fato, a mão não indicia uma feminilidade, não está com as unhas pintadas, nem com adereços que possibilitem outras inferências. No entanto, a escolha da brincadeira de casinha para a construção de sentido do programa parece parafrasear a seguinte equação equivalente: decorar = brincar de casinha = prática feminina. Ao retomar a imagem feminina da boneca do lar e da mística feminina, vê-se a ressonância de uma mulher não só considerada uma boneca do homem, mas também a responsável pela harmonia doméstica, pela organização e pela decoração da casa. Isso corrobora as permanências acerca das condições femininas analisadas por Bourdieu (2011, p. 119), segundo o qual as mulheres ainda "assumem o cuidado e a preocupação com a decoração na vida quotidiana, da casa e de sua decoração interior, da parte de gratuidade e de finalidade sem fim, que aí tem sempre lugar, mesmo entre os mais despossuídos". Diante dessa moldura, o canal GNT reforça a importância do papel da mulher, tanto a solteira quanto a casada, na manutenção da unidade doméstica.

No programa *Santa Ajuda*, a exposição pública da intimidade e a filantropia midiática são as linhas elementares da produção de sentido[96]. Apresentado por Micaela Góes, atriz carioca e especialista em organização pessoal — ou o que se chama de *personal organizer* —, esse programa tem por objetivo ajudar e ensinar os telespectadores a organizarem seus ambientes domésticos. Em busca do lar ótimo e feliz, os participantes deixam o "olho público" adentrar-lhes o cotidiano, escancarando portas, armários, gavetas e caixas de suas casas, para recepcionar a tão esperada ajuda: uma assistência midiática que promete resolver problemas e tornar a vida mais feliz dos indivíduos que, com afinco e responsabilidade, decidirem seguir o passo a passo de peritos.

No episódio exibido em 16 de agosto de 2012, o programa *Santa Ajuda* mostra o caso de Mariana, gestante, à espera de sua filha, Catarina, que nascerá em três semanas. A seguir, o trecho do programa no qual a mãe (M) de primeira viagem explica por que solicita ajuda à Micaela Góes (MG).

MG: É sua primeira filha, Mariana?

M: É minha primeira filha.

MG: Ah, é muito bom. Você vai ver. [...] Tá tudo pronto?

M: Não tá nada pronto.

MG: Nada pronto, Mariana? Faltam três semanas!

M: O quarto inteiro da Catarina tá todo desmontado. Micaela, eu preciso da sua ajuda (QUARTO, 2012, s/p).

---

[96] Criado em 2010, o *Santa Ajuda* é um programa apresentado por Micaela Góes sobre organização do lar que promete melhorar o ambiente doméstico. Desde 2013, o programa passou a ter 30 minutos de duração. Eis a sinopse: "Você já foi de tênis para uma festa porque não conseguiu encontrar o salto alto que queria usar? Já serviu sorvete em prato raso porque não fazia ideia de onde estavam as taças de sobremesa? E as canetas, que sempre desaparecem em um buraco negro e, na hora de anotar um recado, a única por perto está falhando? Tem horas que nem São Longuinho salva! O que você precisa mesmo é de uma 'Santa Ajuda'! Atriz e *personal organizer*, Micaela Góes atende ao chamado de um assinante e põe ordem na casa. Como arrumar os CDs, os livros, os sapatos, o armário do banheiro, o escritório... Tudo isso pode ser muito mais fácil do que parece. Cheio de dicas práticas, no estilo 'seus problemas acabaram', o programa mostra que o nosso dia a dia pode ser mais simples" (SANTA, 2012, s/p).

Depois de exposto o motivo da ajuda, a apresentadora entra na casa de Mariana e revela o estado do cômodo a ser transformado em quarto de bebê. A ênfase imagética recai sobre a desorganização de objetos dentro de armários ou no chão. Nada escapa à lente vigilante que desaprova moralmente a bagunça e a desordem. Aliás, sobressai o espanto da apresentadora diante da situação encontrada: "Caraca, Mariana. Temos muito trabalho!" (QUARTO, 2012, s/p). Revela-se uma certa desaprovação de uma conduta materna que deixou a arrumação do quarto para a última hora. E, logo depois, surge um aviso em forma de legenda que alerta as futuras mães: "Comece a arrumar [o quarto do bebê] no quarto mês de gestação, quando diminuem as chances e o risco de perder o bebê" (QUARTO, 2012, s/p, grifo nosso). Esse alerta em forma de pedagogização midiática mostra que, ao passar pelos meses de risco da perda do bebê, deve-se ter atenção a outro risco, a bagunça e a desordem: ambas ameaças do equilíbrio doméstico. A organização está atrelada ao discurso da ordem do lar.

Observe-se que essa ordem recai especialmente sobre a mãe, que, neste caso, trabalha como produtora de televisão, cuja rotina de vida é, segundo Mariana, "muito puxada", pois sai de casa cedo e volta às 21h (QUARTO, 2012). Durante todo o episódio, fica nítido quanto a mãe é inquerida pela apresentadora: "Mas, Mariana, a pergunta que não quer calar: por que *você* deixou chegar nesse [sic] ponto na última hora?". Marina responde: "*Não tenho uma explicação boa para te dar*" (QUARTO, 2012, s/p, grifo nosso). É ao menos curioso notar que o modo de vida cujo trabalho domina a maior parte do tempo não é considerado pela própria mãe como uma "boa explicação" para a desordem. No imperativo da performance ótima feminina, nem ela percebe que o julgamento moral acerca da desorganização está intimamente atrelado à conformação da vida com as pressões sociais. Por sua vez, a apresentadora embarca no escrutínio da performance feminina e, então, responsabiliza a mãe pelo problema da desordem.

Por meio de ajustes considerados pela apresentadora como simples, práticos e criativos, afirma-se um juízo de gosto que ratifica o novo e o atual. Assim, é mostrado, em detalhes, como se deve organizar o espaço doméstico a fim de torná-lo melhor ou, ainda, ótimo. No entanto, essa ajuda não é plena. Refere-se a uma assistência ladeada à autonomia do sujeito na gestão de si e de sua vida. Por isso, pela perspectiva do faça você mesmo, essa "santa ajuda" responsabiliza os indivíduos pelo sucesso na organização do lar, cuja boa imagem está atrelada a certos ajustes ratificadores de pressões sociais em reconfigurar modos de ser e estar. No fim do programa, a nova ordem discursiva e organizacional é autenticada pela exibição de imagens do quarto "antes" e "depois" da intervenção, evocando os discursos do problema, da desordem e da performance da mãe e, posteriormente, do êxito e do sucesso estabelecidos pela "santa ajuda".

4.4 RELACIONAMENTOS

> *Agora o indivíduo tem que contar muito mais consigo mesmo ao decidir sobre a forma dos relacionamentos e sobre sua continuação ou término. Ao lado da permanência reduzida, surgiu uma permutabilidade maior dos relacionamentos, uma forma peculiar de habitus social. Essa estrutura de relações requer do indivíduo maior circunspecção, formas de autocontrole mais conscientes e menor espontaneidade dos atos e do discurso no estabelecimento e na administração das relações.*[97]
>
> *(Norbert Elias)*

A cultura do espetáculo parece mostrar um cenário um pouco diferente do traçado por Norbert Elias na década de 1980, uma reconfiguração social das relações humanas segundo a qual o indivíduo não só conta muito consigo mesmo para sua gestão de si, mas também passa a considerar a assistência midiática como mediadora de seu sucesso e sua felicidade. Mais do que nunca, os indivíduos são cobrados pela sua autogestão em modo ótimo, e, para tanto, deve-se ser suficientemente responsável, eficiente e eficaz na "empresarização" de sua vida (EHRENBERG, 2010, p. 167). Diante dessa exigência heroica e da falta de instituições de assistência no âmbito governamental que, de fato, sejam solidárias e atentas à vida, per-

---

[97] De acordo com Casanova (1995), o conceito de *habitus* já havia sido pensado na Grécia Antiga na *hexis* de Aristóteles — o qual considerou as ações, ultrapassando a dimensão consciente na medida em que culminavam em uma intenção objetiva — e foi retomado na contemporaneidade em termos antropológicos e sociológicos, primeiramente, por Marcel Mauss e, depois, por Pierre Bourdieu e Norbert Elias, entre outros. De fato, a noção de *habitus* foi o foco das teorias de Bourdieu nos âmbitos da cultura e da sociedade. A despeito da antinomia entre indivíduo e sociedade, Bourdieu (1992) confere ao *habitus* um caráter mediador entre indivíduo e esfera social, visto que os agentes sociais carregam em si um sistema de disposições duráveis que transportam uma matriz de percepções e ações internalizadas pelos sujeitos, de modo a interiorizar o exterior e a exteriorizar o interior. Para o autor, o *habitus* é mediador tanto da subjetivação do mundo exterior quanto da socialização das disposições e situações cotidianas vividas pelos agentes. Corresponde a uma subjetividade socializada ou, ainda, a uma incorporação social determinada pela disposição de um grupo ou prática social. Já no trabalho de Elias (1994, p. 150), é possível encontrar uma distinção entre o *habitus* dos indivíduos, entendido como autoimagem e composição social, e o *habitus* social, definido como "um estilo mais ou menos individual, algo que poderia ser chamado de grafia individual inconfundível que brota da escrita social". Em Elias, o *habitus* social supera qualquer caráter fixo ou estático, pois, em face das dinâmicas sociais, as experiências figurativas dos indivíduos estão em constante mutação, o que lhes possibilita também mudanças e incorporações diversas.

cebe-se uma lacuna terapêutica e assistencialista que, no limite, tem sido estrategicamente ocupada pela mídia, o que torna tudo mais visível. Nessa moldura assistencialista, o GNT propõe-se a conferir visibilidade para os relacionamentos, bem como para as experiências e os comportamentos das mulheres no sentido de lhes conferir credibilidade e sucesso em suas trajetórias de sujeito. Midiatiza-se tanto a performance ótima e feliz, geralmente associada ao estilo de vida posto à imitação prestigiosa, quanto os indivíduos anônimos, muitas vezes, frágeis, inseguros, ansiosos, os quais suscitam o auxílio para sua autogestão e a gestão de seus relacionamentos. E é exatamente por meio dessa perspectiva assistencialista que a proposta do programa *Cartas na Mesa* se estabelece[98]. Observe-se a sinopse do programa:

> No programa, quatro homens de estilos diferentes respondem dúvidas de assinantes enquanto jogam pôquer. Como uma mosquinha, a mulherada vai poder acompanhar todas as conversas deles e desvendar os segredos do universo masculino. O quarteto de Valetes – formado por Ale Youssef, Marcio Chaer, Rafa de Martins e Caique Rego – discute sem papas na língua *questões reais, propostas por mulheres de verdade, as Damas. Mesmo não sendo terapeutas, eles prometem colocar as cartas na mesa e expressar seus pontos de vista. Sem roteiro e com muita sinceridade, eles falam o que pensam das histórias contadas pelas mulheres que participam por telefone após se inscreverem pelo site do GNT.* Cada uma cria seu próprio avatar de dama e escolhe um nome fictício para preservar sua identidade. E ainda tem mais: o Curinga. Ele aparece no meio dos debates para esquentar ainda mais as discussões e causar polêmica (CARTAS, 2012, s/p, grifo nosso).

É ao menos curioso perceber como é conferida legitimidade aos quatro homens cisgêneros para o aconselhamento de mulheres no que diz respeito às experiências íntimas e privadas de seus relacionamentos. Logo no início do programa, exibem-se os perfis dos quatro apresentadores, contendo nome completo, idade, naturalidade, status do relacionamento atual e profissão. Todos estão na faixa dos 35 a 40 anos, dois estão namorando, um é casado e outro separado, informações que autenticam a experiência de vida amorosa dos apresentadores. Evidentemente, o lugar de fala auto-

---

[98] Criado em 2012 e posteriormente descontinuado da grade do canal GNT, o programa *Cartas na Mesa* era apresentado por Caíque Rego, pai, separado, 39 anos, corretor de imóveis e brasiliense, por Rafael (Rafa) de Martins, status do relacionamento namorando, 35 anos, músico e carioca, por Ale Youssef, status do relacionamento namorando, 37 anos, produtor cultural e paulista, e por Marcio Chaer, pai, casado, 35 anos, carioca e publicitário (CARTAS, 2012, s/p).

rizado mostra uma diferenciação nítida de poder na ordem discursiva. De um lado, há uma vontade de verdade segundo a qual os quatro homens, os Valetes, prescrevem às participantes determinados modos de ser e estar, no sentido de "aprimorarem" seus relacionamentos. Do outro lado, encontram-se as mulheres que corajosamente revelam suas intimidades e expõem suas mazelas, não raro de uma forma constrangedora, em face do desejo de engendrarem uma performance de sucesso em seus relacionamentos. Da mesma forma, também se denota uma distinção na ordem discursiva acerca da figura do Curinga, um elemento diegético inserido no programa, cuja entonação vocal e da animação indicam ser uma pessoa transgênera.

Nem um pouco inocente e um tanto caricaturado, o ritual dessa terapia midiática acontece durante um jogo de pôquer, em meio a uísque e conversas, de modo a caracterizar o âmbito circunscrito por um tipo de masculinidade que autoriza a exclusão e a interdição da mulher. À participante não é permitido jogar, a menos que ela se submeta ao lugar discursivo no qual deve ser subalterna, investida do lugar de sujeito revelador de uma performance problemática e rejeitada. Sujeitando-se a uma pedagogização midiática, cuja tecnologia da intimidade mostra o desejo de ser ouvida e ajudada, a participante clama o auxílio dos homens para gerenciarem seus relacionamentos. Em todos os episódios, reforça-se a enunciação da exibição de "histórias reais de mulheres reais", cujas respectivas identidades são preservadas na medida em que sua voz e seu nome são alterados, bem como suas respectivas imagens personificadas na figura da Dama, um elemento simbólico do baralho. As histórias das mulheres são evocadas pela expressão "Dama na mesa", geralmente pronunciada pelo Curinga, para alertar os apresentadores sobre a dúvida a ser proferida pela participante. Essa expressão sutilmente propõe um deslocamento de uma mulher personificada para uma enunciação que a objetifica, referindo-a como uma peça de jogo no qual ela mesma é excluída.

No episódio exibido em 17 de agosto de 2012, dentre as amostras da vida íntima e privada das mulheres anônimas, destaca-se a fala de Rebeca, que pede ajuda aos apresentadores a fim de buscar um equilíbrio no âmbito de seu relacionamento. Eis o trecho destacado:

> Participante: O lance é o seguinte: eu namorei por mais de dois anos com um cara e na verdade sou apaixonada por ele até hoje. E, há um ano atrás [sic], a gente teve uma recaída que acabou resultando em uma gravidez. *E não foi armado, assim... Eu juro que não foi armado.* Eu falei com ele, e ele cagou

[sic] um pouco na minha cabeça. Ele tá [sic] namorando outra menina, desde que a gente terminou, e a menina não sabe. Mas, na real, eu ainda gosto do cara, que tá longe de mim. Eu já tô [sic] de cinco meses e não *sei exatamente como agir*.

Marcio: Ele não te dá nenhum apoio? Nada? Zero?

Participante: Não. Zero. Eu falei uma vez, e ele falou que a gente podia estragar a nossa vida. E aí eu também resolvi nunca mais procurar.

Marcio: Ou seja, ficou entendido que ele queria que você tirasse o filho, é isso?

Participante: Isso, por aí (CARTAS NA MESA, 2012, s/p, grifo nosso).

Por mais que na sinopse do programa, de certo modo, haja uma negação ao caráter terapêutico, *Cartas na Mesa* corresponde a uma clara orientação masculina para modos de ser e estar femininos, diante dos dissabores das experiências amorosas. Em todas as falas das participantes, há o clamor pelo auxílio midiático em resolver os problemas afetivos e em reestabelecer o equilíbrio nos relacionamentos. Aliás, a recompensa esperada pela exibição das vidas íntimas é exatamente a prescrição da ajuda masculina, cujos modos de agir indicados prometem, no limite, o sucesso e a felicidade nos relacionamentos. No caso de Rebeca, essa mecânica terapêutica é interessante de ser analisada, ainda mais pelo fato de enfaticamente dizer que a gravidez não foi uma armação. Ao temer a avaliação dos apresentadores, considerados homens experientes, a fala de Rebeca deixa escapar a vontade de não ser punida e julgada culpada pela gravidez, pois essa situação não foi "armada" para manter o relacionamento. Triste por não estar com o homem que ainda ama e receosa da existência de sua filha ser desconhecida por ele, o pai da criança, Rebeca procura na filantropia midiática a assistência para sua felicidade.

Nesse programa, os quatro homens analisam as situações afetivas das participantes, fazem suas ponderações e, por fim, proferem seus veredictos assistencialistas e filantrópicos com o intuito de "aperfeiçoarem" a gestão dos relacionamentos considerados falhos, problemáticos e infelizes. Após a participante expor seu problema e sua insegurança, os apresentadores examinam seu caso e consideram ser uma situação muito difícil, na qual ela deve ser paciente, lutar pelos direitos da filha, buscar o apoio de sua família (seu pai, sua mãe e de pessoas próximas), e, por fim, aconselham-na a conversar com o pai de sua filha. Com um tom esperançoso e otimista muito próximo da literatura de autoajuda, os apresentadores desejam-na "boa sorte" e dizem que "vai dar tudo certo" (CARTAS NA MESA, 2012, s/p), oferecendo uma certa confiança à participante.

 E é por intermédio dessa dimensão esperançosa, em busca de uma confiança ontológica, que se estabelece a cultura terapêutica nas sociedades ocidentais contemporâneas (RIEFF, 1966; CASTEL *et al.*, 1979; FUREDI, 2004). Um dos primeiros a pensar o conceito de cultura terapêutica foi o sociólogo Philip Rieff em seu livro *The Triumph of the Therapeutic: uses of faith after Freud*, publicado em 1966 e editado no Brasil em 1990, com o título *O Triunfo da Terapêutica*. Nessa obra, Rieff diagnostica e antecipa um novo tipo de cultura que emergira nas sociedades ocidentais em meio a uma crise da forma tradicional e vertical de autoridade, aquilo que décadas depois se consolidaria na atual cultura terapêutica. Na perspectiva de Rieff, a diminuição significativa do senso de comunidade, bem como da importância da religião, favorece a terapia como cultura, segundo a qual o eu é uma vocação do indivíduo, a felicidade e o bem-estar os objetivos de sua autorrealização. Diante de uma moldura contemporânea de sentimento de medo e insegurança, a terapia estabelece-se como um sistema apto a viabilizar os meios com que os indivíduos avaliam para si mesmos "seus próprios mitos em termos do quanto eles contribuem para seus sentimentos de bem-estar pessoal" (RIEFF, 1990, p. 121). É nessa cultura terapêutica, administradora de riscos, pânicos e problemas subjetivos que o GNT encontra o ambiente propício para promover ajuda aos participantes por meio da pedagogização midiática e da tecnologia da intimidade.

 Cerca de 40 anos depois da obra sobre o triunfo da terapêutica de Rieff, o sociólogo Frank Furedi (2004) lançou o livro *Therapy Culture: cultivating vulnerability in an uncertain age*, no qual estuda como uma cultura ancorada nas emoções passou a dominar as sociedades anglo-americanas. Para o sociólogo, o que se experiencia hoje é o que Rieff caracterizou como "the triumph of therapeutic culture", um tipo de cultura que, em vez de proporcionar um esclarecimento das emoções, incita a vulnerabilidade subjetiva e determina como solução única o imperativo da gestão das emoções (FUREDI, 2004, p. 15). Por essa perspectiva, a tendência contemporânea em psicologizar problemas de ordem social e cultural está associada às reconfigurações da esfera privada, em cujo interior se encontram sujeitos emocionalmente dependentes de profissionais e de todo o tipo de prática dedicada ao *ethos* emocional e terapêutico.

Conforme explica Furedi (2004, p. 25), na contemporaneidade, os determinismos econômicos e sociais foram ultrapassados por um tipo de determinismo novo e muito mais cruel, qual seja, um "determinismo emocional". Questões que deveriam ser observadas dentro de um contexto moral e ético são estrategicamente atreladas à esfera das emoções. O indivíduo passa a ser, muitas vezes, responsabilizado por problemas de outras ordens e, então, incitado a aceitar todo tipo de prescrição medicamentosa e terapêutica com a promessa de resolvê-los ou minimizá-los, da literatura de autoajuda acolhedora, da inteligência emocional, passando pela psicologia positiva até a assistência terapêutico-midiática. Diante dessa moldura sentimental e emocional, a exibição de confissões e revelações de dor e sofrimento, geralmente associadas aos problemas de baixa autoestima, é suscetível a receber a atenção midiática contemporânea, um *locus* cuja espetacularização mostra tanto as dificuldades em "sobreviver" no mundo (COSTA, 2005, p. 20) quanto as prescrições terapêuticas e sentenças de vida para aumentar a autoestima, melhorar o bem-estar, ser feliz e ter uma performance ótima.

A cultura que "aplaude a exibição pública do sentimentalismo" é essa cultura terapêutica legitimadora da espetacularização pública das emoções vividas na esfera privada (FUREDI, 2004, p. 66). Por meio de uma ideologia muito próxima da autoajuda, essa cultura estabelece seus alicerces na busca individual por ajuda e suporte emocional. Nesse sentido, o processo da comunicação televisual do GNT nada tem de inocente quando exibe a privacidade como algo a ser violado. Sua estratégia discursiva visa apropriar-se de denúncias e confissões no sentido de transformá-las em entretenimento. Isso porque a televisão contemporânea encontrou seu filão mercadológico na brecha ocasionada pelo declínio das instituições, as quais conferiam a segurança e o suporte do bem-estar aos sujeitos. Seu suporte prático e emocional à vida cotidiana dos sujeitos acaba também por assumir a função de estimular os indivíduos a adotarem certas metas e prescrições vinculadas ao imperativo da performance feliz e ótima.

Retomando a análise dos programas do GNT sobre os modos de ser e estar da mulher no âmbito dos relacionamentos, no programa do gênero *game show*, *Confissões do Apocalipse*, apresentado pela escritora Fernanda Young, são exibidas confissões da vida cotidiana dos convidados: pessoas renomadas, celebridades e artistas[99]. Ao girarem uma roleta com temas como amor, sexo, família, defeitos, viagens etc., os participantes devem responder a algumas perguntas colocadas pela apresentadora sobre o assunto selecionado. Convocados a confissões íntimas e cotidianas, os convidados nunca são poupados da midiatização emocional sobre seus relacionamentos. Esse programa foi engendrado da ideia ficcional de que, segundo o calendário Maia, o mundo acabaria em 21 de dezembro de 2012, motivo pelo qual os participantes não deveriam guardar segredos.

No episódio exibido em 17 de agosto de 2012, a atriz Heloísa Périssé participou do *Confissões do Apocalipse*, e, ao rodar o calendário Maia, o primeiro tema selecionado foi "loucuras". A apresentadora Fernanda Young solicita que a convidada confesse sua loucura de amor mais insana, uma pergunta de foro tão privado, com o objetivo de espetacularizar a intimidade da atriz. Estimulada a revelar sua intimidade, ela responde ter vivido uma loucura de amor aos 16 anos, quando ainda morava em Salvador, e disse à sua mãe que sairia bem rápido, mas acabou passando o fim de semana inteiro com um amigo, o qual a levou de moto à Ilha de Itaparica. Em outra parte do episódio, a convidada roda novamente a roleta, na qual o assunto amor é selecionado. O diálogo entre a apresentadora e a atriz segue com um tom personalista, e, então, ao ser questionada sobre seus casamentos, a atriz diz estar no terceiro casamento; dois foram com atores e um com um cineasta. No mundo dos sonhos das celebridades, a felicidade emocional e afetiva de ídolos e celebridades parece associar-se não à duração dos relacionamentos amorosos, mas, principalmente, à constituição de relacionamentos também prestigiosos e admiráveis, os quais, não obstante, são efêmeros.

Observa-se como estratégia de sentido a tecnologia da intimidade, a qual busca aproximar as telespectadoras da espetacularização dos fetichismos da subjetividade, os quais operam a projeção e a identificação midiática (MORIN, 1967, 1989). Ao invadir a intimidade e exibir as confissões da atriz, o programa revela a vida cotidiana da celebridade, no sentido de mostrar seu lugar de referência como mediadora de sucesso e de felicidade. Nesse caso, o fetichismo associa-se a uma atriz prestigiosa cujos relacionamentos

---

[99] Exibido durante o ano de 2012 e posteriormente descontinuado da grade do canal GNT, o programa *Confissões do Apocalipse* foi um *game show* criado com base no "jogo da verdade". Apresentado por Fernanda Young, nesse programa os convidados — somente pessoas famosas — eram convocados a confessar seus segredos sobre temas dispostos em uma roleta baseada no calendário Maia. Ademais, havia minisquetes nos quais a própria apresentadora mostrava situações confessionais, a fim de satirizar a vida cotidiana, bem como o fim do mundo. No fim do programa, convidava-se o convidado a participar de um karaokê, cantando uma música escolhida com base em seu perfil confessional.

matrimoniais foram estabelecidos com homens do célebre universo artístico, o que lhe parece conferir um caráter de sucesso à sua performance emocional e afetiva. Na cultura do espetáculo, a felicidade dos prestigiosos fornece os insumos para que suas trajetórias de sucesso continuem a ser desejadas e seguidas como referência.

A esse propósito, Vera França (2010) observa que, na relação estabelecida com os famosos, os indivíduos buscam analisar e criticar a própria vida com o objetivo de buscar o sucesso e driblar o fracasso. Para a autora, as projeções das celebridades de certa forma acolhem os desejos não realizados ou postergados constantemente pelos indivíduos comuns e, com feito, funcionam como uma compensação para suas respectivas vidas, permitindo-lhes operar seus modos de ser e estar no mundo. Esse mecanismo está associado a uma dinâmica cultural segundo a qual os indivíduos buscam, nas referências midiáticas, as formas de lidar com a insegurança e com as dificuldades de inserção na realidade contemporânea. Entretanto, não raro, isso ocasiona frustração e sentimento de fracasso perante a impossibilidade de se alcançar a felicidade, a qual parece ser fugaz e inalcançável para todos: pessoas anônimas e famosas. Nas palavras da pesquisadora, "também constatamos que nossos ídolos têm pés de barro; não apenas eles sofrem, mas eles caem e, como nós, estão sujeitos a uma busca inglória", e isso criaria uma espécie de cumplicidade, pois, "em alguma medida, os famosos vivem a felicidade que nos parece impossível de alcançar" (FRANÇA, 2010, p. 225). E, no caso do programa *Confissões do Apocalipse*, essa cumplicidade é um dos motores da tecnologia da intimidade operada pelo canal GNT.

Mostrar na comunicação televisual do GNT que as pessoas célebres têm pés de barro é, antes de mais nada, conferir-lhes a participação da vida cotidiana dos mortais ou, ainda, um curso humanizado. É, sim, situá-las próximo dos telespectadores. A exibição dessa dimensão humana corresponde a uma das faces dos "novos olimpianos", cuja dupla natureza é configurada pela parte divina e humana a fim de operar de forma efetiva a circulação entre o mundo da projeção e o da identificação (MORIN, 1967, p. 112). Ao participarem da vida efêmera e mortal, esses heróis e semideuses humanos compõem uma nova mitologização, cujos modelos são bem mais fadados à imitação prestigiosa que as antigas epopeias. Nessa moldura humanizada, a midiatização performática dos famosos no GNT tende a exibir não só os relacionamentos ditos felizes vividos por eles, mas também o modo como conseguem operar com as emoções e os sentimentos. A seguir, reproduz-se um fragmento do diálogo entre a apresentadora (F) do *Confissões do Apocalipse*, e a atriz convidada (H), no qual se observa essa dimensão performática.

F: *Já sofreu por amor?* Por que você está me parecendo absolutamente contraditória.

H: Já. Eu sou bem contraditória. *Eu já sofri muito por amor.* Já sofri.

F: Hihihihi. Sofreu e sofre como? *Como você é sofrendo por amor?*

H: Sabe como é que eu sou? É engraçado... Que que [sic] eu posso fazer? Um dia eu tava [sic] me abrindo com um amigo meu, chorando, e, daqui a pouco quando eu olho, ele tava [sic] assim ó. E aí eu perguntei: você tá [sic] rindo? Ele disse: desculpa, mas até chorando você é engraçada. Não sei, é o jeito da pessoa (CONFISSÕES DO APOCALIPSE, 2012, s/p).

No trecho destacado, nota-se como a cultura terapêutica apregoa a exibição pública do sentimentalismo nesse show emocional que, cada vez mais, confere visibilidade à intimidade de modo a atrair os olhares públicos. Observe-se que a atriz diz ser engraçada até quando sofre por amor, um tipo de caráter performático, o qual superexibe a vida privada. Ao mesmo tempo que torna banal o sofrimento vivido, essa performance provoca fascínio aos olhares pelo seu aspecto comum e demasiado humano. A espetacularização da personalidade da convidada, de como ela é feliz em seus relacionamentos, mas também de como dribla a infelicidade, é uma forma valiosa de entretenimento, cujas emoções exibidas são apresentadas como autênticas e reais. No programa, cujo nome já pressagia as revelações de famosos, a prática confessional opera por uma lógica dupla. De um lado, as pessoas célebres representam uma vida ótima e feliz a fim de se produzir um efeito desejado e prestigioso sobre suas experiências cotidianas. De outro, o público consome modos de ser e estar com base em subjetividades fetichizadas, as quais são estrategicamente transpostas em modelos para serem desejados pelos olhares alheios.

Mesmo que a imagem da subjetividade feminina de mulheres famosas ainda seja um veio mercadológico importante, desde 2011 o canal GNT tem conferido uma importância singular à exibição da vida da "mulher real", bem como seus momentos de alegria, de felicidade, mas também de dúvidas, inseguranças e mazelas. Essa é uma nítida tendência do momento contemporâneo vivido pela televisão da intimidade e da realidade, a qual busca na exibição da esfera privada seu ganho mercadológico. Ao acionar uma produção de sentido sobre a "mulher real", o canal GNT engendra uma projeção midiática, na qual o holofote incide na vida cotidiana ordinária da subjetividade alterdirigida. Diante do novo regime de visibilidade que municipaliza o privado e o banal, o canal configura um mecanismo de identificação, o qual provê à escopofilia do olho público uma série de superexibições de relacionamentos. No programa *Chegadas e Partidas*, lançado em 2011 e apresentado pela jornalista Astrid Fontenelle, é a intimidade dos indivíduos comuns, no saguão do aeroporto, o alvo da exposição midiática, como pode ser observado na seguinte sinopse:

> Comandado por Astrid Fontenelle, "Chegadas e Partidas" flagra situações vividas por quem circula pelos aeroportos. Em um mundo em que as distâncias se encurtaram, Astrid busca histórias de quem está no saguão do aeroporto, aguardando ou se despedindo de alguém. *Acima de tudo, "Chegadas e Partidas" fala sobre relacionamentos. Todas as histórias são reais, sem qualquer pré-produção, e, dessa forma, o programa pretende dar uma visão positiva sobre as possibilidades da vida.* "Chegadas e Partidas" é uma versão da série holandesa "Hello Goodbye", que faz sucesso há dez temporadas. O programa já foi vendido também para países como Austrália, Estados Unidos, França, Espanha, Rússia, Alemanha, entre outros (CHEGADAS E PARTIDAS, 2012, s/p, grifo nosso).

Por meio da estratégia de sentido da tecnologia da intimidade, esse programa do gênero *reality show* midiatiza as experiências e os momentos vividos pelas pessoas no embarque ou desembarque do aeroporto. Convém explicitar que Astrid Fontenelle é uma apresentadora famosa e já bastante conhecida dos brasileiros, tendo atuado em programas de outras emissoras, como TV Gazeta/SP, TV Manchete, MTV e TV Bandeirantes. Isso acaba por favorecer a abordagem da jornalista, a qual não se esquiva em se aproximar da alegria e da dor dos entrevistados. Não raro, a apresentadora consola-os e abraça-os nesse programa, cujo espetáculo confere hipervisibilidade às emoções. Em função disso, a maior parte dos participantes se sente confortável em revelar sua intimidade e em contar detalhes de sua vida privada.

Outro destaque da sinopse é a ausência de uma pré-produção e a confecção de um programa com histórias reais. Se por um lado isso possibilita ao telespectador a sensação de que o aqui e agora é midiatizado como de fato ele acontece, há todo um trabalho de edição, no qual o sentido desejado é configurado. Por serem pegos de surpresa em um momento íntimo, alguns entrevistados assustam-se com a abordagem surpresa de Astrid

Fontenelle, em um primeiro momento. Ora, isso é facilmente resolvido pela edição, por meio da qual essas imagens de receio e aversão são cortadas ou reduzidas, a fim de priorizar a exibição de entrevistados mais receptivos. No entanto, de forma geral, a maior parte dos indivíduos abordados pela apresentadora interrompem abraços, beijos, choros e momentos privados de modo a atenderem ao chamado midiático. Destaca-se como uma das promessas discursivas desse programa a visão positiva da vida, uma forma otimista de fundamentar a experiência. Essa perspectiva é muito próxima do que apregoam a psicologia positiva e a literatura de autoajuda, eficazes no controle e na normalização da vida em modo ótimo e feliz, segundo o qual o ideário é composto por indivíduos magros, saudáveis, otimistas, enquadrados no *fitness* da moda e do corpo modelado, cujo lar, cujos sentimentos e relacionamentos devem sempre estar equilibrados. É justamente por meio desse viés do pensamento positivo que esse programa estabelece um caráter assistencialista e consolador.

No episódio do *Chegadas e Partidas* exibido em 17 de agosto de 2012, a apresentadora, de supetão, aproxima-se de um casal: o homem abraça e consola a mulher, que está a chorar. Ele, um estrangeiro que provavelmente desconhece a figura midiática da apresentadora, se assusta com a abordagem, e a câmera passa a focalizar a imagem da mulher, cuja expressão é de sofrimento e tristeza. Astrid Fontenelle apresenta-se ao casal, e a entrevistada logo sorri, dizendo saber quem ela é. Por conseguinte, dá-se continuidade a uma narrativa sobre o relacionamento de Paula e Patrick, um casal de namorados que se conheceu na França e, há dois anos, está junto. Por motivos de visto, Patrick volta à Europa, e Paula fica no Brasil, sentindo-se dividida entre sua família e o namorado.

As perguntas feitas pela apresentadora chegam a desnudar a intimidade do casal, espetacularizando a dor, a despedida e a vida privada. A apresentadora chega até a perguntar como os dois se conheceram e, depois de tanta incitação emocional, ela os consola e diz: "Prefiro acreditar na esperança do reencontro. [...] *Tout va bien!* Tudo vai dar certo! *Everything is going to be alright*" (CHEGADAS E PARTIDAS, 2012, s/p). No fim da conversa com o casal, por cerca de 1 minuto, exibe-se a imagem dos dois a se despedir, com abraços e beijos; depois, ele embarca, e ela fica a chorar. A apresentadora, que já havia se despedido e agradecido a participação do casal, então, retorna para conversar com Paula sobre seu sofrimento, bem como para fornecer-lhe palavras positivas que descortinam um caráter de felicidade assistida. A seguir, reproduz-se um fragmento do diálogo entre a apresentadora (A) e Paula (P):

> A: Você não tá acreditando que ele foi? Você tá aí parada há um tempão. Agora você veio olhar... Tipo, queria que ele voltasse?
>
> P: [...] É a primeira vez que a gente se separa assim desse jeito.
>
> A: Vocês viveram aqueles dois anos ininterruptamente? Vivendo lá [na França] juntos, e, aqui no Brasil, quanto tempo?
>
> P: Cinco meses.
>
> A: Ele já era a sua família?
>
> P: De certa forma sim. Ele cuidou de mim quando eu fiquei doente. Ele atravessou Espanha e Portugal de carro na neve para ficar comigo.
>
> A: *Bom, agora você precisa se reorganizar. A sensação que eu tenho é que você não sabe nem por onde começar.*
>
> P: [Ela balança a cabeça negativamente] Não.
>
> A: *Posso dar um abraço?*
>
> P: Pode.
>
> A: É um bom começo. Vai dar *tudo certo garota. Pensamento positivo* (CHEGADAS E PARTIDAS, 2012, s/p).

Na cultura do espetáculo e, no limite, da terapêutica, superexibe-se ao olho público o sentimentalismo das emoções alheias. Ora se mostra a performance ótima e feliz como prescrição e meta, o que predomina no discurso do canal GNT, ora se expõem o sofrimento e a dor como circunstâncias de infelicidade, geralmente acolhida e abraçada pela televisão filantrópica e assistencialista. Nesse trecho, nota-se um claro interesse midiático por uma imagem feminina cuja subjetividade está emocionalmente desestabilizada. Em face do diagnóstico da apresentadora acerca de uma subjetividade desorganizada emocionalmente, à participante é oferecido o imperativo da reorganização e da ordem pessoal. O bom começo para empreender a nova gestão de Paula e do seu relacionamento é, então, selado pelo abraço benfazejo da apresentadora. Com um discurso emocional, o qual segue a lógica positiva, Astrid Fontenelle mostra que a viabilidade da felicidade é alcançada pelo "pensamento positivo", porque "tudo vai dar certo", basta querer e acreditar.

      A noção de um porvir dos relacionamentos necessariamente felizes está atrelada a um esforço pessoal em aperfeiçoar a performance de si e dos relacionamentos. O discurso do GNT mostra que isso só é possível por meio de uma gestão de si e dos relacionamentos apta a empreender outro modo de ser e estar no mundo. Na cultura da performance, essa gestão de si e dos relacionamentos — sob a qual se exerce um biopoder e uma política de vida — é convocada a reorganizar e a aperfeiçoar aquilo que é considerado falho, infeliz e triste. Esse é, de fato, um nítido resquício de uma ideia de perfectibilidade estabelecida pela "era da razão", segundo a qual o iluminismo europeu do século XVIII vinculou a noção de progresso à de felicidade. Esse ideário está impregnado na promessa de que o esforço da gestão da performance dita aperfeiçoada produzirá outra "forma de vida", ótima e feliz. Essa é uma relação que favorece o surgimento de produções de sentido televisivas como as do GNT, as quais oferecem assistência aos indivíduos em seus projetos de sujeito feliz e ótimo. Na contemporaneidade cuja moldura é regida pelo ideário da felicidade, os indivíduos muitas vezes buscam na mídia não só a resposta para suas dúvidas, mas também seu consolo e sua segurança ontológica.

5

CORRENTES DE REALIDADE, REFLEXÕES E INFLEXÕES SOBRE A PERFORMANCE FEMININA ÓTIMA E FELIZ

> *Toda verdade é uma estrada traçada através da realidade; mas, dentre essas estradas, algumas há às quais poderíamos ter dado uma direção muito diferente, caso nossa atenção se tivesse orientado num sentido diferente ou caso tivéssemos visado um outro tipo de utilidade; há outras, pelo contrário, cuja direção está marcada pela própria realidade: que correspondem se assim se pode dizer, a correntes de realidade. Sem dúvida, estas ainda dependem de nós em certa medida, pois somos livres para resistir à corrente ou para segui-la e, mesmo que a sigamos, podemos infleti-la diversamente, estando associados ao mesmo tempo que submetidos à força que nela se manifesta.*
>
> *(Henri Bergson)*

Nas correntes de realidade que se entrecruzam na cultura da mídia contemporânea, a todo o momento, promessas discursivas de bem-estar, sucesso e "otimização" da vida são apresentadas a nós em revistas, jornais, publicidades e programas de televisão. Basta uma breve visita à livraria e à banca de jornais ou um rápido passeio pela televisão e pela internet para termos nossa atenção enlaçada por promessas sedutoras difíceis de não se desejar[100]. Por meio de imagens, textos e sons, são oferecidas a nós condutas de ser e estar no mundo contemporâneo segundo as quais a felicidade, em trajes de sucesso, é o alvo da autorrealização empreendedora da trajetória do eu. Elas nos prometem performances aperfeiçoadas, caso sigamos atentamente todas as regras e as metas estipuladas. Enovelada nos

---

[100] Em capas de revistas, lemos chamadas atraentes: "Sucesso, amor... felicidade. Quer ter tudo? A poderosa do Facebook mostra que não é tão difícil assim" (NOVA, 2013, s/p); e "Como tomar decisões melhores. [...] Aprenda a reconhecer as armadilhas que a mente cria e saiba como acertar mais em seus julgamentos" (VOCÊ S.A., 2013). Nas capas dos livros, encontramos títulos que nos incentivam a buscar caminhos para sermos felizes: "A fórmula da felicidade: como as recentes descobertas da neurociência podem ajudar você a produzir emoções positivas, harmonia e bem-estar" (KLEIN, 2005), "Os 100 segredos das pessoas felizes: descobertas simples e úteis dos estudos científicos sobre a felicidade" (NIVEN, 2001) e "Otimizar a vida: códigos para reconhecer a felicidade" (FIGUERAS, 2007). Em comerciais, somos convidados a associar marcas à ideia de felicidade: "O que você faz para ser feliz?", assinatura do Pão de Açúcar lançada em 2013; "Abra a felicidade", assinatura da Coca-Cola lançada em 2009; e "Feliz é quem tem", assinatura da empresa de telecomunicação GVT.

discursos da perfeição corporal, da felicidade crônica e do risco a ser evitado a qualquer custo, a cultura da mídia mostra-nos os caminhos aconselhados por médicos, especialistas e celebridades para aparentarmos uma existência ótima e feliz. São disciplinas, não raro, rigorosas, as quais nos prometem formas de vida e hábitos afinados com a construção da boa imagem pessoal. Afinal, na cultura da performance e da subjetividade exteriorizada, o que vale é tornar visível a aparência e, diga-se, a boa aparência, perante a qual geralmente sucumbimos a diversos tipos de sacrifícios para alcançar. Não temos como esconder: nosso cotidiano e nossa vida privada são urdidos por imperativos de uma cultura dinamizada por modos performáticos de viver, muito desejados, mas quase sempre inalcançáveis. Diante dessas correntes, o canal GNT percorre fielmente o curso marcado pela própria realidade, esquivando-se de inflexões possíveis à torrente dominante. Ao contrário, reforça-a e estabelece como imperativo performático um modelo de subjetividade feminina ótima e feliz. Não que esse imperativo seja uma essência das mulheres ou de uma subjetividade feminina ligada ao corpo, à natureza, à reprodução, à maternidade, aos relacionamentos e ao lar. Mas que ele corresponda, conforme afirma Joan Scott, a "uma subjetividade criada para as mulheres em um contexto específico da história, da cultura, da política" (GROSSI; HEILBORN; RIAL, 1998, p. 123). Como parte elementar da vivência da cultura do espetáculo, o discurso televisivo do GNT ajuda a tecer enunciados que reforçam essa subjetividade feminina.

A análise das promessas discursivas do canal GNT mostrou como as estratégias de sentido e de subjetivação são engendradas no sentido de se estabelecerem determinados modos de ser e estar da mulher na contemporaneidade, segundo os quais ela é instada a investir e cultuar a performance ótima. Com o foco no governo de si, a matriz discursiva privilegia os âmbitos do corpo, do lar e dos relacionamentos. Com mais permanências e ressonâncias que rupturas e resistências, as imagens femininas midiatizadas pelo GNT reforçam um ideário da dominação masculina, bem como um certo deslocamento do patriarcado para conferir visibilidade à performance feminina em modo ótimo e feliz. Muitas vezes dissimulado por uma predicação próxima do que se compreende pela mascarada pós-feminista, a matriz discursiva do GNT avigora imagens de uma mulher jovem e trabalhadora apta a "dar conta de fazer tudo". Essa tarefa difícil e heroica de fazer tudo desvela prescrições e agenciamentos da feminilidade da mulher jovem, os quais são naturalizados pelo fetichismo de uma subjetividade feminina posta à imitação prestigiosa pelo canal.

Os enunciados do GNT acerca da mulher comum contemporânea são atualizações de outras imagens femininas anteriormente dominantes e já naturalizadas. Aglutinadas cuidadosamente no discurso do GNT, as imagens da boneca do lar, da mística feminina e do mito da beleza são dissimuladas pela aura de uma nova feminilidade. É por meio da fusão desses modos de ser e estar da mulher no mundo contemporâneo que se institui uma nova mística e uma nova mitologia, qual seja, o mito da performance feminina em modo ótimo e feliz. À luz dessa mitologia performática tão atrativa e fascinante, os diversos tipos de imagens femininas apresentados pelo GNT são complementares uns aos outros, de modo a não haver conflito de sentido entre eles no discurso midiático. Assim, a comunicação televisual do GNT incorpora e formaliza certas experiências da vida social da mulher comum, de seu cotidiano e sua intimidade. Entendidas como estruturas de sentimento da contemporaneidade, essas midiatizações são, ao mesmo tempo, sintoma e moldura de uma cultura do espetáculo que reordena a feminilidade.

Por meio de um discurso cuja tônica promete a melhoria da qualidade de vida, o equilíbrio nos relacionamentos e a harmonia doméstica, o GNT veicula e reforça determinadas imagens femininas ancoradas em vontades de verdades que, por séculos, exercem poder sobre a vida e o corpo da mulher, para torná-la bela, dócil, boa mãe, boa esposa e apta a cuidar da casa. São enunciados anteriormente naturalizados que, no mundo contemporâneo, revelam um modelo de performance feminina quase heroica, cujas imagens incorrem em termos de perfeição ou de aperfeiçoamento dos modos de subjetivação. Nem o âmbito mais íntimo da experiência feminina escapa desse imperativo. Diante dos prazeres e desprazeres desse modelo de subjetivação, estabelecem-se como metas a magreza, a beleza, a juventude, a saúde, a harmonia doméstica, o equilíbrio nos relacionamentos, a boa imagem pessoal, que, no limite, resume-se na aparência de ser ótima e feliz. Em um mundo no qual se exige uma performance ótima e feliz, nada escapa ao olhar da transformação que, a priori, julga como falho, inacabado, velho e fadado à reforma tudo aquilo que não está disposto no pedestal da imitação prestigiosa.

Aos modos de ser e estar da mulher contemporânea oferecidos e fetichizados pelo GNT, impõe-se como estratégia o duplo espírito empresarial-concorrencial da autogestão, segundo o qual o governar-se por si mesmo é sinal de responsabilidade e de sucesso. Por isso, a pedagogização midiática é uma das principais estratégias de sentido do GNT. Em um momento histórico no qual as instituições que outrora forneciam proteção e assistência social se tornaram absortas e sem legitimidade, essa pedagogização midiática alenta o indivíduo para o governo de si, ensinando-o a ser responsável, autônomo e capaz de se cuidar.

Nas correntes de realidade que se entrecruzam nas produções de sentido do canal GNT, a verdade tem sido armazenada em fetichismos de subjetividade femininas alicerçados por um biopoder performático. O sucesso desses modos de subjetivação segue a lógica do empreendimento pessoal, "que nos permite e nos obriga a nos pensar, simultaneamente, únicos e semelhantes", como bem afirmou Ehrenberg (2010, p. 173). Por isso, na comunicação televisual do GNT, a imagem das mulheres comuns e anônimas, bem como de seu cotidiano e sua intimidade, é empregada tão frequentemente. A imagem da "mulher real" nada mais é que a utopia de ser único e da distopia de ser ordinário e semelhante. Na cultura da empresarização da performance, cada vez mais os indivíduos buscam, na imagem prestigiosa, seus referenciais de sucesso, no desejo de serem únicos e melhores que seus semelhantes.

Diante desse cenário de imperativo do cuidado e do controle constante de si com o objetivo de se evitar qualquer tipo de descuido e desprestígio da aparência, o GNT apresenta-se como um canal assistencialista cuja comunicação televisual guarda relação de simbiose com a literatura de autoajuda. A tecnologia da intimidade empregada pelo GNT favorece um discurso próximo da telespectadora, como se dela o canal fosse uma amiga conselheira, autorizada a dizer o que se deve fazer para ser ótima e feliz. O caráter assistencialista do GNT deixa patente o modo como a mulher deve gerir seu corpo, seu lar e seus relacionamentos para empreender uma boa imagem pessoal. A busca constante pela boa aparência feminina é sinônimo de uma mulher preocupada em evitar os riscos e os perigos do mundo contemporâneo — de exclusões socioculturais até medos e inseguranças pessoais.

Por intermédio de um discurso que pesa risco e responsabilidade pessoal, em forma de programas televisivos que denunciam e diagnosticam modos de ser e estar considerados falhos e ruins, a produção de sentido do GNT propõe uma avaliação moral que distingue a mulher "boa" da mulher "má". Aliás, esse viés de sentido é muito próximo do "discurso médico e do discurso feminista sobre a saúde com sua ênfase no risco e na responsabilidade pessoal", segundo os quais a mulher boa é entendida como "responsável e vigilante, não quer ser um fardo para a família e para o sistema de saúde e faz da autonomia sua bandeira política"; e seu oposto: a mulher má é definida como uma desviante do modo ótimo e normal, pois "é irresponsável e não se vigia, sendo uma carga para os demais, numa cultura como a nossa que trata a dependência como condição vergonhosa" (ORTEGA, 2010, p. 34). A mulher boa deve ser suficientemente apta a empreender um autoaperfeiçoamento constante, por meio de uma retórica do empoderamento de si e do seu corpo. É investindo nesses capitais que ela consegue se inserir socialmente.

O valor da mulher é, então, medido em termos de sua capacidade de empreender uma performance ótima e feliz, equalizada pelos critérios de juventude, beleza, magreza, saúde, harmonia do lar e equilíbrio nos relacionamentos. A subjetividade feminina desviante representa os riscos da existência contemporânea e a reprovação do olho público vigilante. Em uma palavra, ela é o sinônimo do fracasso da mulher. Já a subjetividade feminina boa é aquela capaz de cuidar de si, de ser autônoma, responsável, apta a gerir-se e a vigiar-se de modo a evitar todo o tipo de fracasso pessoal. Essa moralização é parte da estrutura do duplo saber-poder incidido sobre os indivíduos, o qual normaliza o constante *to fit in* performático, no sentido de promover o ajuste pessoal quase em níveis de perfeição.

A eterna insatisfação de si é modelada pelo ideário do ajuste frequente, um *modus operandi* típico do capitalismo neoliberal globalizante, cuja engrenagem mercadológica opera pela aceleração dos fluxos de consumo e pela obsolescência generalizada. A efemeridade do prazer, da experiência e dos bens simbólicos assegura uma conjuntura de insatisfação permanente, atmosfera favorável para o disciplinamento do consumidor. No fluxo dessa corrente de realidade, o GNT aproveita-se da insatisfação constante da mulher contemporânea a fim de apresentar-lhe um rol de estratégias de subjetivação sobre corpo, lar e relacionamentos, o qual promete lhe garantir uma existência mais feliz e aperfeiçoada.

Não se trata aqui de reivindicar uma categoria ética para a felicidade, nem muito menos de questionar o que deve ser ou não a felicidade hoje. Mas, antes de tudo, diz respeito à compreensão do funcionamento e do significado do discurso do GNT sobre os modos de ser e estar da "mulher real" — seu cotidiano e sua intimidade, no qual o imperativo da performance feminina ótima e feliz se sobressaiu como a matriz discursiva fundante. Inevitável não questionar como a felicidade e a performance ótima reforçam um estado produtivo do sujeito. Ideologicamente patrocinadas pelo espírito do capitalismo neoliberal globalizante, a felicidade produtiva e a performance ótima são os parâmetros da existência dos indivíduos "bons", os cidadãos trabalhadores, dóceis, bem comportados, responsáveis, autônomos, longevos, com menos riscos de problemas de saúde, com mais facilidade para se autogovernar, autocontrolar e autovigiar e que, por isso mesmo, representam baixos custos para os sistemas de saúde.

Essa moldura demarca, por um lado, a responsabilização do indivíduo e, por outro, o caráter assistencialista de tecnologias que, pelo menos aparentemente, prometem um auxílio à gestão de si. De fármacos e medicamentos psicotrópicos à televisão conselheira e filantrópica da contemporaneidade, enfim, tudo aquilo que anuncia nos ajudar a alcançar a performance ótima e feliz pode ser compreendido em termos de políticas de vida. Um biopoder que institui vontades de verdade dispostas em estilos de vida e comportamentos prestigiosos, segundo os quais se estipulam certos mecanismos de controle que em certa medida inibem a autonomia do indivíduo. No entanto, isso não significa que não dispomos das condições necessárias para reordenar o fluxo das torrentes da realidade e arquitetar resistências. Antes, porém, mostra que esse processo depende de um indivíduo movido pela sua potência transformadora de mundo e de si. Como argumentaria Bergson (2006, p. 252), depende de um indivíduo capaz de fluir com a realidade movente e, por meio dela, gerir-se a fim de dominá-la no sentido de se colocar em "melhores condições para agir". As inflexões e as resistências são possíveis e necessárias. Essa tessitura é parte das minhas reflexões e inflexões sobre a realidade movente do mundo contemporâneo, em face do imperativo da performance feminina ótima e feliz.

REFERÊNCIAS

A FÉ no impossível. Rio de Janeiro; São Paulo: Samba Filmes, 15 ago. 2012. 1 vídeo (30 min). Episódio televisivo publicado no programa *Viver com Fé*, Canal GNT, exibido às 22h30.

ACTIONPACK. **Globosat**, [S. l.], 2012. Disponível em: http://globosat-extra.dyndns.org/actionpack/. Acesso em: 5 jan. 2012.

ALERGIA. Rio de Janeiro: Panorâmica, 14 ago. 2012. 1 vídeo (30 min). Episódio televisivo publicado no programa *Mãe É Mãe*, Canal GNT, exibido às 21h30.

ALMEIDA, Marcos Antonio Bettine de et al. **Qualidade de vida**: definição, conceitos e interfaces com outras áreas de pesquisa. São Paulo: Escola de Artes, Ciências e Humanidades (EACH/USP), 2012. Disponível em: http://each.uspnet.usp.br/edicoes-each/qualidade_vida.pdf. Acesso em: 30 jul. 2013.

ANATEL. TV por Assinatura cresce 30,45% em 2011. [S. l.], 20 jan. 2012. Disponível em: http://www.anatel.gov.br/Portal/exibirPortalNoticias.do?acao=carregaNoticia&codigo=24534. Acesso em: 7 nov. 2012.

ANCINE. TIRE suas dúvidas sobre a nova Lei da TV Paga. [S. l.], 2012. Disponível em: http://www.ancine.gov.br/faq-nova-lei-da-tv-paga. Acesso em: 4 mar. 2013.

ARAÚJO, Carlos Alberto. A pesquisa norte-americana. *In*: HOHLFELDT, Antonio; MARTINO, Luiz C.; FRANÇA, Vera Veiga (org.). **Teorias da comunicação**: conceitos, escolas e tendências. Petrópolis: Vozes, 2007. p. 119-130.

ARENDT, Hannah. **A condição humana**. Tradução: Roberto Raposo. 10. ed. Rio de Janeiro: Editora Forense Universitária, 2000.

ARISTÓTELES. **Metafísica (livro 1 e 2); Ética a Nicômaco; Poética**. Seleção de textos de José Américo Motta Pessanha. Tradução: Vincenzo Cocco et al. São Paulo: Abril Cultural, 1979. (Os pensadores; v. 2).

ARTE. São Paulo: Flint 2, 13 ago. 2012. 1 vídeo (30 min). Episódio televisivo publicado no programa *Vamos Combinar*, Canal GNT, exibido às 21h30.

AUMENTANDO a família. Rio de Janeiro; São Paulo: Cinevideo, 15 ago. 2012. 1 vídeo (30 min). Episódio televisivo publicado no programa *Boas Vindas*, Canal, exibido às 19h.

BÄCK-WIKLUND, Margareta *et al.* (ed.). **Quality of life and work in Europe**. Theory, practice and policy. New York: Palgrave Macmillan, 2011.

BACZKO, Bronislaw. Imaginação social. *In*: ENCICLOPÉDIA Einaudi. Lisboa: Imprensa Nacional/Casa da Moeda/Editora Portuguesa, 1985.

FONTENELLE, Isleide Arruda. **O nome da marca**: McDonald's, fetichismo e cultura descartável. São Paulo: Boitempo, 2002.

BAUMAN, Zygmunt. **La sociedade sitiada**. Buenos Aires: Fondo de Cultura Econômica, 2004.

BAUMAN, Zygmunt. **Vida para consumo**: a transformação das pessoas em mercadoria. Tradução: Carlos Alberto Medeiros. Rio de Janeiro: Zahar, 2008.

BEAUVOIR, Simone de. **O segundo sexo**. Tradução: Sérgio Milliet. Rio de Janeiro: Editora Nova Fronteira, 1980.

BENJAMIN, Walter. **Magia e técnica, arte e política**: ensaios sobre literatura e história da cultura. Tradução: Sérgio Paulo Rouanet. 7. ed. São Paulo: Brasiliense, 1994. (Obras escolhidas; v. 1).

BERGSON, Henri. **O pensamento e o movente**: ensaios e conferências. Tradução: Bento Prado Neto. São Paulo: Martins Fontes, 2006.

BERLIN, Isaiah. **Liberty, pluralism and liberalism**. Cambridge: Polity Press, 2004.

BEZERRA JR., Benilton. O ocaso da interioridade e suas repercussões sobre a clínica. *In*: PLASTINO, C. A. (org.). **Transgressões**. Rio de Janeiro: Contracapa, 2002. p. 229-239.

BIONDO, Sonia (org.). **600 dicas do GNT para você ficar superbonita**. São Paulo: Globo, 2007.

BIRESI, Anna; NUNN, Heather. **Reality TV**: realism and revelation. London: Wall Flower Press, 2005.

BIRMAN, Joel. Muitas felicidades?! O imperativo de ser feliz na contemporaneidade. *In*: FREIRE FILHO, João (org.). **Ser feliz hoje**: reflexões sobre o imperativo da felicidade. Rio de Janeiro: Editora FGV, 2010. p. 27-48.

BLOG da Rita. **IG**, [*S. l.*], 2013. Disponível em: http://panelinha.ig.com.br/site_novo/meuBlog/rita. Acesso em: 2 fev. 2013.

BOLAÑO, César Ricardo Siqueira. A economia política da TV segmentada no Brasil. **Revista Brasileira de Ciências da Comunicação**, São Paulo, v. 25, n. 2, p. 235-237, 2002.

BOLAÑO, César R. S.; BARROS, Chalini T. G. de. Televisão brasileira: uma nova ótica mercadológica. *In*: ENCONTRO LATINO DE ECONOMIA POLÍTICA DA INFORMAÇÃO, COMUNICAÇÃO E CULTURA, 5., nov. 2005. **Anais** [...]. Salvador, Bahia: Enlepicc, 2005.

BOLTER, David; GRUSIN, Richard. **Remediation**: understanding the new media. Cambridge: The MIT Press, 1999.

BORELLI, Silvia Helena Simões; PRIOLLI, Gabriel (coord.). **A deusa ferida**: por que a Globo não é mais campeã absoluta de audiência. São Paulo: Summus, 2000.

BOURDIEU, Pierre. **A distinção**: crítica social do julgamento. Tradução: Daniela Kern e Guilherme J. F. Teixeira. São Paulo; Porto Alegre: Edusp; Zouk, 2008.

BOURDIEU, Pierre. **A dominação masculina**. Tradução: Maria Helena Kühner. 10. ed. Rio de Janeiro: Bertrand Brasil, 2011.

BOURDIEU, Pierre. Estrutura, habitus e prática. *In*: BOURDIEU, Pierre. **A economia das trocas simbólicas**. Tradução: Sérgio Miceli. 3. ed. São Paulo: Perspectiva, 1992. p. 337-361.

BRETON, Phillipe; PROULX, Serge. **Sociologia da comunicação**. Tradução: Ana Paula Castellani. 2. ed. São Paulo: Edições Loyola, 2006.

BRITTOS, Valério Cruz. As Organizações Globo e a reordenação das comunicações. **Revista Brasileira de Ciências da Comunicação**, v. 23, n. 1, pp. 57-76, jan./jun. 2000.

BRITTOS, Valério Cruz. **Capitalismo contemporâneo, mercado brasileiro de televisão por assinatura e expansão transnacional**. Tese (Doutorado em Comunicação e Cultura Contemporâneas) – Universidade Federal da Bahia, Salvador, 2002.

BRITTOS, Valério Cruz. Midiatização e produção tecnológico-simbólica no capitalismo contemporâneo. *In*: MORAES, Denis de (org.). **Mutações do visível**: da comunicação de massa à comunicação em rede. Tradução: Diego Alfaro. Rio de Janeiro: Pão e Rosas, 2010.

BRITTOS, Valério Cruz; BOLAÑO, César Ricardo Siqueira (org.). **Rede Globo**: 40 anos de poder e hegemonia. São Paulo: Paulus, 2005.

BRUNO, Fernanda. Mapas de crime: vigilância distribuída e participação na cultura contemporânea. *In*: BRUNO, Fernanda; KANASHIRO, Marta; FIRMINO, Rodrigo (org.). **Vigilância e visibilidade**: espaço, tecnologia e identificação. Porto Alegre: Sulina, 2010. p. 155-173.

BRUNO, Fernanda. Quem está olhando? Variações do público e do privado em weblogs, fotologs e reality shows. **Contemporânea**, [s. l.], v. 3, n. 2, p. 53-70, jul./dez. 2005. Disponível em: http://www.portalseer.ufba.br/index.php/contemporaneaposcom/article/view/3461. Acesso em: 12 fev. 2013.

BURKE, Peter; BRIGGS, Asa (org.). **Uma história social da mídia**: de Gutemberg à internet. Tradução: Maria Carmelita Pádua Dias. Revisão de Paulo Vaz. Rio de Janeiro: Jorge Zahar Editor, 2004.

BUTLER, Judith. Variações sobre sexo e gênero: Beauvoir, Wittig e Foucault. *In*: BENHABID, Seyla; CORNELL, Drucila (org.). **Feminismo como crítica da modernidade**. Rio de Janeiro: Rosa dos Tempos, 1987. p. 139-154.

CALAZANS, Fabíola. Estruturas de sentimento na modernidade: um estudo sobre as experiências nas obras de Walter Benjamin, a propósito de Charles Baudelaire. **Ciberlegenda**, Niterói, n. 17, 2007. Disponível em: http://www.uff.br/ciberlegenda/ojs/index.php/revista/article/view/197. Acesso em: 20 jan. 2013.

CALAZANS, Fabíola; FLAUSINO, Márcia. Direitos do Homem do Canal FX: um estudo sobre o fenômeno do *marketing* viral e o uso das redes sociais na comunicação. *In*: TRINDADE, Eneus; PEREZ, Clotilde (org.). **Há momentos em que precisamos parar**: parar para pensar os rumos da publicidade contemporânea. Salto: Editora Schoba, 2010. p. 425-436. Disponível em: http://www.eca.usp.br/propesq/downloads/ebook_Propesq_pp.pdf. Acesso em: 10 dez. 2010.

CAMPANELLA, Bruno. **Os olhos do grande irmão**: uma etnografia dos fãs do Big Brother Brasil. Porto Alegre: Editora Sulina, 2012.

CAMPANELLA, Bruno. Visões do cotidiano: indivíduo e sociedade no Big Brother Brasil. *In*: FREIRE FILHO, João (org.). **A TV em transição**: tendências de programação no Brasil e no mundo. Porto Alegre: Sulina, 2009. p. 171-194.

CAMPANHA "Direitos do Homem" do Canal FX. **Direitos do Homem**, [s. l.], 2009. Disponível em: http://www.direitosdohomem.com.br/. Acesso em: 1 dez. 2009.

CANAIS Globosat. **Globosat**, [s. l.], 2010. Disponível em: http://canaisglobosat.globo.com/index.php/canais. Acesso em: 23 dez. 2010.

CAPITAL erótico. Rio de Janeiro: GNT, 15 ago. 2012. 1 vídeo (60 min). Episódio televisivo publicado no programa *Saia Justa*, Canal GNT, exibido às 22h.

CARDOSO, Elizabeth Dezouzart. A invenção da zona sul: origens e difusão do topônimo zona sul na geografia carioca. **GEOgraphia**, [s. l.], v. 11, n. 22, 2009. Disponível em: https://www.researchgate.net/publication/328518806_A_invencao_da_Zona_Sul_Origens_e_difusao_do_toponimo_Zona_Sul_na_geografia_carioca. Acesso em: 3 mar. 2013.

CARTAS na mesa. **GNT**, [s. l.], 2012. Disponível em: http://gnt.globo.com/cartas-na-mesa/sobre/index.shtml. Acesso em: 3 jul. 2012.

CASANOVA, José Luís. Uma avaliação conceptual do habitus. **Sociologia, Problemas e Práticas**, Centro de Investigação e Estudos de Sociologia, Lisboa, n. 18, 1995.

CASETTI, Francesco; ODIN, Roger. De la paléo- à la néo-télévision: approche sémio-pragmatique. Tradução: Henrique Ramos Reichelt. **Ciberlegenda**, Niterói, n. 26, 2012. Disponível em: https://periodicos.uff.br/ciberlegenda/article/view/36916/21491. Acesso em: 27 out. 2012.

CASETTI, Francesco; ODIN, Roger. De la paléo à la néo-télévision: approche sémio-pragmatique. **Communications**: Télévisions Mutations, Paris, n. 51, p. 9-26, 1990.

CASTEL, Robert *et al.* **La societé psychiatrique avancée**. Paris: Grasset, 1979.

CASTRO, Rui. **Ela é carioca**: uma enciclopédia de Ipanema. São Paulo: Companhia das Letras, 1999.

CERTAU, Michel de. **A invenção do cotidiano**: artes de fazer. Tradução: Ephraim F. Alves. Rio de Janeiro: Vozes, 1998. v. 1.

CERTEAU, Michel de; GIARD, Luce. Espaços privados. *In*: CERTEAU, Michel de; GIARD, Luce; MAYOL, Pierre. **A invenção do cotidiano**: morar, cozinhar. Petrópolis: Vozes, 1996. v. 2, p. 203-210.

CHARAUDEAU, Patrick. **Discurso das mídias**. Tradução: Angela M. S. Corrêa. São Paulo: Contexto, 2006.

CHARAUDEAU, Patrick. Les discours publicitaire, genre discursif. **Revue Mscope**, Versailles, Centre Régional de Documentation Pédagogique (CRDP), n. 8, p. 34-44, 1994.

CHARAUDEAU, Patrick. O contrato de comunicação em sala de aula. **Pratiques**, [s. l.], n. especial, 1999. Tradução e adaptação para fins didáticos Diléa Pires.

CHARAUDEAU, Patrick. Uma teoria dos sujeitos da linguagem. *In*: MARI, Hugo; MACHADO, Ida Lúcia; MELLO, Renato (org.). **Análise do discurso**: fundamentos e práticas. Belo Horizonte: NAD/FALE/UFMG, 2001. p. 23-38.

CHARAUDEAU, Patrick; MAINGUENEAU, Dominique. **Dicionário de análise do discurso**. São Paulo: Contexto, 2004.

CHEGADAS e partidas. **GNT**, [s. l.], 2012. Disponível em: http://gnt.globo.com/chegadasepartidas/sobre/. Acesso em: 4 jul. 2012.

CHIH, Chiu Yi. **A eudaimonia na pólis excelente de Aristóteles**. Dissertação (Mestrado em Filosofia) – Universidade de São Paulo, São Paulo, 2009. Disponível em: http://www.teses.usp.br/teses/disponiveis/8/8133/tde-03022010-131909/pt-br.php. Acesso em: 15 mar. 2013.

CHUVA de arroz. **GNT**, [s. l.], 2012. Disponível em: http://gnt.globo.com/chuva-de-arroz/sobre/. Acesso em: 7 ago. 2012.

COMPARATO, Doc. **Da criação ao roteiro**. Rio de Janeiro: Rocco, 1995.

COSTA, Jurandir Freire. **O vestígio e a aura**: corpo e consumismo na moral do espetáculo. Rio de Janeiro: Garamond, 2005.

COUTINHO, Carlos Nelson. **Gramsci**: um estudo sobre seu pensamento político. Rio de Janeiro: Civilização Brasileira, 1999.

COZINHANDO pra fora. Rio de Janeiro: GNT, 16 ago. 2012. 1 vídeo (30 min). Episódio televisivo publicado no programa *Decora*, Canal GNT, exibido às 22h30.

CURRAN, James. Teoria midiática e cultural na era do liberalismo de mercado. *In*: FREIRE FILHO, João; HERSCHMANN, Micael (org.). **Novos rumos da cultura da mídia**: indústrias, produtos, audiências. Rio de Janeiro: Mauad X, 2007. p. 15-44.

D'AGOSTINO, Peter. Virtual Realities: recreational vehicles for a post-television culture? *In*: D'AGOSTINO, Peter; TAFLER, David (org.). **Transmission**: toward a post-television culture. 2. ed. Estados Unidos: Sage Publications, 1995. p. 269-283.

DEBORD, Guy. **A sociedade do espetáculo**. Tradução: Estela dos Santos Abreu. Rio de Janeiro: Contraponto, 1997.

DELEUZE, Gilles. **Conversações (1972-1990)**. Tradução: Peter Pál Pelbart. São Paulo: Ed. 34, 2010.

DELEUZE, Gilles. **Foucault**. Tradução: Claudia Sant'Anna Martins. São Paulo: Brasiliense, 2005.

DESCARTES, René. **Discurso do método**. Tradução: Maria Ermantina Galvão. São Paulo: Martins Fontes, 1996.

DESCARTES, René. **Oeuvres et lettres**. Textes présentés par André Bridoux. Paris: Gallimard, 1953. (Bibliothèque de la Pléiade).

DOUGLAS, Mary; ISHERWOOD, Baron. **O mundo dos bens**: para uma antropologia do consumo. Tradução: Plínio Dentzien. Rio de Janeiro: EdUFRJ, 2004.

DUARTE, Elizabeth Bastos. Reflexões sobre os gêneros e formatos televisivos. *In*: DUARTE, Elizabeth Bastos; CASTRO, Maria Lília de (org.). **Televisão**: entre o mercado e a academia. Porto Alegre: Sulina, 2006. p. 19-30.

ECO, Umberto. **História da beleza**. Tradução: Eliana Aguiar. São Paulo: Editora Record, 2004.

ECO, Umberto. **La guerre du faux**. Paris: Grasset, 1985.

ECO, Umberto. **Seis passeios pelo bosque da ficção**. Tradução: Hildegard Feist. São Paulo: Companhia das Letras, 2009.

ECO, Umberto. Tevê: a transparência perdida. *In*: ECO, Umberto. **Viagem na irrealidade cotidiana**. Tradução: Aurora Bernardini e Homero Andrade. Rio de Janeiro: Nova Fronteira, 1984. p. 182-104.

EHRENBERG, Alain. **L'individu incertain**. Paris: Hachette Littératures, 2003.

EHRENBERG, Alain. **O culto da performance**: da aventura empreendedora à depressão nervosa. Organização e tradução: Pedro F. Bendassolli. Aparecida, SP: Editora Ideias e Letras, 2010.

EHRENBERG, Alain. O sujeito cerebral. **Psicologia Clínica**, Rio de Janeiro, v. 21, n. 1, p. 187-213, 2009. Tradução: Marianna T. de Oliveira e Monah Winograd. Disponível em: http://www.scielo.br/scielo.php?script=sci_arttext&pid=S0103-56652009000100013. Acesso em: 8 abr. 2013.

ELIADE, Mircea. **Imagens e símbolos**. Lisboa: Artes e Letras (Arcádia), 1979.

ELIADE, Mircea. **O sagrado e o profano**. Tradução: Rogério Fernandes. São Paulo: Martins Fontes, 1992.

ELIAS, Norbert. **A sociedade dos indivíduos**. Organização: Michael Schröter. Tradução: Vera Ribeiro. Rio de Janeiro: Jorge Zahar Editor, 1994.

ESCOSTEGUY, Ana Carolina D. **Cartografia dos estudos culturais**: uma versão latino-americana. Belo Horizonte: Autêntica, 2010. Edição digital. Disponível em: http://www.livrariasaraiva.com.br/produto/4071170/cartografias-dos-estudos--culturais-uma-versao-latino-americana. Acesso em: 4 jan. 2011.

ESCOSTEGUY, Ana Carolina D. Os estudos culturais. *In*: HOHLFELDT, Antonio; MARTINO, Luiz C.; FRANÇA, Vera Veiga (org.). **Teorias da comunicação**: conceito, escolas e tendências. Petrópolis: Vozes, 2007. p. 151-170.

FAUSTO NETO, Antônio *et al.* (Re) visitando os conceitos de contrato de leitura: uma proposta de entendimento dos pontos de vínculo entre emissor/receptor da sociedade dos meios para sociedade midiatizada. *In*: CONGRESSO DE CIÊNCIAS DA COMUNICAÇÃO NA REGIÃO SUL, INTERCOM, 11., 17 a 19 maio 2010, Novo Hamburgo. **Anais** [...]. Disponível em: http://www.intercom.org.br/papers/regionais/sul2010/resumos/R20-0118-1.pdf. Acesso em: 4 jul. 2012.

FAUSTO NETO, Antonio. Contratos de leitura: entre regulações e deslocamentos. **Diálogos Possíveis**, Santos, São Paulo, p. 7-27, jul./dez. 2007. Disponível em: http://www.intercom.org.br/papers/nacionais/2007/resumos/r1528-2.pdf. Acesso em: 12 mar. 2024.

FECHINE, Yvana. A programação da TV no cenário de digitalização dos meios: configurações que emergem dos reality shows. *In*: FREIRE FILHO, João (org.). **A TV em transição**: tendências de programação no Brasil e no mundo. Porto Alegre: Sulina, 2009. p. 139-170.

FERRAZ, Maria Cristina Franco. Do espelho machadiano ao ciberespelho: interioridade na atual cultura somática. **Revista FAMECOS**, Porto Alegre, n. 39, ago. 2009. Disponível em: http://revistaseletronicas.pucrs.br/ojs/index.php/revistafamecos/article/viewFile/5846/4240. Acesso em: 2 abr. 2013.

FERRAZ, Maria Cristina Franco. **Homo deletabilis**: corpo, percepção, esquecimento do século XIX ao XXI. Rio de Janeiro: Garamond, 2010.

FERREIRA, Aurélio Buarque de Holanda. **Novo dicionário Aurélio da língua portuguesa**. 3. ed. Curitiba: Positivo, 2004.

FERRER, Christian. Consumo de espetáculos e felicidade obrigatória: técnica e bem-estar na vida contemporânea. *In*: FREIRE FILHO, João (org.). **Ser feliz hoje**: reflexões sobre o imperativo da felicidade. Rio de Janeiro: Editora FGV, 2010. p. 165-180.

FIGUEIREDO, Celso. **Redação publicitária**: sedução pela palavra. São Paulo: Cengage Learning, 2005.

FIGUERAS, Albert. **Otimizar a vida**: códigos para reconhecer a felicidade. São Paulo: Editora Planeta do Brasil, 2007.

FISHER, Rosa Maria Bueno. Uma análise foucaultiana da TV: das estratégias de subjetivação na cultura. **Currículo sem Fronteiras**, [s. l.], v. 2, n. 1, p. 41-54, jan./jun. 2002. Disponível em: http://www.curriculosemfronteiras.org/vol2iss1articles/rosa.pdf. Acesso em: 4 jan. 2012.

FISKE, John. **Television culture**. London: Routledge, 1987.

FLAUSINO, Márcia Coelho. **As dietas dos desprazeres**: a mídia e a gastronomia da fome. Brasília: Casa das Musas, 2008.

FONTENELLE, Isleide Arruda. **O nome da marca**: McDonald's, fetichismo e cultura descartável. São Paulo: Boitempo, 2002.

FOUCAULT, Michel. **A arqueologia do saber**. Tradução: Luiz Felipe Baeta Neves. Rio de Janeiro: Forense Universitária, 2008.

FOUCAULT, Michel. **A hermenêutica do sujeito**. Tradução: Márcio Alves da Fonseca e Salma Tannus Muchail. São Paulo: Martins Fontes, 2006.

FOUCAULT, Michel. **A história da sexualidade**: a vontade de saber. Tradução: Maria Thereza da Costa Albuquerque e J. A. Guilhon Albuquerque. Rio de Janeiro: Edições Graal, 2009a. v. 1.

FOUCAULT, Michel. **A história da sexualidade**: o cuidado de si. Tradução: Maria Thereza da Costa Albuquerque e J. A. Guilhon Albuquerque. Rio de Janeiro: Edições Graal, 1985. v. 3.

FOUCAULT, Michel. **A ordem do discurso**: aula inaugural no Collège de France, pronunciada em 2 de dezembro de 1970. Tradução: Laura Fraga de Almeida Sampaio. São Paulo: Edições Loyola, 2009b.

FOUCAULT, Michel. **História da Sexualidade**: o uso dos prazeres. Tradução: Maria Thereza da Costa Albuquerque. Rio de Janeiro: Edições Graal, 1998. v. 2.

FOUCAULT, Michel. **Vigiar e Punir**: nascimento da prisão. Tradução: Raquel Ramalhete. Petrópolis: Vozes, 2002.

FRANÇA, Vera V. A felicidade ao seu alcance: que felicidade e ao alcance de quem, afinal? *In*: FREIRE FILHO, João (org.). **Ser feliz hoje**: reflexões sobre o imperativo da felicidade. Rio de Janeiro: Editora FGV, 2010. p. 213-226.

FRANÇA, Vera V. A televisão porosa: traços e tendências. *In*: FREIRE FILHO, João (org.). **A TV em transição**: tendências de programação no Brasil e no mundo. Porto Alegre: Sulina, 2009. p. 27-52.

FRANCO, Ariovaldo. **De caçador a gourmet**: uma história da gastronomia. 3. ed. revista e ampliada. São Paulo: Editora Senac São Paulo, 2004.

FREIRE FILHO, João. A felicidade na era de sua reprodutibilidade científica: construindo "pessoas cronicamente felizes". *In*: FREIRE FILHO, João (org.). **Ser feliz hoje**: reflexões sobre o imperativo da felicidade. Rio de Janeiro: Editora FGV, 2010. p. 49-104.

FREIRE FILHO, João. Renovações da filantropia televisiva: do assistencialismo populista à terapia do estilo. *In*: FREIRE FILHO, João (org.). **A TV em transição**: tendências de programação no Brasil e no mundo. Porto Alegre: Sulina, 2009. p. 53-88.

FREITAS, Leonardo Fialho. **A vinheta e sua evolução através da história**: da origem do termo até a adaptação para os meios de comunicação. Dissertação (Mestrado da Faculdade dos Meios de Comunicação Social) – Pontifícia Universidade Católica do Rio Grande do Sul, Porto Alegre, 2005. Disponível em: http://tede.pucrs.br/tde_busca/arquivo.php?codArquivo=505. Acesso em: 1 ago. 2012.

FRIEDAN, Betty. **Mística feminina**. Tradução: Áurea B. Weissenberg. Petrópolis: Vozes, 1971.

FUREDI, Frank. **Therapeutic culture**: cultivating vulnerability in an uncertain age. London: Routledge, 2004.

FX. FOX One Stop Media. [*S. l.*], 2013 Disponível em: http://www.foxonestop.com/br/canais-fx. Acesso em: 28 maio 2013.

GIANNETTI, Eduardo. **Felicidade:** diálogos sobre o bem-estar na civilização. São Paulo: Companhia das Letras, 2002.

GIDDENS, Anthony. **A transformação da intimidade:** sexualidade, amor e erotismo nas sociedades modernas. Tradução: Magda Lopes. São Paulo: Editora da Universidade Estadual Paulista, 1993.

GIDDENS, Anthony. **Modernidade e identidade.** Tradução: Plínio Dentzien. Rio de Janeiro: Jorge Zahar Editor, 2002.

GILDER, George F. **A vida após a televisão:** vencendo na revolução digital. Tradução: Ivo Korytowski. Rio de Janeiro: Ediouro, 1994.

GIRAD, Luce. Cozinhar. *In*: CERTEAU, Michel de; GIARD, Luce; MAYOL, Pierre. **A invenção do cotidiano:** morar, cozinhar. Petrópolis: Vozes, 1996. v. 2, p. 211-334.

GITLIN, Todd. **Mídia sem limite:** como a torrente de imagens e sons domina nossas vidas. Tradução: Beatriz de Medina. Rio de Janeiro: Civilização Brasileira, 2003.

GNT lança novo on air em março. **Portal da Propaganda**, [s. l.], 6 mar. 2008. Disponível em: http://www.portaldapropaganda.com.br/portal/propaganda/2341. Acesso em: 10 mar. 2008.

GODART, Frédéric. **Sociologia da moda.** Tradução: Lea P. Zylberlicht. São Paulo: Editora Senac São Paulo, 2010.

GOIA, Marisol. Modos e modas de Ipanema. *In*: GOLDENBERG, Mirian (org.). **O corpo como capital:** estudos sobre gênero, sexualidade e moda na cultura brasileira. Barueri: Estação das Letras e Cores Editora, 2007. p. 32-56.

GOLDENBERG, Mirian *et al.* **Nu & vestido:** dez antropólogos revelam a cultura do corpo carioca. Rio de Janeiro: Record, 2002.

GOLDENBERG, Mirian. **De perto ninguém é normal.** Rio de Janeiro: Record, 2005.

GOLDENBERG, Mirian. Introdução. *In*: GOLDENBERG, Mirian (org.). **O corpo como capital:** estudos sobre gênero, sexualidade e moda na cultura brasileira. Barueri: Estação das Letras e Cores Editora, 2007a. p. 9-13.

GOLDENBERG, Mirian. O corpo como capital. *In*: GOLDENBERG, Mirian (org.). **O corpo como capital**: estudos sobre gênero, sexualidade e moda na cultura brasileira. Barueri: Estação das Letras e Cores Editora, 2007b. p. 17-31.

GOLDENBERG, Mirian. **Toda mulher é meio Leila Diniz**. Rio de Janeiro: Record, 1995.

GRÁFICOS e art déco. São Paulo: Ioiô Filmes 1, 13 ago. 2012. 1 vídeo (15 min). Episódio televisivo publicado no programa *Base Aliada*, Canal GNT, exibido às 23h.

GRAMSCI, Antonio. **Cadernos do cárcere**. Rio de Janeiro: Civilização Brasileira, 1999. v. 1.

GRÁVIDA. Rio de Janeiro: Biondo Multimídia, 13 ago. 2012. 1 vídeo (30 min). Episódio televisivo publicado no programa *Superbonita*, Canal GNT, exibido às 22h.

GREIMAS, Algirdas Julien; COURTÉS, Joseph. **Dicionário de semiótica**. Tradução: Alceu Dias Lima *et al*. São Paulo: Cultrix, 1984.

GREIMAS, Algirdas Julien. A propósito do jogo. Tradução: Elizabeth Bastos Duarte. **Verso & Reverso**, São Leopoldo, Unisinos, ano VII, n. 27, p. 119-123, jul./dez. 1998.

GREIMAS, Algirdas Julien. **Du sens II**. Paris: Editions du Seuil, 1983.

GUIMARÃES, Cissa; GUIMARÃES, Patrícia. **Viver com fé**: histórias de quem acredita. Rio de Janeiro: Casa da Palavra, 2011.

GUIMARÃES, Keila. GNT reformula grade para atingir mulheres de 25 a 34 anos. **Propmark**, [s. l.], 14 mar. 2011. Disponível em: https://propmark.com.br/midia/gnt-reformula-grade-para-atingir-mulheres-de-25-a-34-anos/. Acesso em: 14 jul. 2011.

GUMBRECHT, Hans Ulrich. **Modernização dos sentidos**. São Paulo: Ed. 34, 1998.

HAFEZ, Rogério. Nietzsche: um crítico da ciência? Leitura do aforismo 344 de A Gaia Ciência. **Revista USP**, São Paulo, n. 28, p. 232-244, dez./fev. 1995/1996. Disponível em: http://www.usp.br/revistausp/28/16-hafez.pdf. Acesso em: 31 maio 2013.

HAKIM, Catherine. **Capital erótico**. Rio de Janeiro: Best Business, 2012.

HALL, Stuart. A centralidade da cultura: notas sobre as revoluções culturais do nosso tempo. **Revista Educação e Realidade**, Porto Alegre, Rio Grande do Sul, v. 22, n. 2, p. 15-46, jul./dez. 1997.

HALL, Stuart. **Da diáspora**: identidades e mediações culturais. Organização de Liv Sovik. Tradução: Adelaine La Guardia Resende *et al.* Belo Horizonte; Brasília: Editora UFMG; Representação da UNESCO no Brasil, 2003.

HAMBÚRGUER com galete de batata. São Paulo: Ioiô Filmes 2, 16 ago. 2012. 1 vídeo (15 min). Episódio televisivo publicado no programa *Cozinha Prática*, Canal GNT, exibido às 21h15.

HAMERMESH, Daniel S. **Beauty pays**: why atractive people are more successful. United Kingdom: Princeton University Press, 2011.

HARDCUORE. **Hardcuore.**, [s. l.], 2012. Disponível em: http://www.hardcuore.com/trabalho/canal-gnt/. Acesso em: 10 set. 2012.

HELOÍSA Périssé. São Paulo: Flint 1, 17 ago. 2012. 1 vídeo (30 min). Episódio televisivo publicado no programa *Confissões do Apocalipse*, Canal GNT, exibido às 21h.

HOFF, Tânia; GABRIELLI, Lourdes. **Redação publicitária**: para cursos de comunicação, publicidade e propaganda. Rio de Janeiro: Elsevier, 2004.

HOGGART, Richard. **As utilizações da cultura**: aspectos da vida cultural da classe trabalhadora. Lisboa: Editorial Presença, 1973. v. 1-2.

HOGGART, Richard. **The uses of literacy**: aspects of working-class life, with special reference to publications and entertainments. London: Chatto and Windus, 1957.

HOHLFELDT, Antonio. As origens antigas: a comunicação como objeto. *In*: HOHLFELDT, Antonio; MARTINO, Luiz C.; FRANÇA, Vera Veiga (org.). **Teorias da comunicação**: conceitos, escolas e tendências. Petrópolis: Vozes, 2007. p. 61-98.

HOUAISS, Antônio; VILLAR, Mauro de Salles; FRANCO, Francisco Manoel de Mello. **Dicionário Houaiss da língua portuguesa**. Rio de Janeiro: Objetiva, 2004. Disponível em: http://houaiss.uol.com.br. Acesso em: 14 de jun. 2012.

IDAS e vindas. Rio de Janeiro; São Paulo: Cinevideo, 17 ago. 2012. 1 vídeo (30 min). Episódio televisivo publicado no programa *Chegadas e Partidas*, Canal GNT, exibido às 22h.

JACKS, Nilda. Recepção televisiva: o que dizem as pesquisas acadêmicas na década de 1990? *In*: DUARTE, Elizabeth Bastos; CASTRO, Maria Lília de (org.). **Televisão**: entre o mercado e a academia. Porto Alegre: Sulina, 2006. p. 31-46.

JAMESON, Fredric. **A cultura do dinheiro**: ensaios sobre a globalização. Seleção e prefácio de Maria Elisa Cevasco. Tradução: Maria Elisa Cevasco e Marcos César de Paula Soares. Petrópolis: Vozes, 2001.

JARDIM, Ana. GNT estreia treze novos programas voltados para a "mulher real". **Uol**, [s. l.], 15 mar. 2011. Seção Entretenimento – Televisão. Disponível em: http://televisao.uol.com.br/ultimas-noticias/2011/03/15/gnt-estreia-treze-novos-programas-voltados-para-a-mulher-real.jhtm. Acesso em: 14 jun. 2012.

JAY, Martin. Scopic regimes of modernity. *In*: FOSTER, Hal (ed.). **Vision and visuality**. Seatle: Bay Press, 1988. p. 3-23.

JOÃO Ricardo. Rio de Janeiro: GNT, 16 ago. 2012. 1 vídeo (30 min). Episódio televisivo publicado no programa *Que Marravilha!*, Canal GNT, exibido às 22h.

JOST, François. O que significa falar de "realidade" para a televisão? *In*: GOMES, Itania Maria Mota (org.). **Televisão e realidade**. Salvador: EdUFBA, 2009. p. 13-30. Disponível em: http://www.poscom.ufba.br/arquivos/livro_Televisao_e_Realidade_ItaniaGomes.pdf. Acesso em: 10 abr. 2010.

JOST, François. **Seis lições sobre a televisão**. Porto Alegre: Sulina, 2004.

JÚLIA, Rebeca e Isabela. Rio de Janeiro: GNT, 17 ago. 2012. 1 vídeo (30 min). Episódio televisivo publicado no programa *Cartas na Mesa*, Canal GNT, exibido às 23h.

FARIAS JÚNIOR, José Petrúcio. Estruturalismo e semiótica: aproximações entre Saussure e Greimas. **Revista Espaço Acadêmico**, Maringá, n. 109, jun. 2010. Disponível em: http://periodicos.uem.br/ojs/index.php/EspacoAcademico/article/viewFile/9325/5701. Acesso em: 24 set. 2012.

KELLNER, Douglas. **A cultura da mídia – estudos culturais**: identidade e política entre o moderno e o pós-moderno. Tradução: Ivone Castilho Benedetti. Bauru: EDUSC, 2001.

KELLNER, Douglas. Cultura da mídia e triunfo do espetáculo. *In*: MORAES, Dênis de (org.). **Sociedade midiatizada**. Tradução: Carlos Frederico Moura da Silva, Maria Inês Coimbra Guedes, Lúcio Pimentel. Rio de Janeiro: Mauad, 2006. p. 119-148.

KLEIN, Stefan. **A fórmula da felicidade**. Rio de Janeiro: Sextante, 2005.

LAND, Kenneth C. *et al.* (ed.). **Handbook of social indicators and quality of life research**. New York: Springer, 2012.

LAURETIS, Teresa de. A tecnologia do gênero. *In*: HOLLANDA, Heloísa Buarque de (org.). **Tendências e impasses**: o feminismo como crítica da cultura. Rio de Janeiro: Rocco, 1994.

LAWSON, Nigella. **How to be a domestic goddess**: baking and the art of comfort cooking. London: Vintage, 2000.

LEWAK, Doree. Mommyrexia takes Manhattan. **New York Post**, [s. l.], 13 jun. 2011. Disponível em: http://www.nypost.com/p/entertainment/mommyrexia_takes_manhattan_WeNMJTfdU3rzXfNM506S9L. Acesso em: 27 mar. 2013.

LIPOVETSKY, Gilles; SERROY, Jean. **A tela global**: mídias culturais e cinema na era hipermoderna. Tradução: Paulo Neves. Porto Alegre: Sulina, 2009.

LOPES, Luís Carlos. Hermenêutica, teorias da representação e da argumentação no campo da comunicação. **Ciberlegenda**, n. 10, 2002. Disponível em: https://periodicos.uff.br/ciberlegenda/article/view/36832. Acesso em: 6 dez. 2012.

LOURO, Guacira Lopes. Epistemologia feminista e teorização social desafios, subversões e alianças. *In*: ADELMAN, Miriam; SILVESTRIN, Celsi Brönstrup (org.). **Coletânea gênero plural**. Curitiba: Editora UFPR, 2002. p. 11-22.

LYON, David. 11 de setembro, sinóptico e escopofilia: observando e sendo observado. *In*: BRUNO, Fernanda; KANASHIRO, Marta; FIRMINO, Rodrigo (org.). **Vigilância e visibilidade**: espaço, tecnologia e identificação. Porto Alegre: Sulina, 2010. p. 115-140.

MAINGUENEAU, Dominique. **Análise de textos de comunicação**. Tradução: Cecília P. de Souza-e-Silva e Décio Rocha. 3. ed. São Paulo: Cortez, 2004.

MALYSSE, Stéphane. Em busca dos (h)alteres-ego: olhares franceses nos bastidores da corpolatria carioca. *In*: GOLDENBERG, Mirian *et al.* **Nu & vestido**: dez antropólogos revelam a cultura do corpo carioca. 2. ed. Rio de Janeiro: Record, 2007. p. 79-138.

MARGARIDA Brandão. Rio de Janeiro; São Paulo: Cara de Cão, 14 ago. 2012. 1 vídeo (30 min). Episódio televisivo publicado em *Perdas e Ganhos*, Canal GNT, exibido às 22h.

MARTINO, Luiz C. **A atualidade mediática**: o conceito e suas dimensões. Trabalho apresentado ao Grupo de Trabalho Epistemologia da Comunicação, durante o XVIII Encontro da Compós, na PUC-MG, Belo Horizonte, jun. 2009. Disponível em: http://www.compos.org.br/data/biblioteca_1107.pdf. Acesso em: 20 ago. 2009.

MARTINO, Luiz C. Interdisciplinaridade e objeto de estudo da comunicação. *In*: HOHLFELDT, Antonio; MARTINO, Luiz C.; FRANÇA, Vera Veiga (org.). **Teorias da comunicação**: conceitos, escolas e tendências. Petrópolis: Vozes, 2007. p. 27-38.

MATHIESEN, Thomas. The viewer society: Michel Foucault's "panopticon" revisited. **Theoretical Criminology**, [s. l.], v. 1, n. 2, p. 215-234, maio 1997. Disponível em: http://tcr.sagepub.com/content/1/2/215.full.pdf+html. Acesso em: 5 jan. 2013.

MATTELART, Armand; NEVEU, Érik. **Introdução aos estudos culturais**. Tradução: Marcos Marcionilo. São Paulo: Parábola Editorial, 2004.

MATUCK, Artur. **O potencial dialógico da televisão**. 2. ed. São Paulo: Anna Blume, 2000.

MAUSS, Marcel. **Sociologia e antropologia**. Tradução: Paulo Neves. São Paulo: Cosac Naify, 2003.

McCHESNEY, Robert W. Mídia global, neoliberalismo e imperialismo. *In*: MORAES, Dênis de (org.). **Por uma outra comunicação**: mídia, mundialização cultural e poder. Rio de Janeiro: Record, 2003. p. 217-242.

McLUHAN, Marshall. **Os meios de comunicação como extensões do homem**. Tradução: Décio Pignatari. São Paulo: Editora Cultrix, 2006.

McROBBIE, Angela. **Four technologies of young womanhood**. Oral presentation. Zentrum fur Interdisziplinar Frauen and Geschlecterforschung, Berlin, 31 oct. 2006.

McROBBIE, Angela. Quatro tecnologias da identidade juvenil feminina. Tradução: Liv Sovik. Revisão de Patrícia Farias e Eneida Leal Cunha. **Revista Z Cultural**, Rio de Janeiro, ano VII, n. 2, 2013. Disponível em: http://revistazcultural.pacc.ufrj.br/quatro-tecnologias-da-identidade-juvenil-feminina/. Acesso em: 30 maio 2013.

McROBBIE, Angela. **The aftermath of feminism**: gender, culture and social change. London: Sage Publications, 2009.

MEHL, Dominique. **La télévision de l'intimité**. Paris: Seuil, 1996.

MEMÓRIA. Rio de Janeiro: Conspiração, 14 ago. 2012. 1 vídeo (30 min). Episódio televisivo publicado no programa *Alternativa Saúde*, Canal GNT, exibido às 22h30.

MENDES, Conrado Moreira. Da linguística estrutural à semiótica discursiva: um percurso teórico-epistemológico. **Revista Raído**, Dourados, v. 5, n. 9, p. 173-193, jan./jun. 2011. Disponível em: http://www.periodicos.ufgd.edu.br/index.php/Raido/article/viewFile/975/81. Acesso em: 24 set. 2012.

MENDONÇA, Ricardo Fabrino. Contratos comunicativos e ação situada: uma abordagem pragmática. **Revista da Associação Nacional dos Programas de Pós-Graduação em Comunicação**, Brasília, E-compós, v. 11, n. 12, maio/ago. 2008. Disponível em: http://www.compos.org.br/seer/index.php/e-compos/article/viewFile/217/271. Acesso em: 26 set. 2012.

MERLEAU-PONTY, Maurice. **Fenomenologia da percepção**. Tradução: Carlos Alberto Ribeiro de Moura. 4. ed. São Paulo: Editora WMF Martins Fontes, 2011. (Biblioteca do Pensamento Moderno).

METZ, Christian. **The imaginary signifier**: psychoanalysis and the cinema. Bloomington: Indiana University Press, 1982.

MÍDIA FATOS TV por Assinatura. **Mídia Fatos**, [s. l.], 2012. Disponível em: http://www.midiafatos.com.br/PDF_htm/manual.pdf. Acesso em: 17 dez. 2012.

MILLER, Toby. A televisão acabou, a televisão virou coisa do passado, a televisão já era. *In*: FREIRE FILHO, João (org.). **A TV em transição**: tendências de programação no Brasil e no mundo. Porto Alegre: Sulina, 2009. p. 9-25.

MISSIKA, Jean-Louis. **La fin de la télévision**. Paris: Seuil, 2006.

MØLLER, Valerie; HUSCHKA, Denis (ed.). **Quality of life and the millennium challenge**. Advances in quality of life studies. Theory and research. New York: Springer, 2009.

MORAES, Dênis de. **Cultura mediática y poder mundial**. Bogotá: Grupo Editorial Norma, 2005.

MORAES, Dênis de. Imaginário social e hegemonia cultural. **Acessa.com**, Juiz de Fora, jul. 2002. Disponível em: http://www.acessa.com/gramsci/?page=visualizar&id=297. Acesso em: 3 ago. 2007.

MORAES, Dênis de. O capital da mídia na lógica da globalização. *In*: MORAES, Dênis de (org.). **Por uma outra comunicação**: mídia, mundialização cultural e poder. Rio de Janeiro: Record, 2003.

MORIN, Edgar. **As estrelas**: mito e sedução no cinema. Tradução: Luciano Trigo. 3. ed. Rio de Janeiro: José Olympio, 1989.

MORIN, Edgar. **Cultura de massas no século XX**. Tradução: Maura Ribeiro Sardinha. Rio de Janeiro: Editora Forense, 1967.

MORLEY, David. **Television, audiences & cultural studies**. London: Routledge, 1992.

MOURA, Alessandra. Tomando celebridades como exemplo, grávidas se descuidam por obsessão pela magreza. **Uol Mulher**, [s. l.], 10 nov. 2011. Disponível em: http://mulher.uol.com.br/comportamento/noticias/redacao/2011/11/10/tomando-celebridades-como-exemplo-gravidas-se-descuidam-por-obsessao-pela-magreza.htm. Acesso em: 27 mar. 2013.

MUHANA, Letícia. A diretora do canal GNT fala sobre TV e público feminino. **Globo**, [s. l.], 8 mar. 2004. Disponível em: http://videochat.globo.com/GVC/arquivo/0,,GO4744-3362,00.html. Acesso em: 9 nov. 2008.

NEIVA, Paula. Alice Delall e Cynthia Howlett: o genuíno "carioca way of life". **Veja**, [s. l.], 26 fev. 2013. Disponível em: http://veja.abril.com.br/blog/gps/esporte/a-top-alice-delall-e-cynthia-howlett-na-praia-o-carioca-way-of-life/. Acesso em: 5 mar. 2013.

NIETZSCHE, Friedrich Wilhelm. **A gaia ciência**. Tradução: Márcio Pugliesi *et al.* 3. ed. Rio de Janeiro: Tecnoprint: Ediouro, 1981. (Coleção Universidade e Bolso).

NIVEN, David. **Os 100 segredos das pessoas felizes**: descobertas simples e úteis dos estudos científicos sobre a felicidade. 7. ed. Rio de Janeiro: Sextante, 2001.

NOVA. 476. ed. São Paulo: Editora Abril, 2013. Mensal.

NUNN, Heather. Programas voltados para o lar e para a propriedade: transformando a TV factual popular. *In*: FREIRE FILHO, João (org.). **A TV em transição**: tendências de programação no Brasil e no mundo. Porto Alegre: Sulina, 2009. p. 89-110.

O AMOR pode estar ao lado. Rio de Janeiro: Plano Geral, 13 ago. 2012. 1 vídeo (30 min). Episódio televisivo publicado no programa *Chuva de Arroz*, Canal GNT, exibido às 21h.

OLIVEIRA, Selma Regina Nunes. **Mulher ao quadrado**: as representações femininas nos quadrinhos norte-americanos: permanências e ressonâncias (1895-1990). Brasília: Editora Universidade de Brasília: Finatec, 2007.

ONATE, Alberto Marcos. Vontade de verdade: uma abordagem genealógica. **Cadernos Nietzsche**, São Paulo, n. 1, p. 7-32, 1996. Disponível em: https://periodicos.unifesp.br/index.php/cniet/article/view/7916/5455. Acesso em: 31 maio 2013.

ORLANDI, Eni P. **Análise do discurso**: princípios e procedimentos. 8. ed. Campinas: Pontes, 2009.

ORLANDI, Eni P. **As formas de silêncio**: no movimento dos sentidos. 6. ed. Campinas: Editora da Unicamp, 2007.

ORTEGA, Francisco. **O corpo incerto**: corporeidade, tecnologias médicas e cultura contemporânea. Rio de Janeiro: Garamond, 2010.

ORTEGA, Francisco; VIDAL, Fernando. Mapping the cerebral subject in contemporary culture. **RECIIS**: Eletronic Journal of Communication. Information and innovation in Health, Rio de Janeiro, v. 1, n. 2, p. 255-259, 2007.

ORTEGA, Francisco; ZORZANELLI, Rafaela. **Corpo em evidência**: a ciência e a redefinição do humano. Rio de Janeiro: Civilização Brasileira, 2010.

PARTICIPE do GNT. **GNT**, [s. l.], 2013. Disponível em: http://gnt.globo.com/participe/. Acesso em: 14 mar. 2013.

PÊCHEUX, Michel. Análise do discurso: três épocas (1983). *In*: GADET F.; HAK, T. (org.). **Por uma análise automática do discurso**: uma introdução à obra de Michel Pêcheux. Tradução: Eni P. Orlandi. Campinas: Unicamp, 1997. p. 61-151.

PÊCHEUX, Michel. La frontière absente (un bilan). *In*: CONEIN, Bernard *et al.* **Matérialités discursives**. Lille: Presses Universitaires de Lille, 1981. p. 197-207.

PÊCHEUX, Michel. **Semântica e discurso**: uma crítica à afirmação do óbvio. Tradução: E. P. Orlandi *et al.* Campinas: Editora da UNICAMP, 1988.

PÊCHEUX, Michel; FUCHS, Catherine. A propósito da análise automática do discurso: atualização e perspectivas (1975). *In*: GADET F.; HAK, T. (org.). **Por** uma análise automática do discurso: uma introdução à obra de Michel Pêcheux. Tradução: Péricles Cunha. Campinas: Unicamp, 1997. p. 163-235.

PENTEADO, Cláudia. GNT lança primeira campanha criada pela DM9Rio. **Propmark**, [s. l.], 12 maio 2012. Disponível em: https://propmark.com.br/gnt-lanca-primeira-campanha-criada-pela-dm9rio/. Acesso em: 12 mar. 2024.

PEREIRA, Carlos Alberto Messeder. Cultura do corpo em contextos de alta visibilidade. *In*: PEREIRA, Carlos Alberto Messeder; HERSCHMANN, Micael (org.). **Mídia, memória & celebridades**. 2. ed. Rio de Janeiro: E-Papers Serviços Editoriais, 2005. p. 63-72.

PINTO, Céli Regina Jardim. Feminismo, história e poder. **Revista de Sociologia e Política**, Curitiba, v. 18, n. 36, p. 15-23, jun. 2010. Disponível em: http://www.scielo.br/pdf/rsocp/v18n36/03.pdf. Acesso em: 12 ago. 2011.

PINTO, Céli Regina Jardim. **Uma história do feminismo no Brasil**. São Paulo: Editora Fundação Perseu Abramo, 2003.

PISCITELLI, Alejandro. **Post-televisión**. Ecología de los medios en la era de internet. Buenos Aires: Editorial Paidós, 1998.

PONTE, Raquel; NIEMEYER, Lucy. O vínculo estético-tecnológico no desenvolvimento da identidade televisiva. *In*: FÓRUM DE CIÊNCIA E TECNOLOGIA DA UERJ, n. 1, 2010, Rio de Janeiro. **Anais** […]. 2010.

PROGRAMAÇÃO. **GNT**, 4 fev. 2010. Disponível em: http://gnt.globo.com/Programacao/index.grade.html. Acesso em: 4 fev. 2010.

QUARTO de bebê. Rio de Janeiro: KN Vídeo, 16 ago. 2012. 1 vídeo (30 min). Episódio televisivo publicado no programa *Santa Ajuda*, Canal GNT, exibido às 23h.

QUÉRÉ, Louis. L'espace public: de la théorie politique à la métathéorie sociologique. **Revue Quaderni**, [s. l.], n. 18, p. 75-92, Automne 1992. Disponível em: http://www.persee.fr/web/revues/home/prescript/article/quad_0987-1381_1992_num_18_1_972. Acesso em: 5 mar. 2013.

RABINOW, Paul. **Antropologia da razão**. Rio de Janeiro: Relume Dumará, 1999.

RAMALHO, Cristina. Alma do Rio. **Revista V**, ano 8, n. 43, set./nov. 2011.

RIBEIRO, Lavina Madeira. **Comunicação e sociedade**: cultura, informação e espaço público. Rio de Janeiro: E-Papers Serviços Editoriais, 2004.

RIEFF, Philip. **O triunfo da terapêutica**. Tradução: Raul Fiker e Ricardo Pinheiro Lopes. São Paulo: Editora Brasiliense, 1990.

ROCHA, Sibilia; GHISLENI, Taís Steffenello. Contratos de leitura: os vínculos entre emissor/receptor na passagem da sociedade midiatizada. **Biblioteca Online de Ciências da Comunicação**, Portugal, 2010. Disponível em: https://www.bocc.ubi.pt/pag/bocc-rocha-jornalismo.pdf.. Acesso em: 10 ago. 2012.

ROLNIK, Suely. Toxicômanos de identidade: subjetividade em tempo de globalização. *In*: LINS, Daniel (org.). **Cultura e subjetividade**: saberes nômades. Campinas: Papirus, 1997a. p. 19-24.

ROLNIK, Suely. Uma insólita viagem à subjetividade: fronteiras com a ética e a cultura. **Núcleo de Subjetividade**, [s. l.], 1997b. Disponível em: http://www.pucsp.br/nucleodesubjetividade/Textos/SUELY/viagemsubjetic.pdf. Acesso em: 2 jan. 2013.

ROUSSEAU, Jean-Jacques. **Do contrato social**. Tradução: Lourdes Santos Machado. 2. ed. São Paulo: Abril Cultural, 1978. (Coleção Os Pensadores).

SÁ, Sylvia. Consumidoras da classe C são responsáveis por maior parte da renda feminina. **Mundo do Marketing**, [s. l.], 9 ago. 2011. Disponível em: http://www.mundodomarketing.com.br/imprimirmateria.php?id=20061. Acesso em: 7 nov. 2012.

SALEM, Tânia. Família em camadas médias: uma perspectiva antropológica. **Boletim Informativo e Bibliográfico de Ciências Sociais**, Rio de Janeiro, n. 21, p. 25-39, 1986. Disponível em: http://www.anpocs.org/portal/index.php?option=com_docman&task=doc_download&gid=377&Itemid=397. Acesso em: 5 mar. 2013.

SANTA Ajuda. **GNT**, [S. l.], 2012. Disponível em: http://gnt.globo.com/santaajuda/sobre/. Acesso em: 7 ago. 2012.

SANTA, Clara assina a campanha "Direitos do Homem" para o FX. **Revista PublicidAD**, [s. l.], 12 maio 2008. Disponível em: http://www.revistapublicidad.com/View/Noticia.aspx?c=zuDyJtzNrx8=. Acesso em: 20 maio 2008.

SAUSSURE, Ferdinand de. **Curso de lingüística geral**. Tradução: Antônio Chelini, José Paulo Paes, Izidoro Blikstein. 3. ed. São Paulo: Cultrix, 1971.

SCOTT, Joan Wallach. Gênero: uma categoria útil de análise histórica. **Educação & Realidade**, Porto Alegre, v. 20, n. 2, p. 71-99, jul./dez. 1995. Disponível em:

http://ia700308.us.archive.org/21/items/scott_gender/scott_gender.pdf. Acesso em: 6 dez. 2010.

SCOTT, Joan W. Entrevista com Joan W. Scott. Entrevista [concedida a] Miriam P. Grossi, Maria Luiza Heilborn e Carmen Rial. **Revista Estudos Feministas**, Rio de Janeiro, v. 6, n. 1, p. 114-124, 1998.

SEBRAE/RS. Fórum de design mostra grandes marcas em Porto Alegre. Rio Grande do Sul, 2010. Disponível em: http://www.sebrae-rs.com.br/central-noticias/memorias/forum-design-mostra-grandes-marcas-em-porto-alegre/2419303.aspx. Acesso em: 11 nov. 2009.

SENNETT, Richard. **O declínio do homem público**: as tiranias da intimidade. Tradução: Lygia Araújo Watanabe. São Paulo: Companhia das Letras, 1989.

SENS, André Luiz. GNT e o design bendito entre as mulheres. **TeleHistória**, R7, 29 abr. 2008.

SENS, André Luiz. Identidade: GNT [Rebrand 2011]. **Blog Televisual**, [s. l.], 31 abr. 2011. Disponível em: http://blogtelevisual.com/identidade-gnt-rebrand-2011/#more-8108. Acesso em: 10 jun. 2011.

SHEK, Daniel T. L. Quality of life in East Asia: the case of Hong Kong. *In*: LAND, Kenneth C. *et al.* (ed.). **Handbook of social indicators and quality of life research**. New York: Springer, 2012. p. 473-498.

SIBILIA, Paula. **O pavor da carne**: riscos da pureza. Tese (Doutorado em Saúde Coletiva) – Universidade do Estado do Rio de Janeiro, Rio de Janeiro, 2006. Disponível em: http://www.dominiopublico.gov.br/pesquisa/DetalheObraForm.do?select_action=&co_obra=158500. Acesso em: 10 dez. 2011.

SIBILA, Paula. Do homo psico-lógico ao homo tecno-lógico: a crise da interioridade. **Revista Semiosfera**, Rio de Janeiro: ECO-UFRJ, ano 3, n. 7, 2004.

SIBILA, Paula. Em busca da felicidade lipoaspirada: agruras da imperfeição carnal sob a moral da boa forma. *In*: FREIRE FILHO, João (org.). **Ser feliz hoje**: reflexões sobre o imperativo da felicidade. Rio de Janeiro: Editora FGV, 2010. p. 195-212.

SIBILA, Paula. O corpo velho como uma imagem com falhas: a moral da pele lisa e a censura midiática da velhice. **Revista Comunicação, mídia e consumo**, São Paulo, ano 9, v. 9, n. 26, p. 83-114, nov. 2012. Disponível em: http://revistacmc.espm.br/index.php/revistacmc/article/view/345. Acesso em: 20 dez. 2012.

SIBILA, Paula. **O homem pós-orgânico**: corpo, subjetividade e tecnologias digitais. Rio de Janeiro: Relume Dumará, 2002.

SIBILA, Paula. **O show do eu:** a intimidade como espetáculo. Rio de Janeiro: Nova Fronteira, 2008.

SILVERSTONE, Roger. **Por que estudar a mídia?** Tradução: Milton Camargo Mota. São Paulo: Edições Loyola, 2002.

SILVERSTONE, Roger. **Television and everyday Life**. New York: Routledge, 1999.

SIMMEL, Georg. Fashion. **The American Journal of Sociology**, New York, p. 541-558, May 1957.

SODRÉ, Muniz. **Antropológica do espelho**. Petrópolis: Editora Vozes, 2002.

SULINA, Vanessa. GNT foca em "mulher real" em sua nova programação. **R7**, 15 mar. 2011. Disponível em: http://entretenimento.r7.com/famosos-e-tv/noticias/gnt-foca-em-mulher-real-em-sua-nova-programacao-20110315.html. Disponível em: 30 maio 2011.

SUPERBONITA. **GNT**, [s. l.], 2012. Disponível em: http://gnt.globo.com/superbonita/sobre/. Acesso em: 7 ago. 2012.

TERAPIA. Rio de Janeiro: GNT, 1 ago. 2012. 1 vídeo (60 min). Episódio televisivo publicado no programa *Saia Justa*, Canal GNT, exibido às 22h.

THOMPSON, Edward Palmer. **A formação da classe operária inglesa**: a árvore da liberdade. Rio de Janeiro: Paz e Terra, 1987.

THOMPSON, Edward Palmer. **The making of the English working class**. Harmondsworth: Penguin, 1963.

TRAQUINA, Nelson (org.). **Jornalismo**: questões, teorias e "estórias". Lisboa: Vega, 1993.

TSAI, Ming-Chang. The impact of instability on subjective well-being: a cross-national study. *In*: MØLLER, Valerie; HUSCHKA, Denis (ed.). **Quality of life and the millennium challenge**. Advances in quality of life studies. Theory and research. New York: Springer, 2009. p. 101-114.

TUCHERMAN, Ieda. Relações perigosas: autoajuda, mídia e biopoder. *In*: ENCONTRO DA COMPÓS, 20., jul. 2011, Porto Alegre, Universidade do Rio Grande do

Sul. **Anais** [...]. Disponível em: http://www.compos.org.br/data/biblioteca_1600.docx. Acesso em: 10 jan. 2013.

TV Canais. **FOX One Stop Media**, [s. l.], 2009. Disponível em: http://www.foxonestop.com/br/tv-canais. Acesso em: 28 dez. 2009.

VALENKAMP, Martin; WALT, Johannes L. van der. The spiritual dimension of quality of life, with special reference to education and spirituality. *In*: MØLLER, Valerie; HUSCHKA, Denis (ed.). **Quality of life and the millennium challenge**. Advances in quality of life studies. Theory and research. New York: Springer, 2009. p. 81-100.

VATTIMO, Gianni. **O fim da modernidade**: niilismo e hermenêutica na cultura pós-moderna. São Paulo: Martins Fontes, 1996.

VAZ, Paulo. A vida feliz das vítimas. *In*: FREIRE FILHO, João (org.). **Ser feliz hoje**: reflexões sobre o imperativo da felicidade. Rio de Janeiro: Editora FGV, 2010. p. 135-164.

VEENHOVEN, Ruut. Happy life expectancy: a comprehensive measure of quality-of-life in nations. **Journal of Social Indicators Research**, [s. l.], p. 1-58, 1996. Disponível em: http://www2.eur.nl/fsw/research/veenhoven/Pub1990s/96b-full.pdf. Acesso em: 30 jul. 2013.

VELHO, Gilberto. **A utopia urbana**: um estudo de antropologia social. Rio de Janeiro: Jorge Zahar Editor, 2002.

VELHO, Gilberto. **Projeto e metamorfose**: Antropologia das sociedades complexas. 2. ed. Rio de Janeiro: Jorge Zahar, 1999.

VERLET, Dries; DEVOS, Carl. The main determinants for subjective well-being: a quest for the holy grail? Can governments enhance the perceived quality of life? *In*: MØLLER, Valerie; HUSCHKA, Denis (ed.). **Quality of life and the millennium challenge**. Advances in quality of life studies. Theory and research. New York: Springer, 2009. p. 193-222.

VERÓN, Eliseo. **Fragmentos de um tecido**. Tradução: Vanise Dresch. São Leopoldo: UNISINOS, 2004.

VERÓN, Eliseo. Quand lire c'est faire: l'enonciation dans le discourse de la presse écrite. **Revue Semiotique II**, Paris: Institut de Recherches et d'Etudes Publicitaires (IREP), p. 33-56, 1985.

VÍDEO manifesto da campanha "Direitos do Homem". **Direitos do Homem**, [s. l.], 2009. Disponível em: http://www.direitosdohomem.com.br/defenda.asp. Acesso em: 2009.

VILLAÇA, Nízia; GÓES, Fred. **Em nome do corpo**. Rio de Janeiro: Rocco, 1998.

VOCÊ S.A. 180. ed. São Paulo: Editora Abril, 2013. Mensal.

WILLIAMS, Raymond. **Cultura e sociedade**: 1780-1950. Tradução: Leônidas H. B. Hegenberg, Octanny Silveira da Mota e Anísio Teixeira. São Paulo: Editora Nacional, 1969.

WILLIAMS, Raymond. **Culture and society**: 1780-1950. London: Longman, 1958.

WILLIAMS, Raymond. **Marxismo e literatura**. Rio de Janeiro: Jorge Zahar Editor, 1979.

WOLF, Mauro. **Teorias da comunicação**. Lisboa: Editorial Presença, 1999.

WOLF, Naomi. **O mito da beleza**: como as imagens de beleza são usadas contra as mulheres. Tradução: Weldéa Barcellos. Rio de Janeiro: Rocco, 1992.

WOODWARD, Kathryn. Identidade e diferença: uma introdução teórica e conceitual. *In*: SILVA, Tomaz Tadeu da (org.). **Identidade e diferença**: a perspectiva dos estudos culturais. Petrópolis: Vozes, 2000. p. 7-72.

FILMOGRAFIA

A Derrocada (William Dieterle, 1932)

Crepúsculo dos Deuses (Billy Wilder, 1950)

Irene, a Teimosa (Gregory La Cava, 1936)

Kinoglaz (Dziga Vertov, 1924)

Marty (Delbert Mann, 1955)

Mulheres Perfeitas (Frank Oz, 2004)

Um Homem com uma Câmera (Dziga Vertov, 1929)

Orgia Dourada (Mervyn LeRoy, 1933)

Os Grandes Aldrabões (Leo McCarey, 1933)

The Stepford Wives (Bryan Forbes, 1975)

APÊNDICE

CORPORA DA PESQUISA

Trechos de entrevistas e declarações públicas de profissionais do GNT:

GNT lança novo on air em março. **Portal da Propaganda.** [*S. l.*], 6 mar. 2008. Disponível em: http://www.portaldapropaganda.com.br/portal/propaganda/2341. Acesso em: 10 mar. 2008.

GUIMARÃES, Keila. GNT reformula grade para atingir mulheres de 25 a 34 anos. **Propmark**, [*s. l.*], 14 mar. 2011. Disponível em: http://propmark.uol.com.br/midia/39079:gnt-reformula-grade-para-atingir-mulheres-de-25-a-34-anos. Acesso em: 14 jul. 2011.

JARDIM, Ana. GNT estreia treze novos programas voltados para a "mulher real". **Uol**, [*s. l.*], 15 mar. 2011. Seção Entretenimento – Televisão. Disponível em: http://televisao.uol.com.br/ultimas-noticias/2011/03/15/gnt-estreia-treze-novos-programas-voltados-para-a-mulher-real.jhtm. Acesso em: 14 jun. 2012.

MUHANA, Letícia. A diretora do canal GNT fala sobre TV e público feminino. **Globo**, [*s. l.*], 8 mar. 2004. Disponível em: http://videochat.globo.com/GVC/arquivo/0,,GO4744-3362,00.html. Acesso em: 9 nov. 2008.

PENTEADO, Cláudia. GNT lança primeira campanha criada pela DM9Rio. **Propmark**, [*s. l.*], 12 maio 2012. Disponível em: http://propmark.uol.com.br/anunciantes/40497:gnt-lanca-primeira-campanha-criada-pela-dm9rio. Acesso em: 15 ago. 2012.

RAMALHO, Cristina. Alma do Rio. **Revista V**, ano 8, n. 43, set./nov. 2011. Valor inspiração. Disponível em: http://www.vwbr.com.br/revistav/edicoes/43/edicao43.html. Acesso em: 7 abr. 2013.

Logomarcas, imagens e vídeos das vinhetas do GNT:

HARDCUORE. **Hardcuore**, [s. l.], 2012. Disponível em: http://www.hardcuore.com/trabalho/canal-gnt/. Acesso em: 10 set. 2012.

SENS, André Luiz. GNT e o design bendito entre as mulheres. **TeleHistória**, R7, 29 abr. 2008. Disponível em: http://www.telehistoria.com.br/colunas/index.asp?id=3776. Acesso em: 10 dez. 2008.

SENS, André Luiz. Identidade: GNT [Rebrand 2011]. **Blog Televisual**, 31 abr. 2011. Disponível em: http://blogtelevisual.com/identidade-gnt-rebrand-2011/#-more-8108. Acesso em: 10 jun. 2011.

VINHETA várias mulheres em você do GNT. **Globo TV**, [s. l.], 2012. Disponível em: http://globotv.globo.com/gnt/gnt/v/varios-assuntos-no-seu-dia-varias-mulheres-em-voce/2140325/. Acesso em: 10 dez. 2012.

Logomarca, descrição, posicionamento, argumentos de comercialização do espaço publicitário do canal GNT pela Globosat, em 2012:

ACTIONPACK. **Globosat**, [s. l.], 2012. Disponível em: http://globosat-extra.dyndns.org/actionpack/. Acesso em: 5 jan. 2012.

Livros da Editora Globo sobre o GNT:

ATALLA, Marcio. **Segredos do GNT para o seu bem-estar**. Prefácio e colaboração e Antonio Herbert Lancha Junior. Edição de Ana Teresa Clemente. São Paulo: Globo, 2007.

BIONDO, Sonia (org.). **600 dicas do GNT para você ficar superbonita**. São Paulo: Globo, 2007.

GUIMARÃES, Cissa; GUIMARÃES, Patrícia. **Viver com fé**: histórias de quem acredita. Rio de Janeiro: Casa da Palavra, 2011.

Programação do GNT:

PROGRAMAÇÃO. **GNT**, [s. l.], 4 fev. 2010. Disponível em: http://gnt.globo.com/Programacao/index.grade.html. Acesso em: 4 fev. 2010.

REVISTA MONET. São Paulo: Editora Globo, n. 70-119, 2009-2012. Mensal.

Site e páginas do GNT e da programadora Globosat:

CANAIS Globosat. **Globosat**, [s. l.], 2010. Disponível em: http://canaisglobosat.globo.com/index.php/canais. Acesso em: 23 dez. 2010.

GLOBOSAT. **Globosat**, [s. l.]. Disponível em: http://canaisglobosat.globo.com/. Acesso em: 14 mar. 2013.

GNT, [s. l.]. Disponível em: http://gnt.globo.com/. Acesso em: 14 mar. 2013.

PARTICIPE do GNT. **GNT**, [s. l.], 2013. Disponível em: http://gnt.globo.com/participe/. Acesso em: 14 mar. 2013.

Sinopses dos programas exibidos no GNT no mês de agosto de 2012:

ALTERNATIVA Saúde. **GNT**, [s. l.], 2012. Disponível em: http://gnt.globo.com/alternativasaude/sobre/. Acesso em: 7 ago. 2012.

BASE Aliada. **GNT**, [s. l.], 2012. Disponível em: http://gnt.globo.com/basealiada/sobre/. Acesso em: 7 ago. 2012.

BOAS Vindas. **GNT**, [s. l.], 2012. Disponível em: http://gnt.globo.com/boas-vindas/sobre/. Acesso em: 7 ago. 2012.

CARTAS na Mesa. **GNT**, [s. l.], 2012. Disponível em: http://gnt.globo.com/cartas-na-mesa/sobre/index.shtml. Acesso em: 3 jul. 2012.

CASA Brasileira. **GNT**, [s. l.], 2012. Disponível em: http://gnt.globo.com/casa-brasileira/sobre/. Acesso em: 7 ago. 2012.

CHEGADAS e Partidas. **GNT**, [s. l.], 2012. Disponível em: http://gnt.globo.com/chegadasepartidas/sobre/. Acesso em: 4 jul. 2012.

CHUVA de Arroz. **GNT**, [s. l.], 2012. Disponível em: http://gnt.globo.com/chuva-de-arroz/sobre/. Acesso em: 7 ago. 2012.

CONFISSÕES do Apocalipse. **GNT**, [s. l.], 2012. Disponível em: http://gnt.globo.com/confissoes-do-apocalipse/sobre/. Acesso em: 7 ago. 2012.

COZINHA Prática. **GNT**, [s. l.], 2012. Disponível em: http://gnt.globo.com/cozinha-pratica/sobre/. Acesso em: 7 ago. 2012.

DECORA. **GNT**, [s. l.], 2012. Disponível em: http://gnt.globo.com/decora/sobre/. Acesso em: 7 ago. 2012.

DESAFIO da Beleza. **GNT**, [s. l.], 2012. Disponível em: http://gnt.globo.com/desafio-da-beleza/sobre/. Acesso em: 7 ago. 2012.

EM BUSCA do pai. **GNT**, [s. l.], 2012. Disponível em: http://gnt.globo.com/embuscadopai/sobre/. Acesso em: 7 ago. 2012.

FALANDO de sexo com Sue Johanson. **GNT**, [s. l.], 2012. Disponível em: http://gnt.globo.com/falandodesexocomsuejohanson/sobre/. Acesso em: 7 ago. 2012.

FASHION STAR. **GNT**, [s. l.], 2012. Disponível em: http://gnt.globo.com/fashion-star/sobre/. Acesso em: 7 ago. 2012.

FASHION Television. **GNT**, [s. l.], 2012. Disponível em: http://gnt.globo.com/fashiontelevision/sobre/. Acesso em: 7 ago. 2012.

GNT DOC. **GNT**, [s. l.], 2012. Disponível em: http://gnt.globo.com/gntdoc/sobre/. Acesso em: 7 ago. 2012.

GNT FASHION. **GNT**, [s. l.], 2012. Disponível em: http://gnt.globo.com/gnt-fashion/. Acesso em: 7 ago. 2012.

HOMENS Possíveis. **GNT**, [s. l.], 2012. Disponível em: http://gnt.globo.com/homens-possiveis/sobre/. Acesso em: 7 ago. 2012.

JAMIE Oliver. **GNT**, [s. l.], 2012. Disponível em: http://gnt.globo.com/jamieoliver/sobre/. Acesso em: 7 ago. 2012.

LONDRES assim. **GNT**, [s. l.], 2012. Disponível em: http://gnt.globo.com/londres-assim/sobre/. Acesso em: 7 ago. 2012.

MÃE é Mãe. **GNT**, [s. l.], 2012. Disponível em: http://gnt.globo.com/mae-e-mae/sobre/. Acesso em: 7 ago. 2012.

MARÍLIA Gabriela Entrevista. **GNT**, [s. l.], 2012. Disponível em: http://gnt.globo.com/mariliagabrielaentrevista/sobre/Marilia-Gabriela-Entrevista.shtml. Acesso em: 7 ago. 2012.

NIGELLA. **GNT**, [s. l.], 2012. Disponível em: http://gnt.globo.com/nigella/sobre/. Acesso em: 7 ago. 2012.

NO ASTRAL! **GNT**, [s. l.], 2012. Disponível em: http://gnt.globo.com/noastral/sobre/. Acesso em: 7 ago. 2012.

O CHEFE Espião. **GNT**, [s. l.], 2012. Disponível em: http://gnt.globo.com/ochefeespiao/noticias/Novo-reality-do-GNT--Executivo-disfarcado-de-empregado-analisa-o-funcionamento-de-sua-empresa.shtml. Acesso em: 7 ago. 2012.

O DIÁRIO do Olivier. **GNT**. [S. l.], 2012. Disponível em: http://gnt.globo.com/diariodoolivier/sobre/. Acesso em: 7 ago. 2012.

PERDAS e Ganhos. **GNT**, [s. l.], 2012. Disponível em: http://gnt.globo.com/perdaseganhos/sobre/. Acesso em: 7 ago. 2012.

PIREI. **GNT**, [s. l.], 2012. Disponível em: http://gnt.globo.com/pirei/sobre/. Acesso em: 7 ago. 2012.

QUE MARRAVILHA! **GNT**, [s. l.], 2012. Disponível em: http://gnt.globo.com/quemarravilha/sobre/. Acesso em: 7 ago. 2012.

QUEBRA Cabeça. **GNT**, [s. l.], 2012. Disponível em: http://gnt.globo.com/quebracabeca/sobre/. Acesso em: 7 ago. 2012.

RECEITAS de Chuck. **GNT**, [s. l.], 2012. Disponível em: http://gnt.globo.com/receitasdechuck/sobre/. Acesso em: 7 ago. 2012.

SAIA Justa. **GNT**. [S. l.], 2012. Disponível em: http://gnt.globo.com/saiajusta/sobre/. Acesso em: 7 ago. 2012.

SANTA Ajuda. **GNT**, [s. l.], 2012. Disponível em: http://gnt.globo.com/santaajuda/sobre/. Acesso em: 7 ago. 2012.

SEMANA do Jô. **GNT**, [s. l.], 2012. Disponível em: http://gnt.globo.com/semanadojo/sobre/. Acesso em: 7 ago. 2012.

SESSÃO de Terapia. **GNT**, [s. l.], 2012. Disponível em: http://gnt.globo.com/sessao-de-terapia/sobre/. Acesso em: 7 ago. 2012.

SUPERBONITA. **GNT**, [s. l.], 2012. Disponível em: http://gnt.globo.com/superbonita/sobre/. Acesso em: 7 ago. 2012.

THE ELLEN DeGeneres Show. **GNT**, [s. l.], 2012. Disponível em: http://gnt.globo.com/ellen/sobre/. Acesso em: 7 ago. 2012.

VAMOS Combinar. **GNT**, [s. l.], 2012. Disponível em: http://gnt.globo.com/vamoscombinar/sobre/. Acesso em: 7 ago. 2012.

VIVA Voz. **GNT**, [s. l.], 2012. Disponível em: http://gnt.globo.com/vivavoz/sobre/. Acesso em: 7 ago. 2012.

VIVER com Fé. **GNT**, [s. l.], 2012. Disponível em: http://gnt.globo.com/viver-com-fe/sobre/?. Acesso em: 7 ago. 2012.

Programas exibidos em horário nobre no GNT, na semana de 12 a 18 de agosto de 2012:

A CULINÁRIA diabolicamente boa. Inglaterra: BBC Two, 16 ago. 2012. 1 vídeo (30 min). Episódio televisivo publicado no programa *Cozinha de Nigella*, GNT, exibido às 20h. Original: *Nigella Kitchen*.

A FÉ no impossível. Rio de Janeiro; São Paulo: Samba Filmes, 15 ago. 2012. 1 vídeo (30 min). Episódio televisivo publicado no programa *Viver com Fé*, GNT, exibido às 22h30.

ALERGIA. Rio de Janeiro: Panorâmica, 14 ago. 2012. 1 vídeo (30 min). Episódio televisivo publicado no programa Mãe É Mãe, GNT, exibido às 21h30.

ANA Pimentel. Rio de Janeiro; São Paulo: Cara de Cão, 14 ago. 2012. 1 vídeo (30 min). Episódio televisivo publicado no programa *Perdas e Ganhos*, GNT, exibido às 19h.

ARTE. São Paulo: Flint 2, 13 ago. 2012. 1 vídeo (30 min). Episódio televisivo publicado no programa *Vamos Combinar*, GNT, exibido às 21h30.

AUMENTANDO a família. Rio de Janeiro; São Paulo: Cinevideo, 15 ago. 2012. 1 vídeo (30 min). Episódio televisivo publicado no programa *Boas Vindas*, GNT, exibido às 19h.

BELEZA. Rio de Janeiro: Biondo Multímidia, 13 ago. 2012. 1 vídeo (30 min). Episódio televisivo publicado no programa *Superbonita*, GNT, exibido às 19h.

BOLSA. Rio de Janeiro: Panorâmica, 15 ago. 2012. 1 vídeo (15 min). Episódio televisivo publicado no programa *Pirei*, GNT, exibido às 23h.

CAMUFLADO. Rio de Janeiro: Panorâmica, 12 ago. 2012. 1 vídeo (15 min). Episódio televisivo publicado no programa *Pirei*, GNT, exibido às 19h30.

CAPITAL erótico. Rio de Janeiro: GNT, 15 ago. 2012. 1 vídeo (60 min). Episódio televisivo publicado no programa *Saia Justa*, GNT, exibido às 22h.

CASAMENTO. São Paulo: Mixer, 13 ago. 2012. 1 vídeo (30 min). Episódio televisivo publicado no programa *GNT Fashion*, GNT, exibido às 22h30.

CASAMENTO EM todas as crenças. Rio de Janeiro: Plano Geral, 13 ago. 2012. 1 vídeo (30 min). Episódio televisivo publicado no programa *Chuva de Arroz*, GNT, exibido às 19h30.

CHÁ das 5. São Paulo: Moai Filmes, 16 ago. 2012. 1 vídeo (30 min). Episódio televisivo publicado no programa *Diário do Olivier*, GNT, exibido às 19h.

CLÁUDIA Lisboa. São Paulo: GNT, 12 ago. 2012. 1 vídeo (60 min). Episódio televisivo publicado no programa *Marília Gabriela Entrevista*, GNT, exibido às 22h.

CLUBE da comida. São Paulo: Moai Filmes, 16 ago. 2012. 1 vídeo (30 min). Episódio televisivo publicado no programa *Diário do Olivier*, GNT, exibido às 21h30.

COZINHANDO pra fora. Rio de Janeiro: GNT, 16 ago. 2012. 1 vídeo (30 min). Episódio televisivo publicado no programa *Decora*, GNT, exibido às 22h30.

ENVELHECIMENTO. Rio de Janeiro: GNT, 12 ago. 2012. 1 vídeo (60 min). Episódio televisivo publicado no programa *Saia Justa*, GNT, exibido às 20h.

EPISÓDIO 10. EUA, 13 ago. 2012. 1 vídeo (40 min). Episódio televisivo publicado no programa *Fashion Star*, GNT, exibido às 20h.

EPISÓDIO 13. Canadá, 13 ago. 2012. 1 vídeo (30 min). Episódio televisivo publicado no programa *Fashion Television*, GNT, exibido às 20h50.

EPISÓDIO 34. [S. l.], 16 ago. 2012. 1 vídeo (15 min). Episódio televisivo publicado no programa *Receitas Criativas*, primeira temporada, GNT, exibido às 21h

ESPERA pelos filhos. São Paulo; Rio de Janeiro: Cinevideo; GNT, 17 ago. 2012. 1 vídeo (30 min). Episódio televisivo publicado no programa *Chegadas e Partidas*, GNT, exibido às 19h30.

FAMÍLIA Wynne-Jones. Inglaterra, 14 ago. 2012. 1 vídeo (50 min). Episódio televisivo publicado no programa *Supernanny*, GNT, exibido às 20h50.

GILBERTO Gil: O poder da música. [S. l.], 15 ago. 2012. 1 vídeo (60 min). Episódio televisivo publicado no programa *Documentário*, GNT, exibido às 20h.

GRÁFICOS e art déco. São Paulo: Ioiô Filmes 1, 13 ago. 2012. 1 vídeo (15 min). Episódio televisivo publicado no programa *Base Aliada*, GNT, exibido às 23h.

GRÁVIDA. Rio de Janeiro: Biondo Multimídia, 13 ago. 2012. 1 vídeo (30 min). Episódio televisivo publicado no programa *Superbonita*, GNT, exibido às 22h.

HAMBÚRGUER com galete de batata. São Paulo: Ioiô Filmes 2, 16 ago. 2012. 1 vídeo (15 min). Episódio televisivo publicado no programa *Cozinha Prática*, GNT, exibido às 21h15.

HELOÍSA Périssé. São Paulo: Flint 1, 17 ago. 2012. 1 vídeo (30 min). Episódio televisivo publicado no programa *Confissões do Apocalipse*, GNT, exibido às 21h.

HISTÓRIAS de superação. Rio de Janeiro; São Paulo: Samba Filmes, 15 ago. 2012. 1 vídeo (30 min). Episódio televisivo publicado no programa *Viver com Fé*, GNT, exibido às 21h30.

IDAS e vindas. Rio de Janeiro; São Paulo: Cinevideo, 17 ago. 2012. 1 vídeo (30 min). Episódio televisivo publicado no programa *Chegadas e Partidas*, GNT, exibido às 22h.

JEFFERSON Tong. Rio de Janeiro: GNT, 16 ago. 2012. 1 vídeo (30 min). Episódio televisivo publicado no programa *Que Maravilha!*, GNT, exibido às 19h30.

JOÃO Ricardo. Rio de Janeiro: GNT, 16 ago. 2012. 1 vídeo (30 min). Episódio televisivo publicado no programa *Que Maravilha!*, GNT, exibido às 22h.

JORGE Hue. Rio de Janeiro: Luz Mágica, 17 ago. 2012. 1 vídeo (30 min). Episódio televisivo publicado no programa *Casa Brasileira*, GNT, exibido às 19h.

JÚLIA, Rebeca e Isabela. Rio de Janeiro: GNT, 17 ago. 2012. 1 vídeo (30 min). Episódio televisivo publicado no programa *Cartas na Mesa*, GNT, exibido às 23h.

LÁZARO Ramos. São Paulo: Saliva Shots, 17 ago. 2012. 1 vídeo (30 min). Episódio televisivo publicado no programa *Viva Voz*, GNT, exibido às 21h30.

LILIA Cabral. São Paulo: Produtora Flint 1, 12 ago. 2012. 1 vídeo (30 min). Episódio televisivo publicado no programa *Confissões do Apocalipse*, GNT, exibido às 19h.

MARGARIDA Brandão. Rio de Janeiro; São Paulo: Cara de Cão, 14 ago. 2012. 1 vídeo (30 min). Episódio televisivo publicado no programa *Perdas e Ganhos*, GNT, exibido às 22h.

MAURO Munhoz. Rio de Janeiro: Luz Mágica, 17 ago. 2012. 1 vídeo (30 min). Episódio televisivo publicado no programa *Casa Brasileira*, GNT, exibido às 22h30.

MEMÓRIA. Rio de Janeiro: Conspiração. 14 ago. 2012. 1 vídeo (30 min). Episódio televisivo publicado no programa *Alternativa Saúde*, GNT, exibido às 22h30.

MILTON Gonçalves e André Malverdes. Rio de Janeiro: Modo Operante, 12 ago. 2012. 1 vídeo (30 min). Episódio televisivo publicado no programa *Em Busca do Pai*, GNT, exibido às 23h.

MOMENTO Especial. Rio de Janeiro; São Paulo: Cinevideo, 15 ago. 2012. 1 vídeo (30 min). Episódio televisivo publicado no programa *Boas Vindas*, GNT, exibido às 21h.

NICOLE, Thais e Julia. Rio de Janeiro: GNT, 17 ago. 2012. 1 vídeo (30 min). Episódio televisivo publicado no programa *Cartas na Mesa*, GNT, exibido às 20h.

O AMOR pode estar ao lado. Rio de Janeiro: Plano Geral, 13 ago. 2012. 1 vídeo (30 min). Episódio televisivo publicado no programa *Chuva de Arroz*, GNT, exibido às 21h.

PADRASTOS e madrastas. Rio de Janeiro: Vitória-Régia Produções, 14 ago. 2012. 1 vídeo (30 min). Episódio televisivo publicado no programa *Quebra-Cabeça*, GNT, exibido às 21h.

PARIS. Reino Unido: BBC, 18 ago. 2012. 1 vídeo (30 min). Episódio televisivo publicado no programa *Absolutely Fabulous*, GNT, exibido às 20h30.

POMPÉIA. Reino Unido: BBC, 18 ago. 2012. 1 vídeo (60 min). Episódio televisivo publicado no programa *Pompéia: a fúria dos deuses*, GNT, exibido às 21h. Original: *Pompeii: stories from an eruption*.

PROGRAMA 5. [S. l.], 14 ago. 2012. 1 vídeo (10 min). Episódio televisivo publicado no programa *Minha Casa Verde*, GNT, exibido às 20h. Original: *Green Touch: le bruit de leau* (France).

QUARTO de bebê. Rio de Janeiro: KN Vídeo, 16 ago. 2012. 1 vídeo (30 min). Episódio televisivo publicado no programa *Santa Ajuda*, GNT, exibido às 23h.

SAÚDE do homem. Rio de Janeiro: Conspiração, 14 ago. 2012. 1 vídeo (30 min). Episódio televisivo publicado no programa *Alternativa Saúde*, GNT, exibido às 19h30.

SEMANA do Jô. São Paulo: GNT, 12 ago. 2012. 1 vídeo (60 min). Episódio televisivo publicado no *Programa do Jô*, GNT, exibido às 21h.

SERGINHO Groisman. São Paulo: Volcano Hotmind, 17 ago. 2012. 1 vídeo (30 min). Episódio televisivo publicado no programa *Homens Possíveis*, GNT, exibido às 20h30.

VIEIRAS. Reino Unido: Channel 4, 16 ago. 2012. 1 vídeo (30 min). Episódio televisivo publicado no programa *Refeições de Jamie Oliver em 30 Minutos*, GNT, exibido às 20h30. Original: *Jamie's 30-Minute Meals*.

VIRGEM e o trabalho. Rio de Janeiro: Youle Filmes, 12 ago. 2012. 1 vídeo (15 min). E